Claus Westermann, Grundformen prophetischer Rede

Beiträge zur evangelischen Theologie
Theologische Abhandlungen. Begründet von Ernst Wolf
Herausgegeben von Eberhard Jüngel und Rudolf Smend

Band 31

CLAUS WESTERMANN

GRUNDFORMEN
PROPHETISCHER REDE

Fünfte Auflage

CHR. KAISER VERLAG MÜNCHEN

1978

(ISBN 3-459-00548-3)
© 1960 Chr. Kaiser Verlag München
Alle Rechte, auch die des auszugsweisen Nachdrucks, der fotomechanischen
Wiedergabe und der Übersetzung bei Chr. Kaiser Verlag München.
Fotokopieren nicht gestattet.
Printed in Germany. – Umschlag: Ingeborg Geith.
Druck: Jos. Hablitzel, Dachau.

INHALT

A: ZUR GESCHICHTE DER FORSCHUNG

Bis in das 18. Jahrhundert hinein wurden die Prophetenbücher in der selbstverständlichen und ungebrochenen Einheit überliefert, die einen Unterschied zwischen Prophetenwort und Gotteswort noch nicht kannte. Das Prophetenbuch deckte sich mit dem Prophetenwort und dieses mit dem Gotteswort. Die im 18. Jahrhundert beginnende und im 19. Jahrhundert zur Blüte kommende Prophetenforschung entdeckte hinter dem Prophetenbuch einen lebendigen Menschen und hörte aus dem Buch das Wort dieses Menschen. Die gesamte Überlieferung eines Prophetenbuches interessierte nur, sofern und soweit sie ,echte' Worte dieses Propheten enthielt; was in diesem Sinn als nicht ,echt' bestimmt wurde, stand von vornherein unter einem negativen Vorzeichen. – In einer jetzt beginnenden dritten Periode kommen die beiden Extreme *nur* Gotteswort oder *nur* Menschenwort wieder in ein gewisses Gleichgewicht durch einen gewandelten Begriff der Tradition: das durch einen Menschen, den Propheten, ergangene Gotteswort ist durch Menschen weitergegeben worden; das Bewahren, Weitertragen und Weitergeben dieser Worte von denen, für die sie bestimmt waren, von den Hörern, von den Jüngern, von den durch sie Betroffenen ist von nicht minder wesentlicher Bedeutung als das Ergehen dieser Worte; die Weitergebenden haben ihren gewichtigen, notwendigen und sehr zu beachtenden Anteil am Entstehen der Tradition, wie sie uns im abgeschlossenen Prophetenbuch vorliegt. Erst die drei Faktoren zusammen machen das Ganze eines Prophetenbuches aus; erst das Anerkennen des dritten Faktors, der Tradition, ermöglicht das Vermeiden der beiden Extreme. So hat sich die Forschung in der letzten Zeit besonders der Prophetentradition zugewandt und wichtige Erkenntnisse auf diesem Gebiet gewonnen.[1]

Darüber ist die Erforschung der Prophetenworte, ihrer Formen und deren Geschichte stark in den Hintergrund getreten; hier liegen noch

---

1 H. Birkeland, Zum hebräischen Traditionswesen. Die Komposition der prophetischen Bücher des AT, 1938; J. Engnell, Profetia och tradition, Svensk Exeg. Arsb. 1947, S. 110–139; S. Mowinkel, Prophecy and Tradition, 1946; G. Widengren, Literary and Psychological Aspects of the Hebrew Prophets. 1948; A. R. Johnson, The Cultic Prophet in Ancient Israel, 1944; A. Haldar, Associations of Cult Prophets among the Ancient Semites, 1945; A. H. Gunneweg, Mündliche und schriftliche Tradition der vorexilischen Prophetenbücher, Göttingen 1959.

wenig allgemein anerkannte Grundlagen und Ergebnisse vor. Die vorliegende Arbeit will versuchen, das bisher Erarbeitete zu sammeln und zu sichten und darüber hinaus einige Grundlinien für die weitere Erforschung zu zeigen.

Es soll versucht werden, einige Punkte auf dem Weg hin zu der erst in jüngster Zeit klar herausgetretenen Frage nach den prophetischen Redeformen zu zeigen:

1. W. W. Graf Baudissin, Einleitung in die Bücher des AT, 1901

Ich gehe von einer Einleitung um die Jahrhundertwende aus, die für die damalige Situation typisch ist. Der zweite Teil der Abhandlung über die Propheten handelt von den Prophetenbüchern, das I. Kapitel: „Die Aufzeichnung der Prophetenworte". Baudissin geht von der dann vielfach wiederholten These aus: „Der Beruf des Propheten war die geläuterte Form zweier Berufsarten: des Sehers und des nabi. Vielleicht war Samuel der Begründer jener Vertiefung der Aufgabe der Seher und der nebiim." (S. 312)

Dementsprechend setzt er mit den vorliterarischen Propheten ein. Er erkennt schon durchaus zutreffend die Besonderheit dieser vorliterarischen Prophetie: „Verkündigung einzelner Aussprüche, Forderungen, Drohungen oder Verheißungen, die für besondere Situationen Geltung hatten. Von eigentlichen Reden Elias wird nicht berichtet." – Hier folgt eine ausgezeichnete Charakterisierung dieser frühen Prophetie: „Wie der Blitz vom Himmel schlägt sein Wort da ein, wo die Luft schwül ist, hat es gezündet, so ist der Sprecher vom Geist entrückt auf einen der Berge, und man sucht ihn vergeblich." (S. 316) – Von dieser frühen Epoche der Prophetie unterscheidet B. das Auftreten der Propheten als Redner, das mit Sicherheit erst vom 8. Jahrhundert ab zu erkennen ist. Diese rhetorische Form mußte eine Wandlung für die ganze Art des prophetischen Wirkens zur Folge haben: „Sie brachte eine Verallgemeinerung mit sich, die sie auch für andere Fälle und Zeiten wertvoll machte." (S. 316) Darin sieht B. auch die schriftliche Fixierung begründet. Hier folgt nun eine sehr aufschlußreiche Beobachtung: B. sieht, daß dadurch „eine sittlich-religiöse Vertiefung" erreicht wurde; „dennoch hörten sie durch die Schriftstellerei auf, das zu sein, was sie sein wollten und sollten: Was in seiner ursprünglichen Gestalt als Gotteswort erfaßt war, erscheint nun in der Umhüllung menschlicher Paraphrase und Deutung. In der Tat ist das alte Prophetenwort in der und durch die Schriftstellerei untergegangen". (S. 316 f.)

Hierzu ist zu bemerken: B. hat instinktiv gespürt, daß das Wesen prophetischen Redens eigentlich im Wirken der vorliterarischen Pro-

8

pheten deutlicher zum Ausdruck kommt als in der ‚rhetorischen Form‘ der Prophetie. Das heißt: hier ist schon geahnt, daß der kurze, für sich stehende, nur als mündliches Wort verständliche und sinnvolle Prophetenspruch dessen eigentliche Form ist („einzelne Aussprüche, Forderungen, Drohungen oder Verheißungen, die für besondere Situationen Geltung hatten"). Die ‚rhetorische Form der Prophetie‘ wird nun leider von B. gar nicht näher bestimmt. Hier unterliegt er offenbar der traditionellen Auffassung, daß die bestimmende Einheit der Prophetenbücher die längere (also etwa 1 Kapitel umfassende) Rede sei; also die Auffassung, die Gunkel meint, wenn er in seinem Artikel „Propheten, spätere" in RGG[1] sagt: „Dann haben es die Propheten gelernt, *längere Reden* zu komponieren, die etwa ein Kapitel umfassen. Aber auch solche Reden sind selten . . . nach einem deutlichen Gesichtspunkt gegliedert, sondern sie bestehen meistens aus mehr oder weniger lose zusammengehäuften Sprüchen. Ein klarer Gedankengang ist oft nicht vorhanden . . ." (Sp. 1878, Bd. IV).

Diese ‚rhetorische Form der Prophetie‘ setzt B. praktisch in eins mit der schriftstellernden Prophetie. Hier liegt offenbar ein Sprung, und an dieser Stelle werden spätere Forscher einsetzen: es muß doch wohl ein *Weg* sein vom Wirken der Propheten als Redner hin zur schriftlichen Fixierung; es leuchtet nicht ein, daß beides in eins fallen soll. Für die Frage die hier entsteht, gibt aber B. selbst schon einen wertvollen Hinweis: das Gotteswort erscheint nun „in der Umhüllung menschlicher Paraphrase und Deutung", d. h. es entsteht die Frage nach dem Verhältnis von Gotteswort und Menschenwort im prophetischen Reden, die dann auch in der weiteren Forschung lebhaft aufgenommen wird. Hiermit ist der Weg zur präzisen Frage nach dem Prophetenspruch in seinem eigentlichen Sinn als Gottesspruch schon genau gewiesen; doch mußte die forschende Arbeit an den Prophetensprüchen noch viele Umwege gehen, um den hier angedeuteten Weg zu finden.

2. C. Steuernagel, Lehrbuch der Einleitung in das AT . . ., Tübingen 1912, Abschnitt II: Die Propheten (S. 457 ff.)

Hier finden wir einen wesentlich anderen Typ der Erklärung prophetischen Redens. Um das deutlich zu machen, muß ein Abschnitt (S. 461) im Zusammenhang zitiert werden:

„Der Inhalt der prophetischen Wirksamkeit ist außerordentlich verschieden je nach der individuellen Eigenart und den Anlässen. Die individuelle Eigenart ist das Produkt aus der bisherigen Entwicklung der religiösen und sittlichen Erkenntnis, der im letzten Grunde geheimnisvollen persönlichen Anlage und der in der Zeitgeschichte liegenden Anregungen. Der Redeanlaß bedingt es, daß der Prophet seine Gedanken stets in einer besonderen Richtung ausführt und weiter entwickelt ... Es ist sehr wohl möglich, daß er dabei sich Widersprechendes ausführt, er kann heute die Dinge anders betrachten als gestern; immer aber werden seine Ausführungen im letzten Grunde doch in der gleichen Geistesart wurzeln und sich in einer Harmonie höherer Art vereinigen."

Dies ist ganz unverkennbar die Sprache eines idealistisch gefärbten religiösen Individualismus. Wir staunen heute, mit welcher Unbefangenheit hier der Prophet als ein Redner vorgestellt wird, der „seine Gedanken in einer besonderen Richtung ausführt und weiterentwickelt", wobei das Wichtigste ist, daß „seine Ausführungen im letzten Grunde in der gleichen Geistesart wurzeln".

Klammert man aber einmal diese Grundkonzeption aus, so zeigt sich doch auch eine präzisere, exaktere Erfassung der Arten prophetischen Redens. Auch hier muß der ganze Zusammenhang zitiert werden:

„Im allgemeinen kann man die Propheten als eine Verkörperung des Volksgewissens charakterisieren. Sie stellen das Verhalten ihrer Zeitgenossen in das Licht des göttlichen Urteils, und da es in der Regel den Forderungen Jahwes ziemlich stark widerspricht, so kommen sie dazu, das Volk anzuklagen, ihm sein Unrecht vorzuhalten und es zu einer gründlichen Umkehr aufzufordern. Insbesondere predigen sie den leitenden Kreisen Buße ... Sie mahnen zu Recht und Gerechtigkeit, zu Demut und Vertrauen gegenüber Jahwe, zu religiöser Wahrhaftigkeit ... Wenn man sich ihren Mahnungen verschließt, wie das fast stets der Fall ist, so kündigen sie das bevorstehende Strafgericht an, das sie je nach den Zeichen der Zeit verschieden ausmalen. Die Buß- und Gerichtspredigt nimmt in ihrer Wirksamkeit den weitaus breitesten Raum ein. Aber sie ist nicht das letzte Wort. Der letzte Zweck des Gerichtes ist die Schaffung eines heiligen, gottgemäßen Volkes, dem Jahwe seine Gnade zuwenden kann. An diesem Punkt nehmen die Propheten die volkstümliche messianische Hoffnung auf, doch mit dem Unterschied, daß sie das Heil nur dem durch das Gericht geläuterten Volk zuteil werden lassen, und daß sie das Bild des Messias und der Heilzeit durch religiös-sittliche Züge veredeln. Die Heilsweissagung tritt bei den älteren Propheten ziemlich zurück, bei den jüngeren vom Exil ab tritt sie stärker hervor, wird zum Teil zum beherrschenden Element. Die Gedanken der Propheten haften aber nicht nur an Israel, sie erstrecken sich auch auf die Heidenvölker, denn Jahwe ist ihnen der Gott der ganzen Welt."

Dies ist eine in ihrer Art meisterhafte Zusammenfassung der prophetischen Wirksamkeit, wie man sie damals sah. Man trifft sie in der späteren Literatur ähnlich dutzendfach wieder, aber nicht mehr so klar und umfassend in der Zusammenschau. Aus unserer Sicht ist dazu folgendes zu sagen:

1. Deutlich treten hier zwei Hauptformen prophetischen Redens heraus: die an das eigene Volk gerichtete Anklage und die Ankündigung des Strafgerichtes. Es sei besonders festgehalten, daß hier „der Inhalt der prophetischen Wirksamkeit" seine Mitte in diesen beiden hat.

2. Bezeichnend für die Zusammenfassung ist die logische Fügung des Ganzen: Der Ausgangspunkt ist: die Propheten stellen das Verhalten ihrer Zeitgenossen in das Licht des göttlichen Urteils. Da dies meist ein negatives Ergebnis hat, kommen sie dazu, ihr Volk anzuklagen (diese Anklage hat also schon ein Urteil der Propheten zur Voraussetzung!). Das Anklagen wird dann mit der Bußpredigt gleichgesetzt, diese kommt auf eine Mahnung hinaus. Wenn man sich den Mahnungen verschließt, so kündigen sie ein Strafgericht an. Die Gerichtspredigt ist aber nicht das letzte Wort; sie soll vielmehr das Volk so wandeln, daß Jahwe ihm wieder seine Gnade zuwenden kann. Das Heil wird aber nur dem durch das Gericht geläuterten Volk zuteil. Dieses Bild eines logischen oder gedanklichen Zusammenhanges (es geht ja hier im Wesentlichen um „die Gedanken der Propheten"), ist in sich durchaus einleuchtend, und jedes seiner Teile läßt sich durch Texte belegen. Das Fragliche aber ist das Gefüge als solches. Es ist in der Tat eine rein gedankliche Konstruktion und steht der rückschauenden deuteronomistischen Darstellung der Prophetie näher als dieser selbst.

3. Gefährlich wird diese Konstruktion besonders an einer Stelle: dem In-Eins-Setzen von Anklage und Bußruf. Hier unterliegt St. einer traditionellen Anschauung, die bis heute nicht überwunden ist: die Propheten seien Bußprediger. Das stimmt aber einfach nicht. Oder vorsichtiger gesagt: es ist als Aussage über die ganze Prophetie eine gefährliche und irreführende Verallgemeinerung.[2] Der Bußruf wird nun nach Steuernagel weitergeführt in der Mahnung, die breit entfaltet wird. So hat es fast den Anschein, als stünden Bußruf und Mahnwort im Mittelpunkt der prophetischen Predigt. Das ist nicht der Fall. Vor allem aber sind in dieser gedanklichen Konzeption Anklage und Gerichtsankündigung dadurch weit voneinander getrennt, daß durch die Zusammen-Ordnung von Anklage, Bußruf und Mahnung die Gerichtsankündigung erst bedingt wird dadurch, daß die Hörer sich den Mahnungen der Propheten verschließen. Damit wird der Tatbestand verdunkelt, daß in der großen Überzahl der Prophetenworte Anklage

2 Vgl. hierzu die wertvolle Untersuchung: H. W. Wolff, Das Thema ‚Umkehr' in der AT-lichen Prophetie, ZThK 1951 S 129–148.

und Gerichtsankündigung *ein* Wort darstellen; sie fallen als prophetisches Gerichtswort zusammen in einer Stunde, in der die durch die Anklage bedingte Gerichtsankündigung ergeht. So klar das zu sein scheint, so überreich dieser Tatbestand auch belegt ist, die gedankliche Konzeption, die hier bei Steuernagel sichtbar wird, hat dennoch weithin die weitere Erforschung des Prophetenwortes bestimmt!

Man kann dafür als *einen* Grund auch eine bestimmte Gruppe von Texten anführen. Eine Gruppe von Worten im Jeremiabuch nämlich, die dieser Darstellung des prophetischen Redens tatsächlich in zwei wesentlichen Punkten entsprechen: es sind die in deuteronomistische Predigt gefaßten Jeremiaworte (Musterbeispiel: 25, 1–14), in denen a) der Bußruf wirklich in der Mitte steht, b) in denen das Reden der Propheten in ganz ähnlicher Weise systematisiert ist wie in der Darstellung Steuernagels. Von hier aus bekommt die Frage eine hohe Bedeutung, ob diese Gruppe von Worten dem Propheten Jeremia selber angehört oder, wie heute überwiegend angenommen wird, eine sekundäre, predigtartige Bearbeitung von Jeremiaworten darstellt.[3]

Schließlich ist für die Darstellung des prophetischen Redens bei Steuernagel noch wichtig, daß auf die eben behandelte Zusammenfassung ein Abschnitt über „Die Form der prophetischen Wirksamkeit" (S. 463 f.) folgt. Wir würden hier wohl eine Darstellung der prophetischen Redeformen erwarten; das vorher Dargestellte legt uns die Frage nahe: wie sieht denn nun eine Anklage, eine Mahnung, eine Gerichtsankündigung usw. aus, welche Gestalt hat sie? Aber so wird hier gar nicht gefragt. Es wird nur sehr vage von drei Haupttypen gesprochen: „Die größere zusammenhängende Rede, der kurze, prägnante Ausspruch und das Wechselgespräch". So klar und umfassend die ‚inhaltliche' Wiedergabe der Prophetenworte im vorigen Abschnitt war, so unzureichend und unzutreffend ist diese Formbestimmung. Der Grund dafür zeigt sich sofort: es ist die vorgefaßte Konzeption des Propheten als eines sein Thema entwickelnden Redners, die jetzt noch einmal geradezu bizarr heraustritt: „Manche Reden mögen vorher geplant und vorbereitet und dann dem Plan gemäß vorgetragen sein. Andere sind gewiß extemporiert, wie es der Augenblick erforderte. Sie werden sich dann weniger an ein bestimmtes Thema (!) gehalten und dieses in klarer Disposition durchgeführt haben, sondern im Gedankengang den Charakter des mehr Zufälligen getragen haben."

Deutlicher kann es wirklich nicht gesagt werden, was für eine Konzeption der prophetischen Rede hier vorliegt. Von daher ist es ver-

---

3 Zuerst S. Mowinckel, Die Komposition des Jeremiabuches, 1914; jetzt z. B. Rudolph, Kommentar; J. Bright, The Date of the Prose – Sermons of Jeremiah, JBL 70 (1951) S. 15 ff. und J. W. Miller, Das Verhältnis Jeremias und Ezechiels untersucht ... (1955).

ständlich, daß die einzelnen prophetischen Redeformen nicht in den Blick kommen können. Denn diese Konzeption würde in sich zusammenbrechen müssen, wenn es sich herausstellte, daß die Propheten Reden in diesem Sinn: mit Thema, Disposition, Gedankengang usw. überhaupt nicht gehalten haben.

Es zeigt sich also, daß die bei Baudissin gefundene Vorstellung von der rhetorischen Form des prophetischen Wirkens auch für Steuernagel noch ungebrochen ist und das Ganze der Darstellung des prophetischen Wirkens bestimmt. Hier *mußte* ein Gegenschlag kommen, denn diese Sicht des prophetischen Redens war zu offensichtlich von einer modernen Konzeption geprägt.

Der Gegenschlag ließe sich aus zwei Richtungen kommend denken: einmal von einer Kritik an dieser Modernisierung der Prophetie überhaupt, dann speziell von einer Kritik an der Vorstellung, die Propheten hätten Reden gehalten. Beides ist geschehen. Als Typ für die erste Kritik sei Hölscher angeführt, für die zweite Gunkel.

3. G. Hölscher, Die Propheten, Leipzig 1914

In diesem Buch ist das Steuer der Prophetenforschung völlig herumgeworfen. Man kann sich keinen größeren Gegensatz denken, als den zwischen einem Propheten, der eine Rede mit Thema, Disposition und ausführendem Gedankengang hält und einem Prophetenwort, dessen Wurzeln im Zauberspruch liegen (Hölscher S. 89 ff.):

„Die ursprüngliche Form der dämonischen Rede ist der Zauberspruch. Er kann in den Wahrsagespruch übergehen, die Grenzen sind fließend; auch der mantische Spruch hat Zauberwirkung . . . Wir finden die Form des alten Wahrsagespruches in den zahlreichen Segens- und Fluchworten der alten Sagen (Gen. 9, 25–27; 27, 19 f., 28 f.; 49; Dtn. 33). Hinter dem alten Wahrsagespruch steht, wie hinter allen Zaubersprüchen, ursprünglich der Dämon; das unterscheidet ihn von den Sprüchen der späteren Prophetie."

Dieser radikale Umschlag war notwendig. Es mußte jetzt zunächst einmal gesagt werden, daß das Reden der Propheten ein völlig anderes war, daß man es nicht aus der Geistigkeit des 19. Jahrhunderts nach Christus, sondern aus seiner eigenen Geschichte und Vorgeschichte und Umweltgeschichte erklären mußte.

Es ist weiter zuzugeben, daß der Zauberspruch mindestens gattungsmäßig dem Prophetenspruch entschieden näher steht als eine wohldisponierte Rede mit gedanklicher Folge. Ja, es ist bedauerlich, daß diese Ansätze bei Hölscher so gut wie gar nicht aufgenommen worden sind: die frühen Fluch und Segenssprüche im Alten Testament sind bis jetzt noch nicht eingehend untersucht und geklärt. Man wird dann allerdings den Zauberspruch nicht so zum Oberbegriff machen können, wie Hölscher das hier in den wenigen Andeutungen tut. Eine Untersuchung auf breiterer religionsgeschichtlicher Grundlage (die vor allem die Folklore-Forschung zu berücksichtigen hätte) würde zeigen, daß der Zauberspruch eine eigene Gattung ist, ebenso aber Fluch und Segen eigene Spruchformen entwickelt haben, und daß beiden gegenüber der ‚mantische Spruch‘ sich auch im Alten Testament als eigene Gattung erkennen läßt.[4]

Wichtig ist auch die Beobachtung Hölschers, daß der alte Wahrsagespruch vom späteren Prophetenspruch dadurch unterschieden ist, daß in ihm das Ich des Menschen (und wie H. sagt, der aus diesem Ich redende Dämon) redet. Aber H. ist nur an diesem geschichtlichen Hintergrund des Prophetenspruchs im Zauberspruch interessiert; den Prophetenspruch als solchen behandelt er – was seine Redeformen, deren Entfaltung und Geschichte betrifft – überhaupt nicht. Weder das Inhaltsverzeichnis noch das Stichwortverzeichnis nennen eine Behandlung des Prophetenspruchs oder des prophetischen Redens; an diesem Punkt steht H. trotz aller Gegensätze mit den Forschern seiner Zeit auf dem gleichen Boden: ihn interessiert der Prophet als religionsgeschichtliches Phänomen und von da aus das Inhaltliche des von den Propheten Gesagten als ein geistiges Phänomen; auf die Redeformen und ihre Bedeutung stößt er bei dieser Fragestellung nicht. Eins nur hat er hierzu zu sagen, und das ist eine These, die sich allmählich ganz allgemein durchgesetzt hat:[5]

„Schon in seiner einfachsten Gestalt hat der Wahrsagespruch rhythmische Form. Wie der hebräische Wahrsager mit dem arabischen kahin zu vergleichen ist, so ist auch das Wort des kahin und des ihm verwandten Sängers (shair) durchweg rhythmisch geformt, im ältesten Rhythmus der arabischen Poesie." (S. 92 f.)

Wenn sich dies als richtig herausstellte, so war schon damit die ‚rhetorische Form‘ der Prophetie als nicht zutreffend erwiesen. Man spürt noch genau in der Einleitung Steuernagels, wie er sich gegen diese damals aufkommende These wehrt:

„Nach den schriftlichen Wiedergaben zu schließen, näherten sich die Prophetenworte vielfach der Poesie, gelegentlich mag der Prophet auch völlig zum Dichter geworden sein; doch ist es sicher unberechtigt, wenn neuerdings mehrfach versucht wird, den strengen poetischen Rhythmus

---

4 J. Hempel, Die israelitischen Anschauungen von Segen und Fluch im Lichte altorientalischer Parallelen, ZDMG NF 4, 1925, S. 20–110; J. Scharbert, Solidarität in Segen und Fluch im AT und in seiner Umwelt, Bonn 1958, dort weitere Literatur. Über den Seherspruch ist eine Dissertation von D. Vetter in Arbeit.

5 So z. B. in dem Artikel in RGG² von Gunkel, der unten behandelt wird.

für das Normale zu halten und die Prophetenreden zu eigentlichen Versen zuzustutzen."[6]

Hier tritt uns einmal ein Wandel in der Auffassung des Redens der Propheten ganz deutlich vor Augen: Die so lange beherrschende Sicht der Propheten als Prediger oder als Redner bricht zusammen, der kurze, rhythmische Spruch wird als die Grundeinheit prophetischer Rede erkannt. Diese Wendung vollzieht sich an vielen Stellen und mit vielen Nuancen; am deutlichsten ist sie meines Erachtens an den zusammenfassenden Aufsätzen Gunkels zur Prophetie zu erkennen.

4. H. Gunkel, Propheten II seit Amos, RGG[1]

Gunkels Darstellung setzt ein (A) mit den „geheimen Erfahrungen der Propheten", den Visionen, den Auditionen und anderen prophetischen Erfahrungen mit all ihren Begleiterscheinungen. Hierin steht er Hölscher nahe. – Dann zeigt er (B) die Hauptlinien zur Geschichte der Prophetie; darauf soll hier nicht näher eingegangen werden. Erst nun folgt (C) „die Schriftstellerei der Propheten".

Zu diesem Aufriß muß gleich bemerkt werden: Gunkel spricht hier noch ganz in dem alten Schema, nach dem am Anfang die Frage nach dem prophetischen Erleben steht; darauf will er die Geschichte der Prophetie aufbauen, dann erst kommt er zu den Worten der Propheten. Die Worte der Propheten stehen noch – auch darin folgt Gunkel nur den älteren Darstellungen – unter der Überschrift: „Die Schriftstellerei der Propheten". Auch wenn diese Überschrift nachher eigentlich gesprengt wird, zeigt sie, wie zäh sich die alte Vorstellung hält, daß in den Prophetenbüchern die Arbeit von ‚Schriftstellern‘ vorliegt, und daß die Propheten solche Schriftsteller waren.

Von der ‚Ekstasentheorie‘ (wesentlich von Hölscher ausgegangen) grenzt sich Gunkel, obwohl er ihr im ersten Teil eine grundlegende Bedeutung für die Prophetie gab, insofern ab, als er annimmt, daß der Prophet gewöhnlich nicht in, sondern nach der Ekstase redete.

Das prophetische Reden beginnt zunächst mit kurzen Worten.[7] Die älteste Stufe prophetischen Stils sieht er in „kurzen, rätselhaften Worten und Wortverbindungen wie den Namen, den sie ihren Kindern geben (z. B. Lo’ ‘ammi)". Eine weitere Stufe sind kurze Sprüche, etwa zwei bis drei Zeilen lang (wie z. B. Jes. 1, 2 f.; Am. 1, 2; 3, 2 f.).

---

6 Steuernagel, Einleitung S. 463, unmittelbar an die oben zitierten Sätze anschließend.

7 Um diese seine eigentliche Ausgangsthese mit der Überschrift in Einklang zu bringen, versteht G. unter der ursprünglichen Schriftstellerei der Propheten das Verfassen ganz kurzer Flugblätter mit einzelnen kurzen Sprüchen; diesen Gedanken nimmt Widengren a. a. O. S. 121 wieder auf.

„Dann haben es die Propheten gelernt, längere Reden zu komponieren; sie bestehen aber meist aus mehr oder weniger lose zusammengehäuften Sprüchen, wie z. B. Jes. 13."

Hier ist eine Grunderkenntnis der neueren Prophetenforschung, die sich fast allgemein durchgesetzt hat, ausgesprochen: *Die Grundeinheit prophetischen Redens ist der kurze Spruch, der in sich selbständige kurze Einzelspruch.*

Gunkel geht von zwei Klassen der prophetischen Orakel aus: den Visionen und den Auditionen; der Stil der Visionen ist die Erzählung, Auditionen sind Prophetenworte, die sich in einer fast unübersehbaren Mannigfaltigkeit entfalten.

Diese Grundeinteilung der prophetischen ‚Orakel' in Visionen und Auditionen wird genau so von Greßmann aufgenommen und ausgebaut. In dieser Einteilung der Prophetenworte in Visionen und Auditionen liegt der grundverkehrte Ansatz der Gattungsbestimmung der Prophetenworte bei Gunkel und Greßmann, der dann noch sehr oft aufgenommen oder nachgesprochen wird.

Gunkel sagt, daß der Stil der Visionen die Erzählung sei, obwohl er zunächst die Erzählungen (in Punkt 5) von den Orakeln (= Visionen + Auditionen) unterscheidet. Der Tatbestand ist klar. Es gibt in den Prophetenbüchern nebeneinander Berichte (oder Erzählungen) und Worte (von einer dritten Hauptart wird später die Rede sein). Unter den Berichten ist eine Gruppe der Visionsbericht. Es gibt aber in den Prophetenbüchern keinen einzigen Visionsbericht, in dem der Prophet *nur* sieht. Mit dem Sehen ist *immer*, ohne jede Ausnahme, ein Hören verbunden. Wenn man also die Fremdworte gebrauchen will: *alle* Visionen sind mit Auditionen verbunden. Das heißt aber: *alle* Visionsberichte sind – wenn man so will – zugleich Auditionsberichte! Beides gehört dann als eine besondere Form der Gattung der Berichte an. (Daneben gibt es noch eine Reihe anderer Berichte, etwa den Bericht von einem Auftrag, den ein Prophet bekommt, u. a.)

Daneben stehen, klar von den Berichten zu unterscheiden, die Prophetenworte (wofür man auch Orakel sagen kann). Alle diese Prophetenworte als Auditionen zu bezeichnen, ist irreführend, weil dies notwendig in Analogie zu Visionen verstanden werden muß; für Vision aber müßte man jedesmal genauer Visionsbericht sagen. So denkt man – in Analogie zu Vision – bei dem Begriff ‚Audition' an den *Vorgang* des Hörens; gemeint ist aber von Gunkel und Greßmann das auditum: das, was der Prophet gehört hat und nun weitersagt. So ist hier eine heillose Verwirrung entstanden, und man sollte endlich mit dieser falschen Nebeneinanderstellung von Vision (gemeint: Visionsbericht) und Audition (gemeint: die Prophetensprüche) aufhören.

16

Bei der nun folgenden Aufzählung wird man wiederum gegenüber der Aufzählung bei Steuernagel eine Präzisierung und Weiterführung wahrnehmen:

„Unter prophetischen Worten herrscht eine fast unübersehbare Mannigfaltigkeit: *Verheißung und Drohungen, Schilderungen der Sünde, Ermahnungen, Priestertora, geschichtliche Rückblicke, Disputationen, Lieder aller Art, kurze lyrische Stücke, Liturgien, Parabeln, Allegorien usw. . . .*"

Auf die Einzelheiten der Aufzählung soll hier nicht eingegangen werden. Es wird später darauf zurückgegriffen werden müssen. Jetzt erst folgt, fast am Schluß der Darstellung Gunkels, die für die Erforschung der prophetischen Redegattung wichtigste, eine sehr überraschende These:

„Für eine Geschichte dieser Gattung ist grundlegend, daß die meisten der genannten Gattungen nicht ursprünglich prophetisch sind, sondern daß die Propheten fremde Gattungen in weitestem Maße aufgenommen haben. Daß es so außerordentlich viele Gattungen sind, deren sich die Prophetie bemächtigt hat, ist ein Zeichen dafür, mit welchem Eifer sie um das Herz ihres Volkes gerungen hat . . .

Welches ist dann die *eigentlich* prophetische Gattung? Die ältesten Propheten sind Verkündiger der Zukunft. Danach dürfen wir den ältesten prophetischen Stil in den Stücken erwarten, in denen die Zukunft geschildert wird. Besonders deutliche Muster dieses Stils sind die Völkerorakel Jes. 13–21; Jer. 46–51 u. a. (Dagegen) die neuen Formen, deren sich die Propheten bedient haben, finden sich natürlich in den an Israel gerichteten Stücken."

In diesem Absatz, in dieser These Gunkels ist für eine lange Strecke der Erforschung des prophetischen Redens eine Weiche gestellt worden. Der Ausgangspunkt ist zweifellos richtig und er ist von hoher Bedeutung: die Propheten haben sich eine Fülle anderer Redeformen angeeignet, um in diesen nicht eigentlich prophetischen Redeformen ihre Botschaft zu sagen. Hier hat man weitergearbeitet; eine Fülle von Einzeluntersuchungen sind zu diesen in der Prophetenrede begegnenden aber eigentlich der Prophetie fremden Redeformen gemacht worden.[8]

Weiter ist klar, daß nun die Frage kommen muß: Was ist dann die spezifisch prophetische Redeform? Sehen wir jetzt einmal auf die früheren Arbeiten zurück, so hat sich bei aller Verschiedenheit doch schon eine gewisse Übereinstimmung an *einem* Punkt gezeigt: Als die wesentlichste oder wichtigste oder häufigste prophetische Redeform wurde übereinstimmend die Gerichtsankündigung an das eigene Volk zusam-

---

8 Vgl. etwa die Aufzählung bei R. B. Y. Scott, The Relevance of the Prophets, New York 1947, S. 100; A. Bentzen, Introduction, S. 110.

men mit deren Begründung, der Anklage, angesehen;[9] auch Gunkel nennt sie unter anderen. Trotzdem sieht er die *eigentlich* prophetische Gattung in den Völkersprüchen. „Die ältesten Propheten sind Verkündiger der Zukunft", diese *eine* Begründung, die er dafür gibt, trifft für die Gerichtsworte gegen das eigene Volk genau so zu. Es bleibt nur die andere: die Stilmerkmale, die Gunkel in den Punkten 8 bis 11 zusammenstellt: Charakteristisch für den prophetischen Stil ist ihm hier das Geheimnisvolle: „Nur dunkel und schattenhaft sind diese Offenbarungen vor die Seele der Propheten getreten, daher der eigentümlich dämonisch rätselhafte Ton dieser Reden."

Andere Merkmale sind „die eigentümlich springende Art, die außerordentliche Konkretheit, die ungemeine Wucht der prophetischen Leidenschaft". Hier ist nun aber wieder zu fragen: Trifft das wirklich nur für die Völkerorakel, oder auch nur *besonders* für die Völkerorakel zu? Dies ist doch eine nur sehr vage, sehr fragliche Begründung einer so weitreichenden These! Man könnte weiter dazu sagen, daß die summarische Angabe von Jes. 13–21 methodisch sehr anfechtbar ist, da hier außerordentlich verschiedenartige Stücke zusammenstehen, die höchstwahrscheinlich aus ganz verschiedener Zeit stammen (Kap. 19 wird fast völlig übereinstimmend als sehr spät angesehen) und jedenfalls gewiß nicht einen klar erkennbaren Typus des Prophetenspruches zeigen. Wichtiger aber ist, daß diese These in offenbarem Widerspruch zu vorher Gesagtem steht: In Punkt 3 hatte Gunkel gesagt, daß am Anfang der Entwicklung der kurze Spruch steht, etwa zwei oder drei Zeilen lang, und als Beispiel dafür Sprüche aus Jes. 1 und Amos 1 angeführt. In Jes. 13–21 aber handelt es sich fast durchweg um längere Einheiten; es begegnen nur ganz wenige kurze Sprüche.

Die These Gunkels von den Völkerorakeln als der ursprünglich oder eigentlich prophetischen Redeform steht also auf sehr schwachen Füßen. Sie ist auch kaum von anderen aufgenommen worden. Dennoch hat sie, wie oben schon gesagt wurde, für die weitere Erforschung der prophetischen Redeformen eine beträchtliche, und zwar eine hemmende Folge gehabt.

Man erwartet in dem Artikel Gunkels eine Klärung des Verhältnisses der nach seinem Verständnis eigentümlich prophetischen Redegattung(en) zu den anderen, die sich die Propheten nur liehen. Eine solche Verhältnisbestimmung folgt auch, aber sie kann nicht in allem befriedigen.

Die prophetischen Einzelgattungen entwickeln sich nach Gunkel in zwei Richtungen: „Die Propheten wurden Dichter und Denker". Als Dichter „haben die Propheten tief hineingegriffen in die Schatzkammern der profanen und der religiösen Lyrik", die lange vor ihnen

9 Vgl. oben zu Steuernagel.

bestanden haben muß. Die Einzelbestimmung dieser übernommenen profanen und religiösen Liedgattungen ist exakt und umfassend; hier ist Gunkel ganz auf seinem speziellsten Forschungsgebiet! Problematisch aber wird es bei der anderen Seite: „die Propheten als Denker":

„Sie haben sich nicht damit begnügt, die Zukunft zu verkündigen, sondern begannen den sittlichen Grund anzugeben weshalb eben dieses kommen muß ... Dann haben sie ihren Drohungen ‚Scheltreden' hinzugefügt, in denen sie Israels Frevel aufweisen (Jes. 1, 2 f.; Jer. 2, 10–13) und worin sie mit Vorliebe den Stil einer Rede vor Gericht nachahmen (Jes. 3, 13–15; Mi. 6, 1 ff.). Dies Aufzeigen der Sünde ist den großen Unheilspropheten ein Hauptstück ihrer Predigt (Mi. 3, 8); es gibt ganze prophetische Bücher, die im wesentlichen diese beiden Gattungen, die Drohrede und die Scheltrede, enthalten; so das Buch Amos."

Diese Stelle in Gunkels Abhandlung über die prophetischen Redeformen ist besonders wichtig. Hier sieht G. richtig – und durchaus in Übereinstimmung mit vorangegangenen Arbeiten (s. o.) –, daß ‚Drohrede' und ‚Scheltrede', das was vorher Gerichtsankündigung und Begründung (so kann es G. in diesem Absatz auch nennen) beziehungsweise Anklage genannt wurde, tatsächlich die Hauptstücke der prophetischen Verkündigung sind. Dies muß deswegen besonders unterstrichen werden, weil die Völkersprüche, in denen Gunkel vorher das Eigenste der Prophetie sah, weithin eine solche *Begründung* des Gerichtes, das die Völker treffen wird, nicht enthalten. Auch Gunkel kann gegen die These, daß in der Gerichtsankündigung gegen das eigene Volk und der Begründung in der Anklage die Hauptform prophetischer Verkündigung vorliege, nicht ins Feld geführt werden.

Jedoch die Anklage oder die ‚Scheltrede' unter der Überschrift „Die Propheten als Denker" zu bringen, mutet sehr eigenartig an. Man kann nicht gut sagen, daß das Drohen ein spezifisches Reden des Denkers sei. Was Gunkel meint, ist schon deutlich: Die Propheten haben darüber nachgedacht, warum denn ihr Volk das schwere Unheil, das sie ankündigen mußten, treffe; aus diesem Nachdenken haben sie das kommende Gericht begründet: „sie begannen den sittlichen Grund anzugeben". Aber daß dies nun in der Form des Scheltens oder der Scheltrede geschehen müsse, ist schwer einzusehen. Wenn Gunkel dann fortfährt, daß die Propheten in diesen Scheltreden mit Vorliebe den Stil einer Rede vor Gericht nachahmen, so entfernt er sich damit von seiner Überschrift „Die Propheten als Denker" womöglich noch weiter, kommt damit aber der wirklichen Form dieses prophetischen Redens näher.

Wenn ich recht sehe, ist in dieser Darstellung Gunkels das Nebeneinander der beiden Bezeichnungen ‚Drohrede' und ‚Scheltrede' geprägt worden, die dann weithin bis heute übernommen worden sind. Zusammen mit diesen beiden Bezeichnungen ist aber die Unklarheit übernommen und bis heute nicht überwunden, die in dieser Darstellung liegt. Wenn Gunkel die ‚Scheltrede' unter der Überschrift „Die Propheten als Denker" den eindeutig *übernommenen,* der Prophetie nicht eigenen Redeformen der gottesdienstlichen und profanen Lieder („Der Prophet als Dichter") nebenordnet, sie also zu den von den Propheten geborgten Redeformen rechnet, so stellt er sie damit auf eine andere Ebene als die ‚Drohrede', also die Gerichtsankündigung. So mußte der Eindruck entstehen, daß es sich in ‚Drohrede' und ‚Scheltrede' um zwei eigenständige, wesens- und ursprungsverschiedene Gattungen handelt, die bei den Propheten sekundär miteinander in Verbindung gebracht wurden.

Diese Unklarheit hat in den meisten Untersuchungen bis heute nachgewirkt. Dadurch ist der von den Texten her klare Tatbestand verdeckt worden, daß in Wirklichkeit ‚Drohrede' und ‚Scheltrede' in den weitaus meisten prophetischen Texten nicht als zwei gesonderte Gattungen, sondern als *eine* Redeform, beziehungsweise als die zwei Bestandteile oder Glieder *einer* Redeform, eben des prophetischen Gerichtswortes, begegnen.

Es kommt hinzu, daß die Bezeichnungen beide in sich bedenklich sind. Das soll in einem Exkurs gezeigt werden und ich schlage stattdessen vor, zu den vorher üblichen, sachlich unanfechtbaren Bezeichnungen ‚Gerichts- (oder Unheils-) Ankündigung und Begründung (für sich genommen Anklage) zurückzukehren. Ich möchte hier noch einmal betonen, daß es mir dabei nicht so sehr um die Bezeichnungen als solche geht (die Bezeichnungen Drohrede und Scheltrede sind nicht absolut falsch), sondern um die Unklarheit, die mit ihrer Einführung verbunden war und bis heute nicht wirklich beseitigt ist.

Zum Schluß sei noch darauf hingewiesen, daß der Artikel Gunkels über die Propheten in der zweiten Auflage der RGG (1930) ohne wesentliche Änderungen wieder abgedruckt worden ist. In seiner Einleitung zu dem von Hans Schmidt bearbeiteten Band über die großen Propheten im alten Göttinger Bibelwerk 1915 gibt Gunkel genau die gleiche Darstellung des prophetischen Redens, nur daß diese Darstellung wesentlich ausführlicher ist. Obwohl diese Einleitung zu den großen Propheten nach dem Herauskommen von RGG[1] erschienen ist, hat man den Eindruck, daß die Darstellung in RGG eine Zusammenziehung dieses Aufsatzes ist; der Aufbau ist gleich, an vielen Stellen begegnet wörtliche Übereinstimmung. Dieser Tatbestand ist insofern wichtig, als man aus ihm ersieht, Gunkel hat sich über diesen weiten Zeitraum hin nicht genötigt gesehen, seine Konzeption des prophetischen Redens im ganzen oder im einzelnen zu ändern; ein Zeichen für die Originalität und überragende Bedeutung dieser Konzeption, aber auch dafür, daß wesentlich neue Anstöße auf diesem Gebiet in dieser langen Zeit nicht kamen. Dieser Tatbestand macht auch verständlich, daß die Grundlinien der Bestimmung prophetischer Redeformen, die von Gunkel gezogen wurden, weithin übernommen worden sind ohne daß notwendige Korrekturen vorgenommen wurden.

5. H. Gressmann, Der Messias, Göttingen 1929
Zweites Buch: Prophetische Gattungen

Das Buch steht in dem Teil, der die prophetischen Gattungen zusammenfaßt, ganz auf der von Gunkel erarbeiteten Grundlage; seine Bedeutung liegt einmal in der Entfaltung der von Gunkel gezeigten Linien, dann in den Folgerungen, die daraus für die Geschichte des eschatologischen Redens im Alten Testament gezogen werden. Zunächst sei kurz aufgezählt, worin Gressmann Gunkel folgt:

„Die Propheten waren Dichter kleiner Prophetensprüche, die für den mündlichen Vortrag bestimmt waren und erst sekundär aufgezeichnet worden sind" (S. 69). „Die ursprüngliche Aufgabe der Propheten war, die Zukunft zu weissagen, fast alle ihre Sprüche sind darum Orakel... Nach dem Hauptinhalt fallen sie in die beiden Gruppen der Visionen oder Gesichte und der Auditionen oder Worte. Unter diesen werden zwei Hauptgattungen, die Drohungen und die Verheißungen, unterschieden... In den Drohungen lebt der Zorn des Propheten über die Sünden Israels, die er schilt; sie sind deshalb auch meist mit einem Scheltwort verbunden, um die kommende Katastrophe zu begründen."

Dies alles stimmt ganz, zum Teil genau, mit den Linien, die Gunkel gezeichnet hatte, überein. Besonders ist darauf hinzuweisen, daß hier die Grundunterscheidung in Visionen und Auditionen (= Worte) einfach übernommen wird. Dagegen sieht er deutlicher, daß bei den Prophetensprüchen grundlegend die Unterscheidung zwischen Heils- und Unheilsankündigung ist; ebenso daß „die Drohungen meist mit einem Scheltwort verbunden sind". Die Termini Drohwort und Scheltwort werden übernommen wie von den meisten Forschern seitdem.

Nun ist Gressmann besonders interessiert am geschichtlichen Verhältnis von Gerichts- und Heilsankündigung oder, wie er sagt, Drohung und Verheißung. Hier stellt er eine These auf, die für seine Arbeit entscheidend ist und weit darüber hinaus gewirkt hat: er behauptet, die älteste von uns zu erschließende Form des Orakels verbinde Heils- und Unheilsankündigung! Und zwar behauptet Gressmann das in einer radikalen Antithese zur literarkritischen Prophetenforschung, die behaupten will, daß die vorexilischen Propheten *nur* Gerichtspropheten gewesen sein können, da die Heilspredigt die Gerichtspredigt aufhebe. Gressmann sagt dagegen: die Aufeinanderfolge von Gericht und Heil sei durchaus möglich, wie z. B. bei Hosea (S. 71). Sie wird aber bei den Propheten niemals beschrieben, sondern einfach vorausgesetzt. Sie muß deshalb als Tradition vorausgesetzt werden (S. 71 ff.). Diese Tradition sei außerhalb Israels bezeugt: „Die sehr viel älteren ägyptischen Orakel bezeugen die formelle Einheit von Drohung und Verheißung als das Ursprüngliche schwarz auf weiß . . . Seitdem wir die ägyptischen Orakel kennen, ist kein Zweifel mehr, daß die literarkritische Schule auf dem Irrweg war" (S. 73).[10]

Zu dieser religionsgeschichtlichen tritt eine etwas vage und sehr allgemeine psychologische Begründung, die die These nicht gerade vertrauenswürdiger macht („auf Regen folgt Sonnenschein", S. 72. „Dichter wie Prophet sind beide von wechselnder Stimmung beseelt . . . In Zeiten, wo sie milderen Stimmungen zugänglich sind, verkünden sie das Heil mindestens unter gewissen Bedingungen"). Außerdem widerspricht diese psychologische These von den wechselnden Stimmungen des Propheten der literarischen, daß die Grundform des Prophetenspruches die Einheit von Heils- und Gerichtswort sei. Hier ist interessant, daß Gressmanns These von der ursprünglichsten Form des Prophetenspruches an einer Stelle mit der Gunkels zusammentrifft:

„Regelmäßig miteinander verbunden ist Heil und Unheil in den Völkerweissagungen; ihnen ist ebenfalls die älteste Orakelform eigentümlich" (S. 72).

Diese Behauptung, die Völkersprüche betreffend, trifft nicht zu. Es ist auch nicht ganz klar, wie der Satz gemeint ist; es kann eigentlich nur gemeint sein, daß in einem Völkerspruch (wie z. B. Jes. 34 f.) den Völkern beziehungsweise einem Feindvolk Gericht, und damit gleichzeitig Israel Heil verkündigt wird (die andere Möglichkeit, daß im gleichen Spruch dem gleichen Fremdvolk Gericht *und danach* Heil angekündigt wird [z. B. Jes. 19], ist zu selten, als daß Gressmann dies hier meinen könnte). Eine ebensolche Unklarheit ist es, wenn im gleichen Zusammenhang auf Jes. 28, 23–29 und Jer. 1 verwiesen wird. Zwar sagen beide Stellen, daß die Propheten nicht ausschließlich Gericht zu predigen haben; aber besonders Jes. 28, 23–29 sagt in dem Gleichnis ausdrücklich, daß Gerichts- und Heilspredigt *nicht* gleichzeitig sein können!

Durchaus begründet und wichtig ist, was Gressmann im dritten

10 Vgl. hierzu aber die vorsichtigen und wohlabgewogenen Bemerkungen H. W. Wolffs zu diesen ägyptischen Orakeln: Hauptprobleme alttestamentlicher Prophetie, Ev. Theol. 1955, S. 446–68, 451: „Es liegt keine echte Prophetie, sondern ex eventu-Weissagung vor." Dazu jetzt G. Lanczkowski, Ägyptischer Prophetismus im Lichte des alttestamentlichen ZAW 1958, S. 31 ff.

Teil (S. 74–77) von der vorprophetisch-volkstümlichen ‚Eschatologie‘ sagt, die bei Amos schon vorausgesetzt ist und gegen die er polemisiert. Was er aber dann im vierten Teil (S. 77–86) von der Struktur und Geschichte der Heils- und Unheilsprophetie sagt, ist weithin nur Hypothese, und die Begründung ist recht fraglich (S. 82):

„Zu Anfang waren Drohung und Verheißung eine literarische Einheit. Mit Amos beginnt die große Verschiebung: die Drohung, die bisher gegen die Völker gerichtet war, richtet sich gegen Israel. Das gibt es erst seit Amos. Es war etwas so Unerhörtes, daß daraus eine eigene Gattung wurde. So kam es zu dem Bruch zwischen Drohung und Verheißung. Fortan führte jede Gattung ihr selbständiges Dasein und hatte seine eigene Geschichte.“

Gerade vorher hatte Gressmann auf 1. Kön. 22 gewiesen: die Drohung gegen Israel gab es also nicht erst seit Amos. Ein anderer Satz in diesem Abschnitt ist sehr bemerkenswert: „Die Drohung, die bisher gegen die Völker gerichtet war, richtet sich gegen Israel.“ Heißt das nicht, daß die literarische Gattung die gleiche bleibt, daß sich nur ihre Adresse verändert? Hier könnte etwas Richtiges gesehen sein. Amos gebraucht in Kap. 1–2 die gleiche Redeform in seinen Gerichtsworten an die Völker wie an Israel. Oder: wenn Jesaja im syrisch-ephraimitischen Krieg seinem eigenen Volk die Rettung anzukündigen hat, tut er es, indem er ein Gerichtswort über Israels Feinde spricht. – Dann ist aber Gressmanns Schluß: „so kam es zu dem Bruch zwischen Drohung und Verheißung“ (S. 82) nicht mehr möglich; die Voraussetzung, daß am Anfang eine kombinierte Heils- und Gerichtsankündigung steht, erweist sich als reine Hypothese, die nicht einmal durchgehalten wird.

Am Schluß spricht Gressmann noch über Struktur und Stilform. Wie wenig das ganze Gebiet noch durchgearbeitet ist, zeigt z. B. der Satz: „Im allgemeinen finden sich bei den Verheißungen die gleichen Einleitungs- und Schlußformeln“. Auch sind die Formen und Redewendungen, die Gressmann anführt, ziemlich willkürlich ausgewählt. Hier waren die Zusammenstellungen Gunkels schon viel präziser.

6. J. Lindblom, Die literarische Gattung der prophetischen Literatur, Uppsala 1924
Anhang: Die prophetische Orakelformel

Mit Lindbloms Arbeit setzt ein neuer Abschnitt der Erforschung der prophetischen Redeformen ein.

Ausgehend von der mittelalterlich-mystischen Revelationsliteratur, die er für eine echte Analogie der Prophetenworte hält, beschreibt

Lindblom sehr ausführlich die Stilformen dieser Offenbarungsberichte, wobei er sich in manchem mit Gunkels Beschreibung des prophetischen Stils berührt. Am Amosbuch zeigt er dann die so erkannte Grundform des prophetischen Redens, die Revelation. Er kommt zu dem Ergebnis: Die Sammlung der Revelationen des Amos ist aus fünfzehn Revelationen zusammengesetzt. Am Anfang steht die große Völkerrevelation in Orakelform, Kap. 1–2. Dann folgen drei Predigtrevelationen: 3, 1–11; 4, 1–13; 5, 1–6. An diese schließen drei Wehe-Revelationen an: 5, 7–17; 5, 18–27; 6, 1–7. Es folgt eine Schwurrevelation: 6, 8–14 und drei Gerichtsrevelationen: 7, 1–3. 4–6. 7–9; die Visionsreihe wird 8, 1–3 fortgesetzt. Dazwischen eine biographische Revelation 7, 10–17, eine Predigtrevelation 8, 4–14, und die Sammlung endet effektvoll mit der Gerichtsrevelation der radikalen Vernichtung 8, 1–8a. (Dazu kommen Zusätze.)

Man spürt sofort, daß die Bezeichnung Revelation, die ja nicht am Amosbuch selbst gewonnen ist, die verschiedenen Stücke nur mühsam und nur mit Hilfe von erklärenden Beiworten zusammenhält. Wenn dieselbe Form Visionsbericht, Gerichtswort, Biographie und Predigt (?) zusammenfassen soll, ist sie offenbar zu weit und eine nur künstliche Klammer. – Aber auf das Ergebnis kommt hier nicht so viel an als auf den Versuch des Zusammensehens von der Redeform her. – Der wesentlich bessere und entschieden weiterführende Ansatz ist im Anhang gemacht, der weiter nichts will als einmal eine einzige Formel, ein einziges Bauelement der prophetischen Rede zu untersuchen, die Formel ko 'amar jhwh. Diese Untersuchung ist vorwärtsweisend; der eigentümliche Kontrast zwischen der Bestimmung der Redeformen des Amos, der es nicht gelingt, das Ganze von den Formen her schon zu übersehen, und dieser exakten und fruchtbaren Untersuchung einer einzigen Formel zeigt, wie der Weg der Forschung nun weitergehen muß.

Es seien nur die wichtigsten Ergebnisse dieser Untersuchung herausgestellt. Lindblom findet: „Die Phrase (nämlich: 'so spricht Jahwe') gehört ausschließlich der prophetischen Literatur und den prophetischen Erzählungen an." Diese simple Entdeckung ist von höchster Wichtigkeit: sie muß dann etwas vom Wesen der Prophetie aussagen können, so wie dies in den Prophetenbüchern selbst verstanden ist![10a] Es läßt sich daraus entnehmen: „Ursprünglich diente die Formel dazu, wirk-

---

10a Anders Bentzen, Introduction, S. 197: „The probability must however be taken into consideration, that these formulas (as ‚Thus says the Lord') are common to both priestly and prophetic oracles ... But they certainly, as formulae, are elements of ritual language". Aber das ist eine bloße Behauptung; sie müßte an eindeutig priesterlichen Wortformen nachgewiesen werden, und für das AT jedenfalls ist dieser Nachweis nicht zu bringen. Davon scheint auch B. an anderer Stelle überzeugt, wenn er S. 194 sagt, daß die Mari-Briefe den nicht-kultischen Charakter der Prophetie zeigen.

liche Orakel einzuleiten." Später verlor sie diese präzise Bedeutung; „sie wird dazu benutzt, alle möglichen prophetischen Aussagen einzuleiten". Am Ende „wurde sie als selbstverständliche Signatur einer prophetischen Aussage überhaupt aufgefaßt" (S. 100 f.). Lindblom geht dem Ursprung der Formel nach und kommt zu dem Ergebnis:

„Die Orakelformel ,So spricht der Herr' geht einerseits auf die Proklamationsformel alter orientalischer Kundmachungen und Erlasse zurück, andererseits auf die Formel, mit der ... die Botschaft eingeleitet zu werden pflegte."

Er belegt dieses Ergebnis durch eine ganze Reihe von orientalischen Parallelen, die es evident machen. Er vermutet – meines Erachtens mit Recht –, daß in der frühen Prophetie der Botschaftsstil maßgebend ist, später, besonders bei Ezechiel, der feierliche Proklamationsstil stärker heraustrete.

Mit dieser Untersuchung Lindbloms ist ein ganz wesentlicher Vorstoß in die Einzeluntersuchung der prophetischen Redeformen gemacht. – Ihr geht parallel L. Köhlers Untersuchung des Botenspruches, grundlegend in seiner Arbeit über Deuterojesaja, zusammenfassend in: Kleine Lichter. Die Arbeiten Lindbloms und Köhlers sind anscheinend ganz unabhängig voneinander entstanden; im Ergebnis kommen sie auf die gleichen Entdeckungen hinaus.

7. L. Köhler, Deuterojesaja, stilkritisch untersucht, Giessen 1923
Kapitel: Formen und Stoffe, S. 102–105
Kleine Lichter, Zürich 1945, S. 13–17: Der Botenspruch

Zu Jesaja 40, 1–2, das eine stark entwickelte Abwandlung des ursprünglichen Botenspruches darstellt, entwickelt Köhler diese eigentümliche Form prophetischer Rede. Dabei arbeitet er überzeugend und in hervorragender Klarheit den ,Sitz im Leben' für den profanen Botenspruch heraus, gezeigt an babylonischen Beispielen und an Gen. 32, 4–6, der Botschaft, die Jakob seinem Bruder Esau schickt. Dem stellt er Ex. 4, 21–23 gegenüber, das fast die gleiche Struktur hat:

„Die beiden Beispiele aus Genesis und Exodus zeigen den Botenspruch in der Entstehung aus dem Botenbefehl, wie ihn die Erzählung erhalten hat. Die babylonischen Beispiele zeigen seine Abwandlung zum Briefstil. Das Beispiel aus Amos (1, 6–8) zeigt ihn in seiner geringen Abwandlung zum Prophetenspruch. Wie beim Botenspruch auch bei den Propheten der Botenbefehl wieder hinzutreten kann, zeigt Jer. 2, 1–2."

Köhler untersucht dann die Formbestandteile des Botenspruches bei Deuterojesaja und kommt zu dem Schluß: „Unverkennbar ist die

Verwendung dieser Formeln bei Deuterojesaja eine freiere als bei den älteren Propheten." – Daher ist der Einsatz der Untersuchung des Botenspruches bei Deuterojesaja ungünstig. Köhler muß sich beschränken auf die Untersuchung der Einleitungs- und Schlußformeln, ohne hier bei Deuterojesaja die Frage stellen zu können, ob denn der als Botenspruch eingeleitete Spruch *als solcher,* also abgesehen von den Einleitungsformeln, in seinen eigenen Formen charakterisiert werden kann. In der kleinen, hervorragenden Zusammenfassung in den „Kleinen Lichtern" geht Köhler – abgesehen von der Bestandsaufnahme für den Botenspruch im ganzen – einen Schritt weiter. Er erläutert das Botesein des Propheten an Jes. 6, 1–10:

„Gott braucht Boten. Jesaja ist zum Botenamt bereit. Die Propheten sind Boten wie die Apostel. Wenn der Prophet seinem Wort vorausschickt: „So spricht der Herr", dann handelt es sich um einen Botenspruch, der durch diese Formel deutlich von menschlicher Rede abgehoben und geschieden ist... Der Begriff des Botenspruches gibt eine wichtige Einsicht in das Wesen der wirklichen, geschichtlichen Inspiration der Bibel."

In dieser Herausarbeitung des Botenspruches als prophetischer Redeform durch Lindblom und Köhler ist – ohne daß das zunächst zu sehen ist – eine ganz neue Richtung in der Erforschung des prophetischen Redens gewiesen worden. Man kann das am besten im Vergleich der Ergebnisse bei Lindblom und Köhler zeigen. Oberflächlich gesehen haben beide das gleiche gefunden: sie haben den Zusammenhang des prophetischen Stils mit dem Botschaftsstil entdeckt. Da Lindblom bei dieser Entdeckung von vornherein die gesamte Prophetie im Blick hatte, ist er den Möglichkeiten nachgegangen, die eine Untersuchung der betreffenden Formeln für die Erhellung der Geschichte der Prophetie bieten. Köhler hat aber einen Schritt darüber hinaus getan. Er findet in diesem Botschaftsstil eine wichtige Charakterisierung der Prophetie als solcher: die Propheten sind Boten. Jesaja ist als ein Bote Gottes von Gott berufen worden, in einen Botendienst. Und er sagt nicht zu viel, wenn er vermutet, daß von hier aus „eine wichtige Einsicht in das Werden der wirklichen... Inspiration der Bibel" gefunden werden kann.

Wenn er in seinen Beispielen Gen. 32, Ex. 4 und Jer. 2, 1–2, also in völlig verschiedenen literarischen Zusammenhängen, die gleiche Botensituation findet, so hat er damit das prophetische Reden in einer Form und deren Situation verankert, die es der willkürlichen subjektiven Deutung aus irgendeinem ‚prophetischen Erleben‘ entnimmt und die jetzt einen literarisch faßbaren, objektiven Ausgangspunkt für das Fragen nach dem Reden der Propheten bildet. Das eben zeigt der Vergleich mit Lindblom. Wir wiesen vorhin auf den auffälligen Kontrast

26

zwischen der Einzeluntersuchung Lindbloms und seiner allzu allgemeinen und vagen Fassung der Amos-Worte insgesamt in den Begriff der ,Revelation' hin. Jetzt können wir den Grund dafür sehen: Lindblom hat *nicht* die Konsequenz gezogen, daß die Worte des Amos *Boten*worte sind und von daher ihre Struktur bekommen; dieser Ansatz ist bei Lindblom überdeckt von dem *anderswoher* und nicht aus der Botschaftssituation gewonnenen Begriff der Revelation. Damit das noch deutlicher wird: Die Worte des Amos sind als solche *eben nicht* Revelationen; sie sind nicht revelationes als das dem Amos Offenbarte, sondern sie sind Worte des Boten, und das ist ein wesentlicher Unterschied! Wir werden später sehen, daß dieser Unterschied besonders von R. B. Y. Scott gesehen und herausgearbeitet worden ist. Der Unterschied leuchtet aber durchaus schon bei der Lektüre der Arbeit Lindbloms ein: es besteht keinerlei Zusammenhang zwischen seiner Untersuchung der Botenformel und den religionsgeschichtlichen Beispielen, von denen er ausgegangen war, den Revelationen der Mystiker. Es zeigt sich, daß diese Analogie eine nur sehr partielle ist; von den Mystikern kann man nicht in gleicher Weise wie von den Propheten sagen, daß sie Boten sind und sich als Boten verstehen. Und um nun von da aus noch einmal auf Köhler zurückzukommen: Solange man die *Worte* der Propheten primär und wesentlich von ihren „geheimen Erfahrungen" (Gunkel) ableitete, war in dieser Deutung das subjektive Moment bei den Auslegern einfach deswegen zu stark, weil die Propheten selbst von diesen Erfahrungen so wenig sagen. Das meiste mußte erschlossen werden, und dabei blieb der Phantasie oder dem Verständnis des Auslegenden zu viel Raum.[11] Kann man aber bei der Frage nach den Worten der Propheten davon ausgehen, daß sie Boten sind, eine Botschaft bringen und im Stil der Botschaft reden, so ist ein Fundament überlieferter Worte, Redeformen, Formeln da, von denen man mit Gewißheit sagen kann: hier stoßen wir auf das Selbstverständnis der Propheten, hier sind wir auf festem Grund. Natürlich sind damit nicht alle Fragen gelöst, natürlich ist uns damit kein Patentschlüssel in die Hand gegeben. Was hier gefunden ist, ist nicht mehr als ein methodischer Ausgangspunkt; aber diese Basis sollte nun auch zuversichtlich beschritten werden. Das ist z. B. geschehen in den Arbeiten Wildbergers und H. W. Wolffs (s. u.). Die Frage, die der Ansatzpunkt bei Köhler zunächst stellt, wurde oben schon skizziert: Ist die Charakterisierung des Prophetenwortes als Botenspruch beschränkt auf seinen *Rahmen*, d. h. auf die Formeln der Ein- und Ausleitung, oder kann auch das Corpus des Prophetenspruches als Botenspruch verstanden werden? Anders gefragt: Kann man beim

11 Ich meine, hier liegt der Grund, daß auch bei Gunkels Bestimmung der prophetischen Redeformen zu viel unbefriedigend bleibt.

Prophetenspruch als Botenspruch so zwischen Form und Inhalt scheiden, daß nur die Form (=Rahmen) davon berührt wird, der Inhalt aber gänzlich unabhängig von der Einleitung und Ausleitung als Botenspruch beliebig Verschiedenartiges sagen kann? Zu dieser Frage hat Lindblom schon einen sehr wesentlichen Hinweis gegeben, wenn er fand, daß die Formel „so spricht Jahwe" zu Anfang streng die Einleitung *nur* eines ‚Orakels‘ ist, später aber zur formalistischen Kennzeichnung jedes Prophetenwortes wird. Danach ist schon klar, daß der Botenspruch auch in dem, *was* er sagt von der Botensituation bestimmt sein kann oder nicht.

8. *E. Balla, Die Droh- und Scheltworte des Amos, Leipziger Reformationsprogramm 1926*

Diese sehr sorgfältige und gründliche Untersuchung der Redeformen des Amos zeigt, daß die Arbeit an den Sprüchen der Propheten zunächst noch durchaus auf der von Gunkel gezeigten Bahn weitergeht. Die Schilderung des Stils der Drohworte klingt äußerst nahe an das an, was Gunkel in seinem RGG-Aufsatz dazu sagt. Man sieht, daß die Hauptbezeichnungen „Droh- und Scheltworte" so üblich geworden sind, daß sie nicht mehr begründet werden. Auch sonst zeigt sich eine große Nähe zu Gunkels Prophetenverständnis, vor allem, was das Entstehen der Worte aus den ‚geheimen Erfahrungen‘ anbetrifft. Wie wenig die Anregungen Lindbloms und Köhlers bisher gehört sind, zeigt sich etwa bei der Untersuchung der einleitenden und beschließenden Formeln, wo die Beziehung zur Botensituation mit keinem Wort angedeutet ist; sie werden nur ‚Ankündigungen‘, ‚Imperative‘, ‚Schluß‘ genannt.

Trotzdem zeigt die Arbeit, daß die Aufgabe der Untersuchung der prophetischen Redeformen als etwas zum Verstehen der Propheten Wesentliches erkannt ist, und es ist bedauerlich, daß sie so wenig Nachfolge gefunden hat. Die Arbeit bringt eine ganze Reihe wichtiger Beobachtungen, nur einiges kann hier genannt werden. Balla grenzt zunächst die Einheiten ab. Er unterscheidet: Reine Drohworte – Drohworte mit Begründung (= Scheltworte) – reine Scheltworte (nur Am. 5, 12 und 6, 12). Dabei ergibt sich: Die von ihm festgestellten Einheiten sind *fast ausnahmslos* Drohworte mit Begründung. Das theoretische Postulat, die beiden wichtigsten Formen prophetischer Rede seien Scheltwort und Drohwort, bewährt sich an den Texten nicht. Die Texteinheiten stellen vielmehr fast durchweg Verbindungen dar, d. h. „Drohworte mit Begründung". Hier liegt die Konsequenz, daß die eigentliche prophetische Einheit das aus Gerichtsankündigung mit Begründung bestehende Gerichtswort ist, äußerst nahe; aber die Tradition, von Drohwort und Scheltwort nebeneinander zu reden, sitzt schon zu tief.

Nun hat Balla eine für die Geschichte des Prophetenwortes sehr wichtige Beobachtung gemacht. Er hat nach der Vorgeschichte gefragt und Worte des Amos mit früheren, in den Geschichtsbüchern überlieferten verglichen.

„Ursprünglich bestand die Gattung wohl nur in der Form von reinen Drohworten mit kurzer Begründung. Das Gesagte war Wiedergabe einer Vision oder Audition. Bei Amos ist die strenge Bindung an dieses geheimnisvolle innere Erleben schon gebrochen. Wenn er noch zumeist nur das berichtet, was Jahwe ihn hat sehen lassen oder was Jahwe ihm gesagt hat, so droht er doch und schilt er doch gelegentlich selber und war sicher auch dabei der festen Überzeugung, ganz im Sinne Jahwes zu sprechen . . .

Zugleich zeigt sich in den Scheltworten, die Amos selber spricht, noch eine weitere Entwicklung der Gattung. Ursprünglich lag der Akzent völlig auf der Drohung. So ist es ja auch noch in den meisten Fällen bei Amos. In den Scheltworten, die er selber spricht, tritt leise eine Verschiebung des Akzentes ein (bes. 6, 1–7). Das Aufzeigen der Sünde beginnt ein wichtiger Teil der prophetischen Aufgabe zu werden (vgl. Mt. 23, 13–33, das Endstadium dieser Entwicklung)."

Die Beobachtung setzt voraus, daß in der Tat das prophetische Gerichtswort in den beiden Teilen eine ursprüngliche Einheit ist. Und nun ist sehr gut beobachtet, wie in diesem Ganzen die Ankündigung ursprünglich der beherrschende Teil war, das *eigentliche* Gotteswort, das nur ganz kurz begründet ist. In der *Begründung* tritt allmählich der Prophet selber stärker heraus und damit wandelt sich der Charakter des Prophetenwortes. Diese Beobachtung steht in einem entfernten Zusammenhang mit der Lindbloms, daß die Botenformel ursprünglich nur das wirkliche Orakel einleitete, allmählich aber rein formelhafte Einleitung alles prophetischen Redens wurde. Das ist zu verbinden mit der Beobachtung Ballas, daß bei Amos in vielen Fällen nicht der *ganze* Prophetenspruch, sondern nur die Ankündigung (das Drohwort) explizit als Jahwewort gekennzeichnet wird. Die Bedeutung dieser Beobachtung kann erst später in anderem Zusammenhang gezeigt werden.

Noch eine Beobachtung bei Balla ist wichtig und weiterführend: Bei der Behandlung der Unheilsorakel (Teil 12) geht er von einer Frühform aus, die er in 1. Reg. 22, 17 (Micha ben Jimla), außerdem aber in Jes. 21, 1–10; Jer. 46, 2–6 findet. Es ist deutlich, daß hier Gunkels These, die früheste Form der prophetischen Orakel sei in den Fremdvölkerorakeln zu finden, aufgenommen ist. Die Merkmale, die Balla als allen drei Stücken gemeinsam herausstellt, entsprechen genau der

Charakterisierung dieser Frühform des Orakels bei Gunkel (s. o. S. 17 f.). Bei den von Balla gewählten Beispielen wird deutlicher als bei Gunkel, daß hier eine Übereinstimmung in wesentlichen Stilelementen zu finden ist. Die frühe Stelle 1. Reg. 22, 17 ist dabei besonders wichtig. Sie lautet (in der Übersetzung Ballas):

> Er (Micha) sprach:
> Ich sah ganz Israel zerstreut ,auf' den Bergen
> wie Schafe, die keinen Hirten haben.
> Und Jahwe sprach:
> Die haben keinen Herrn!
> Ein jeder kehre in Frieden nach Haus!

Es ist sicher nicht zufällig, wenn Balla an dieser Stelle kein ,Unheilsorakel' des Amos zum Vergleich heranzieht. Es gibt nämlich bei Amos kein dem entsprechendes Wort. Es ist vielmehr ein ganz auffälliger Unterschied zwischen der Art von Unheilsorakeln wie 1. Reg. 22, 17 (weitergebildet in Jes. 21, 1–10 und Jer. 46, 2–6) und den Gerichtsankündigungen der Propheten des achten Jahrhunderts. Balla hat das auch gespürt und er spricht deshalb – mit Recht – von einer späteren Stilmischung, die etwa bei Jes. 5, 11–13 und 17, 12–14 zu erkennen sei. Im ersten Fall erklärt Balla: „Der Stil der Orakel ist in die Gattung der Schelt- und Drohworte gedrungen"; im zweiten Fall: „Der Stil der Drohworte hat den Stil der Orakel beeinflußt." Das heißt also: Balla sieht, daß es sich eigentlich um zwei wurzelverschiedene Gattungen handelt, die erst durch Stilmischung in Verbindung gekommen sind: das Unheilsorakel (Typ 1. Reg. 22, 17) und das ,Drohwort'.[12]

Der ganz offenkundige, deutliche Unterschied liegt darin, daß das ,Unheilsorakel' sich direkt als Gesicht eines Sehenden gibt (1. Reg. 22, 17), während die Gerichtsankündigung etwas wesentlich anderes ist, nämlich Botenwort, eingeleitet durch die Botenformel. Der Schluß drängt sich auf, daß wir es mit zwei von der Wurzel her verschiedenen Redeformen zu tun haben: *dem Seherspruch und dem Botenspruch.* Balla ist darin recht zu geben, daß schon in der Prophetie des achten Jahrhunderts Mischformen beider Gattungen zu erkennen sind. Wir können andrerseits aus Num. 22–24 eine eigene, selbständige Form des Seherspruches ermitteln, die von ihrem Ursprung her mit dem Prophetenspruch (dem Botenspruch) *nichts* zu tun hat. Aber schon vor den Schriftpropheten müssen, wie 1. Reg. 22 zeigt, Seherspruch und Botenspruch miteinander in Verbindung gekommen sein dem entsprechend, daß das Amt des Sehers in dem des Propheten aufging.[13] Mir scheint

12 Man beachte, daß wenn dies richtig ist, Gunkels Charakterisierung des ,Drohwortes' in seinem Lexikonartikel gar nicht für das Drohwort, sondern für diese andere Gattung, die Balla hier ,Unheilsorakel' nennt, zutrifft.

13 A. Jepsen, Nabi, 1934; H. Junker, Prophet und Seher in Israel, 1927; A. S. Peake, The Roots of Hebrew Prophecy, Bul JRL 1927 f; A. Guillaume, Prophecy and Divination among the Hebrews and other Semites, 1938; M. Buber, Sehertum, Köln 1955.

die Arbeit Ballas schon dicht vor dieser Erkenntnis zu stehen; die Verbindung von Seherspruch und Prophetenspruch muß uns dann noch weiter beschäftigen.

An die Arbeit von Balla schließt sich am besten eine weitere Untersuchung über die Redeformen eines einzelnen Propheten an, auch wenn sie sehr viel jünger ist.

9. R. B. Y. Scott, *The Literary Structure of Isaiah's Oracles; Studies in OT-Prophecy*, Edinburgh 1950, S. 175–186

Scott unterscheidet fünf Hauptarten von Worten:
1. Autobiographische Erzählungen, die Orakel enthalten (6, 1–13; 8, 1–8. 11–18)
2. Private Orakel, verbunden mit öffentlichen Orakeln, gewöhnlich als deren Einleitung (5, 9; 22, 14. 15; 30, 8)
3. Öffentliche Orakel: 1, 2–3. 4–9. 10–17 u. s. w.
4. Biographische Erzählungen primärer Art (7, 1–17)
5. Biographische Erzählungen sekundärer Art (36–39).

Das Orakel als solches hat vier Grundformen: Drohwort (threat), Scheltwort (reproach), Verheißung und Mahnwort. Die ersten beiden Formen sind am häufigsten; sie begegnen nicht selten in Zusammenfügungen. Die Verheißungen sind zum großen Teil später hinzugefügt.

Die damit umrissenen Hauptformen bei Jesaja entsprechen ganz den bisher besprochenen Arbeiten von Gunkel. Auf das einzelne braucht hier noch nicht eingegangen zu werden; 1, 4, 5 entsprechen den beiden Gruppen, die Wildberger (vielleicht praktischer) Fremdbericht und Eigenbericht nennt. Für private und öffentliche Orakel könnte man einfacher sagen: Worte an das Volk; Worte an Einzelne. Mit diesen geringen Veränderungen kann der Einteilung Scott's zugestimmt werden. Eine Schwierigkeit entsteht bei der näheren Bestimmung der ,Orakel'. Hier sind zwei Fragen zu stellen: 1. Ist das Mahnwort als eine prophetische Grundgattung den anderen dreien an die Seite zu stellen? Es gibt jedenfalls die andere Möglichkeit, daß das Mahnwort, wo es ganz selbständig auftritt (wie 1, 10–17), eine ,geborgte' Gattung ist, nämlich ,prophetische tora'; wo einzelne mahnende Sätze begegnen, kann es sich um Erweiterungen handeln, die keine selbständige Gattung darstellen. 2. Drohwort und Scheltwort werden in der Nachfolge Gunkels und Gressmanns als ursprünglich selbständige Gattungen behandelt (auch wenn gleich hinzugefügt wird, daß sie häufig zusammengefügt begegnen). Hier gilt das gleiche, was zu Ballas Arbeit gesagt wurde: Sowohl Scott wie Balla hätten, wenn sie nicht der traditionellen Scheidung gefolgt wären, von sich aus gewiß die Einheit beider als das Primäre vertreten.

Was Scott anschließend an diese einführende Bestimmung der Redeformen von den spezifisch prophetischen Formeln sagt, geht an keiner Stelle über das schon Erarbeitete hinaus; in ihrer Bedeutung für die Charakterisierung des Prophetenwortes als Botenwort wertet Scott diese Formeln nicht (ähnlich wie Balla).

Nach dieser Einleitung behandelt Scott die vier Formen, die nach ihm allen Orakeln zugrundeliegen; zunächst das Scheltwort (S. 179–181). Hier ist an Scott's Arbeit eine Beobachtung zu machen, die eindrücklich zu zeigen vermag, wie die Texte selbst sich immer wieder durchsetzen gegen festgefahrene Auslegungen. Bei der Untersuchung der Struktur des Scheltwortes kommt Scott zu dem Schluß:

„The core of the reproach is a literary described complaint, usually with one principal point and embodied in a single verse (5, 26 f.; 7, 13) . . . In 8, 11–12; 10, 1–22; 28, 7–8 this is expanded by a statement of the further consequences of the behaviour condemned."

In diesen Worten ist die Struktur dieses Teiles des prophetischen Gerichtswortes zutreffend beschrieben. Sie wird aber faktisch nicht als ‚Scheltwort‘, sondern als Anklage (complaint) bestimmt! Und dabei wiederum ist eine Struktur erkannt, die diese Anklage in sich hat: sie besteht aus einer kurzen, meist in einen Satz gefaßten Anklage, der allermeist eine Entfaltung folgt, eine Entfaltung, die irgendwie auf Konsequenzen der Schuld weist, die in dem voraufgehenden kurzen Satz bezeichnet wurde. Ich bin unabhängig von Scott zu der gleichen Bestimmung dieses Teiles der Prophetenrede gekommen und nehme an, daß sie in der Einzelauslegung schon von vielen Exegeten bemerkt wurde. Es lassen sich – und zwar nicht nur bei Jesaja, sondern bei allen ·vorexilischen Gerichtspropheten – Beispiele in Fülle für diese Struktur beibringen.

Zu 2. Die Drohung. Hier berührt sich Scott's Untersuchung dieser Form bei Jesaja mit der entsprechenden Ballas bei Amos. Auch Scott kommt ganz nahe an die Erkenntnis, daß beide Teile eine Einheit bilden: „Not seldom a reproach appears in a subordinate clause as the ground for the judgement" (es folgt eine lange Reihe von Stellen). – Es ist bezeichnend, daß Scott bei dieser Beobachtung wieder von der im Grunde sachfremden Bezeichnung ‚threat‘ abgeht und von ‚judgement‘ spricht: angesichts der Texte setzt sich ganz von selbst die Erkenntnis durch, daß es sich um eine Gerichtsankündigung handelt.

Ganz entsprechend dem vorigen Abschnitt findet Scott auch bei der Gerichtsankündigung eine zweigliedrige Struktur: Er sagt, häufig sei das Unheil (doom) zunächst buchstäblich beschrieben, dann in bildlichen Begriffen illustriert. Man kann meines Erachtens eine noch genauere Bestimmung der beiden Glieder der Gerichtsankündigung finden (s. u.); hier ist zunächst wesentlich, daß Scott gesehen hat: beide Teile der Gerichtsankündigung sind noch in sich gegliedert.

Auf Teil 3, die Verheißung, gehe ich hier nicht näher ein. Ich möchte nur dazu bemerken, daß die Angaben hier sehr vage sind und eine Struktur des Heilswortes (oder mehrerer Typen) noch nicht gefunden ist.

Was Scott im einzelnen zur Ermahnung (4.) sagt, unterstreicht nur die oben gestellte Frage, ob es sich hier überhaupt um eine selbständige Form handelt. Die Einzeluntersuchung zeigt nämlich, daß die Ermahnung entweder mit der Verheißung (7, 4–6; 10, 24), oder mit der Drohung (7, 12–13) oder mit dem Scheltwort (1, 16–17) verbunden begegnet. Außerdem muß Scott zugeben, daß sich eine gemeinsame Struktur nicht finden läßt. Es ist dann aber mißverständlich, sie den Grundformen gleichwertig nebenzuordnen.

Am Schluß seiner Untersuchung (S. 185) findet sich noch eine sehr zu beachtende Erwägung zum Verhältnis zwischen dem öffentlichen Orakel (wir würden sagen: dem Botenwort) und dem ursprünglichen Wort, das der Prophet empfing:

„There are indications, that the power of the word (Is. 8, 11; Jer. 20, 9) became articulated in their minds as a brief enigmatic sentence or phrase, or even as a single word (Amos 8, 1–3; Jer. 1, 11–16)." (So ein Wort bedurfte der Entfaltung und Erklärung.) „These are embryonic oracles and become the texts of oracles for public utterance." Beispiele: Jes. 8, 3–4; 30, 8–9; die Namen 7, 3. 14; 8, 3. In 5, 7 erinnert das Wortspiel an das primäre Orakel. Als mögliche Hinweise darauf führt Scott noch eine ganze Reihe anderer Stellen an. Sie alle enthalten die Quintessenz längerer Orakel.

„It seems probable, that they preserve the prophet's first articulations of the ‚word‘, which Jhwh was putting into his mind and on his lips."

Scott nimmt damit eine These Gunkels wieder auf. Aber was bei Gunkel noch stark den Eindruck eines rein psychologischen Erklärungsversuches machte, ist hier bei Scott strenger auf die Texte bezogen: Er unterscheidet primäre (oder embryonische, die Bezeichnung ist hilfreich) und entfaltete Orakel; diese aber enthalten dann schon Verarbeitung, Erklärung, Reflexion. Sie sind Reflexe des ursprünglich empfangenen Gotteswortes, nicht aber dieses selbst in photographischer Treue. Wir werden bei der Arbeit Wolffs und Wildbergers auf die gleiche Frage stoßen.

10. H. Wildberger, Jahwewort und prophetische Rede bei Jeremia, Zürich 1942

Wildberger fragt: „Ist die gesamte Überlieferung des Prophetenbuches identisch mit dem Jahwewort oder haben die Propheten daneben auch ihr eigenes Wort gesagt? In welchem Verhältnis steht
beides zueinander?" (S. 4)

Die Arbeit Wildbergers ist wichtig als Versuch, die Frage nach dem
Verhältnis von Gotteswort und Prophetenwort in dem uns überlieferten Prophetenbuch von den prophetischen Redeformen her zu stellen.
Sie bedarf aber einer Ergänzung im Blick auf den dritten Faktor, die
dritte Stimme im Jeremiabuch, die Stimme der Tradenten. Wildberger
kommt zwar zu dem Ergebnis: „Der Prophet ist nicht nur Künder,
sondern zugleich Hermeneut des Gotteswortes." Aber die Kriterien
der Unterscheidung von Gotteswort und Menschenwort bleiben unsicher: die Ankündigungsformeln, die Stilformen und die literarischen
Gattungen. – Der Nachdruck der Arbeit liegt auf der Untersuchung
der Ankündigungsformeln. Hier geht Wildberger von der Bestimmung
des Prophetenwortes als Botenwort durch L. Köhler (Lindblom ist im
Literaturverzeichnis genannt; es wird aber nicht deutlich gesagt, daß
er unabhängig von Köhler das gleiche fand) aus und ordnet die vielen
Ankündigungsformeln nach ihren Funktionen für das Botenwort.

Es ist nicht möglich, die eigentlichen Jahweworte im Unterschied
von den Prophetenworten einfach daran zu erkennen, daß sie mit der
Botenformel eingeleitet werden. Der Tatbestand ist vielmehr nach
Wildberger: Die Botenformel steht bei 107 echten Jahweworten 67
mal, bei 40 dieser Worte fehlt sie. Sie steht vor 67 echten und 14 un-
echten Jahweworten, an 26 Stellen ist sie zu Unrecht gebraucht. Ein
keineswegs eindeutiger, sondern recht verworrener Tatbestand!

Das zweite Kriterium ist die Stilform. Aber Wildberger muß zu-
geben: „Auch die Stilform ist nicht immer ein brauchbares Mittel zur
Ausscheidung des Jahwewortes, wenn auch weit zuverlässiger als die
Formeln" (S. 74).

Das dritte Kriterium ist die literarische Gattung. Hierfür über-
nimmt Wildberger ohne Änderung die Einteilung Eißfeldts (Einleitung S. 88–93), die den Prophetenspruch nicht, wie Köhler und ihm
folgend Wildberger, als Botenspruch versteht. Wildberger muß mit
dieser Einteilung notwenig in Konflikt geraten, weil sich hier zwei
grundverschiedene Konzeptionen des Prophetenwortes stoßen. Dem
entspricht es, daß bei Wildbergers Ergebnis dieses Kriterium der Gattung so gut wie gar keine Rolle spielt.

Die wertvolle Untersuchung der Einleitungsformeln enthält aber
eine ganze Reihe von Hinweisen, die gerade für die nähere Bestim-

mung der Redeformen des Jeremiabuches wichtig sind. Allerdings ist die Voraussetzung für solche Näherbestimmung das Beachten des dritten Faktors: der allmählichen Gestaltung des Jeremiabuches durch die Überlieferung bzw. die Überliefernden. Hier scheint mir Wildberger das Buch Jeremia bzw. die Texte dieses Buches zu flächenhaft zu sehen. Die wichtige Arbeit Mowinckels „Zur Komposition des Jeremiabuches" 1914 ist in seinem Literaturverzeichnis nicht genannt und der Kommentar Rudolphs (1942) lag ihm noch nicht vor. Setzt man die von Rudolph übernommene These Mowinckels von den drei Schichten des Jeremiabuches einmal als Arbeitshypothese voraus, so kommt in den doch recht verworrenen Tatbestand des Gebrauchs der Formeln Ordnung und Sinn: es zeigt sich, daß von der Sammlung bloßer Jeremiaworte (Mowinckels Schicht A) über die Baruk-Erzählung (B) zu der deuteronomistischen Schicht (C) schon eine Geschichte der Formeln festgestellt werden kann. Die Formel g: „Das Wort, das an Jeremia von Jahwe also erging", die Wildberger als unecht zu erweisen sucht, gehört allein der C-Schicht an; dasselbe gilt für die Formel „So hat Jahwe zu mir gesprochen"; die Einleitung des Fremdberichtes (Formel II) gehört überall eindeutig der Baruk-Erzählung an (so auch Wildberger S. 33).

Die Schwierigkeit des so sehr verschiedenartigen Gebrauchs der Botenformel findet ihre Erklärung wenigstens zum Teil in ihrem verschiedenen Gebrauch in den drei Schichten.

Wichtig ist eine Bemerkung Wildbergers zur Botenformel S. 48. Hier unterscheidet er sie von den Einleitungsformeln: „Streng genommen passen die Ausdrücke Einführungs- und Ankündigungsformel nur für die Formeln I, II und III; ... die Formel ko'amar jahwäh aber ist selbst schon Bestandteil des Jahwewortes".

Diese Beobachtung hätte leicht dadurch gestützt und ausgebaut werden können, daß die Botenformel schon mit den frühesten uns überlieferten Prophetenworten begegnet, die vielen Einleitungsformeln aber erst bei Jeremia beginnen. Da aber Wildberger sich ganz auf den Gebrauch der Formeln bei Jeremia beschränkt und ihre Vorgeschichte gar nicht in Betracht zieht, konnte er auch die eigentliche Funktion und den ursprünglichen Ort der Botenformel nicht entdecken. Er sagt S. 53: „Sie (die Botenformel) müssen wir uns an der Spitze jedes Jahwewortes denken, das vom Propheten der Öffentlichkeit kundgetan wird"; aber das entspricht eben keineswegs dem Tatbestand, wie die oben wiedergegebene Statistik zeigt. Eine Erklärung dafür gibt Wildberger S. 74: das einzelne Jahwewort sei oft durch laken oder ki mit Worten des Propheten verbunden. Von der anderen Seite her sieht er denselben Tatbestand S. 113 ff. so, daß in der ‚kausalen Relation' die Rede des Propheten das Jahwewort begründe. Das alles erscheint sehr kompliziert. In Wirklichkeit ist es der sehr einfache, schon in verschiedenen Untersuchungen angetroffene, aber immer verschieden erklärte Tatbestand, daß die Botenformel ihren eigentlichen Ort nicht als Einleitung eines Prophetenwortes, sondern zwischen Begründung und Unheilsankündigung, jene mit dieser verbindend, hat.

Die Begründung hat in frühen Prophetenworten überhaupt keine Einleitung, erst ganz allmählich tritt die Botenformel von ihrem ursprünglichen Platz an den Anfang des *ganzen* Wortes: die erste Auswirkung der (von W. richtig gesehenen) Tendenz, nicht nur die Ankündigung, sondern das *ganze* Prophetenwort als Gotteswort zu bezeichnen.

Nach der Behandlung aller Formeln sagt Wildberger (S. 48 f.): „Ein vollständiger Bericht von einer an den Propheten ergangenen Offenbarung ist aus folgenden Elementen zusammengesetzt:

  a) Revelationsformel (Formel I und II)
  b) Prophetenbefehl
  c) Aufruf
  d) Botenformel
  e) Botenspruch
  f) Zwischen- oder Endformel."

Die vollständige Form dieses Revelationsberichtes läßt sich ermitteln, es können aber beliebig viel Teile aus ihm fehlen. Auch der bloße Botenspruch, das Jahwewort also, sei als auf das Minimum reduzierter Revelationsbericht zu verstehen.

Hiermit erweckt Wildberger den Eindruck, als bestehe die Überlieferung des Jeremiabuches durchweg aus ‚Revelationsberichten‘. Dem ist zu entgegnen, daß das Jeremiabuch mindestens *zwei* Überlieferungsformen enthält: den Bericht vom Ergehen eines Prophetenwortes (als Eigen- oder Fremdbericht) und das bloße Prophetenwort. Diese beiden Überlieferungsformen lassen sich durch die gesamte prophetische Literatur verfolgen. Dazu kommt eine dritte: während es sich beim Prophetenwort um ein von Gott ausgehendes, durch den Propheten an Menschen gerichtetes Wort handelt, gibt es daneben das von Menschen an Gott gerichtete Wort. In Wildbergers II. Teil „Die prophetischen Reden" ist dies nicht auseinandergehalten; z. B. werden die Klagen Jeremias (aber auch die Klagen des Volkes) mit den prophetischen Worten Jeremias als kausale, explikative und adversative Relation des Prophetenwortes im Verhältnis zum Jahwewort auf eine Linie gebracht. Damit wird verdeckt, daß es in den Klagen Jeremias um ein wesenhaft anderes Reden geht. Von der Frage der ‚Echtheit‘ ist dabei zunächst ganz abzusehen; es ist der uns überlieferte Tatbestand, daß es auch in den Prophetenbüchern Worte der Klage, der Bitte, des

Lobes gibt, zu beachten. Damit ist für die Bestimmung der Formen prophetischen Redens eine grundlegende Einteilung gewonnen, die von den Prophetenbüchern, wie sie uns überliefert sind, ausgeht und von diesem weitesten Kreis aus die Sonderung vornimmt, die das spezifische prophetische Reden aus seiner Umgebung heraushebt *und dann erst* in sich zu gliedern und näher zu bestimmen versucht. Der Vorteil bei diesem Vorgehen ist, daß wir von dem *allen* Prophetenbüchern gemeinsamen Endstadium des Überlieferungsprozesses ausgehen können, von dem durch die Überlieferung in ihrem Endstadium als ‚Prophetie' oder prophetische Überlieferung bezeichneten Gesamtbestand. Von diesem ganz sicheren Boden kann dann schrittweise zurückgefragt werden in Richtung auf die Worte der Propheten, auf die spezifisch prophetischen Redeformen, schließlich auf das den Propheten als Gottes Boten aufgetragene Gotteswort.

11. J. Hempel, Der Prophetenspruch; in: Die althebräische Literatur und ihr hellenistisch-jüdisches Nachleben, Potsdam 1934, S. 56–68

Hempels Darstellung des Prophetenspruches entspricht etwa der Arbeit Gunkels; es wird uns hier besonders interessieren, inwiefern sich die Gesamtsicht des prophetischen Redens in der Übersicht Hempels gegenüber der Gunkels geändert hat.

Hempel setzt mit einer allgemeinen Bestimmung des Prophetenspruches als Gottesspruch ein. Sie zeigt sich vor allem daran, daß durch die ganze Geschichte der Prophetie hindurch der Prophetenspruch in der ersten Person als Gottesspruch beherrschend ist. Von dieser allgemeinen Erwägung her erklärt Hempel die ‚Ankündigungsformel': „so spricht der Herr". Dem Gotteswort im strengen Sinn kann der Prophet aus Eigenem mancherlei hinzufügen: Erläuterungen, das göttliche Ich betreffend, den Adressaten der Botschaft betreffend (hierin sieht H. eine Annäherung an Botenspruch und Heroldsruf), die besondere Lage betreffend. Sie sind erst im Zusammenhang der schriftlichen Fixierung entstanden. Die Erweiterungen zeigen sich besonders bei der Begründung. Allmählich wächst sich der Prophetenspruch zu einem Ausdruck der Eigengedanken und selbständigen Reflexionen aus, nähert sich also der Predigt an. Die Entstehung der Gottesworte sieht man am ehesten bei den Orakeln, bei denen die Begründung in das Jahwewort eingeschlossen ist. Hier berührt sich das Prophetenwort mit der Ekstase: Die ekstatische Bewegung schafft die seelische Disposition (wie Hölscher), die Deutung der Erfahrungen aber muß von dem Gottesglauben ausgehen, der schon vorher in der Seele des Propheten war. Dazu tritt die rationale Verarbeitung: das ekstatische

Erlebnis muß in vernünftige Rede übersetzt werden. Dem ursprünglich empfangenen Wort sind wir um so näher, je weniger Reflexion ein Prophetenwort enthält, je stärker es als seinen Kern einen ekstatischen Lautkomplex durchscheinen läßt. Der Weg des Prophetenspruches führt von dem knappen, im göttlichen ‚Ich' einhergehenden ekstatischen Orakel zu größeren Einheiten: a) in einer primären Rationalisierung werden Begründungen, b) in einer sekundären Bearbeitung als Ausdruck des persönlichen Mitlebens des Propheten Warnung, Mahnung und Weheruf hinzugefügt. Je mehr die Zwangsgestalt des ekstatischen Erlebens abklingt, desto freiere Bewegung gewinnt der Prophet für solche subjektiven Zutaten; desto stärker wird auch der Einfluß fremder Stilformen, desto umfassender die Komposition. Aber: die Entstehung der entwickelteren Gattungen liegt bereits *vor* Amos; Amos ist kein Anfang, sondern bereits ein Höhepunkt.

Am Schluß gibt Hempel folgende Gliederung der Prophetenworte: Im ganzen unterscheidet er ‚Prädikative Sprüche' und ‚Epische Gattungen'. Diese umfassen Schilderungen der Heilszeit, des Gerichts, der Visionen. Die prädikativen Sprüche sind so gegliedert:

unbedingte: Drohwort
            Heilswort
            Scheltwort
bedingte: Mahnung
            Bußrede
            bedingte Verheißung.

Die fünf Gruppen bei Scott kommen, wie wir sahen, auf zwei große Gruppen hinaus: Berichte und Worte. Das erste meint Hempel mit den „epischen Gattungen", das zweite mit den „prädikativen Sprüchen". Wenn er diese in „bedingte" und „unbedingte" gliedert, so steht dahinter die richtige Erkenntnis der Unterscheidung primär prophetischer und sekundär (geliehener) prophetischer Redeformen; so ähnlich hat das schon Gunkel gesehen. Gegenüber Scott hat Hempel sicher darin recht, daß die Mahnung (neben Bußrede und bedingter Verheißung) zu den sekundären Formen gehört (s. o. bei Scott). Ein wesentliches Bedenken ist nur gegen die einfache Nebeneinanderordnung von Drohwort, Heilsspruch, Scheltwort anzumelden; dem Heilswort müßte doch ein Gerichtswort entsprechen; und diese Entsprechung wäre damit gewonnen, daß das Gerichtswort als Einheit von Droh- und Scheltwort erkannt wird. An anderer Stelle (S. 61) sagt Hempel es etwas anders: hier sieht er die ursprüngliche Form des Prophetenspruches „bei den Orakeln, bei denen die Begründung in das Jahwewort eingeschlossen ist": das heißt aber, die ursprüngliche Form sieht

Hempel in der *Einheit* des Gerichtswortes, das die Gerichtsankündigung und deren (kurze) Begründung enthält.

Bei keinem der bisher besprochenen Forscher führt die Arbeit auf eine deutlich belegbare Sonderexistenz von Drohwort und Scheltwort, die dann im Prophetenwort teilweise sekundär kombiniert seien. Dagegen lassen *alle* Arbeiten erkennen, daß die genauere Untersuchung der Texte geradezu zwangsläufig dazu führt, mit dem prophetischen Gerichtswort als einer Einheit zu rechnen, dessen zueinandergehörige Glieder die Anklage und deren Begründung sind. Bei Hempel (ähnlich Balla und Scott) tritt klar heraus, daß die beiden Teile nicht einfach gleichzuordnen sind, sondern daß das ‚Drohwort‘ das eigentliche Gotteswort ist, das ‚Scheltwort‘ aber irgendwie mehr Wort des Propheten. Man kann an der Forschungsgeschichte entlanggehend recht deutlich beobachten, wie eine wesentliche Erkenntnis zur Form des Prophetenspruches schrittweise deutlicher hervortritt: Schon sehr früh (eigentlich schon bei Baudissin!) wurde vermutet, daß das wirkliche, das ursprüngliche Prophetenwort kurz sein muß. Nun tastet man sich ganz allmählich vor zur näheren Bestimmung dieser ursprünglichen ganz kurzen Orakel. Gunkel begründet und sichert zwar die Erkenntnis als solche (daß der ursprüngliche Prophetenspruch ganz kurz ist), führt aber damit auf einen Abweg, daß er diese Kurzform vor allem in den Völkersprüchen finden will. Hölscher sichert dieselbe Erkenntnis von anderen Erwägungen her, bleibt aber so sehr im Bereich des Psychologischen, daß er die Texte selbst kaum befragt. Bei Balla, Scott, Hempel u. a. wird allmählich deutlich: der *eigentliche* Prophetenspruch ist eher und direkter bei der Ankündigung zu finden als bei deren Begründung. Diese Erkenntnis aber kann nicht zur Klarheit kommen, weil durch die von Gunkel eingeführte *Neben*einanderordnung von ‚Scheltwort‘ und ‚Drohwort‘ das eigentliche Verhältnis beider zueinander als Glieder *eines* Wortes unklar bleibt. Jedoch die Nebeneinanderordnung beider läßt sich nicht aufrechterhalten; es wird von selbst deutlich, daß das eine dem anderen in ganz bestimmter, erkennbarer Weise zugeordnet ist, und diese Zuordnung ist so offenkundig, daß sie überall in gleicher Weise bestimmt wird: als Begründung, beziehungsweise als Begründetes oder durch eine Anklage begründete Ankündigung. Damit aber – es war nur noch ein kleiner Schritt zu dieser Klärung – ändert sich sofort die Einteilung *aller* Prophetensprüche: An die Stelle einer beliebigen Vielzahl einzelner Formen (vgl. z. B. Hempels Aufstellung) *mußte* dann die einfache Nebenordnung von Gerichts- (‚Schelt‘- und ‚Drohwort‘) und Heilsankündigung treten; *alle* anderen Formen aber, wie Mahnung, Warnung, prophetische Tora, Klage, Lied usw. traten damit ganz von selbst in ein dienendes Verhältnis zu den beiden Grundformen des Gerichts-

und des Heilswortes. Im Grunde hatte das schon fast so Gunkel gesagt, wenn er die ‚geliehenen' Formen der Propheten von den genuinen prophetischen Redeformen abhob.

Von ganz anderer, viel stärker theologisch bestimmter Sicht der Prophetie her wird diese Erkenntnis der prophetischen Redeform wesentlich gefördert:

12. H. W. Wolff, Die Begründung der prophetischen Heils- und Unheilssprüche, ZAW 1934, S. 1 ff.
Das Zitat im Prophetenspruch, München 1937

Die Arbeit Wolffs in der ZAW 1934 ist, soweit ich sehe, der erste Versuch einer umfassenden Untersuchung prophetischer Redeformen; sie geht auf das Verhältnis der Einzelteile des Prophetenspruches zueinander und zwar über die ganze Breite der gesamten Prophetie hin ein. Es zeigt sich bald, daß der Horizont nach beiden Seiten hin noch zu weit gespannt ist; lange nicht alle Elemente des Prophetenspruches lassen sich so leicht in einige Schemata bringen (S. 1: „Vier Typen, in denen nahezu alle Sprüche untergebracht werden können"); die Prophetie des achten Jahrhunderts spricht nicht dieselbe Sprache wie die des siebenten oder gar des sechsten; vor allem aber läßt sich das Verhältnis von ‚Zukunftswort' und Begründung beim Heilswort nicht so bestimmen wie beim Gerichtswort. Sieht man aber diese Grenze der Untersuchung, die bei einem ersten Eindringen in ein kaum bearbeitetes Gebiet verständlich ist, so treten die wertvollen und entschieden über die bisherigen Arbeiten hinausweisenden Ergebnisse um so deutlicher heraus.

Der wichtigste Neuansatz ist schon im Titel der Arbeit angezeigt: Das bisher sogenannte ‚Scheltwort' wird unter der Bezeichnung ‚Begründung' nicht mehr als eigenständige prophetische Redeform, sondern als Teil eines zusammengesetzten Ganzen behandelt. Das geschieht allerdings ohne Auseinandersetzung mit der bis dahin ganz allgemein herrschenden Anschauung, vielleicht auch ohne das Bewußtsein, eine grundlegend andere Sicht des Prophetenspruches zu vertreten; aber die Tatsache, daß dieser hier als ein Ganzes, bestehend aus ‚Zukunftswort' und Begründung verstanden wird, bleibt bestehen. – Die verschiedenen Typen der Zusammenordnung von Zukunftswort und Begründung können außer Betracht bleiben; wichtig ist dabei nur, daß Wolff unter den verschiedenen Möglichkeiten solcher Zuordnung eine ‚Normalform' findet: „Die Begründung als Aussagesatz, an den die Drohung mit laken, 'a al ken o. ä. angeschlossen ist." Als Normalform bezeichnet Wolff sie wegen ihres häufigen Vorkommens, aber auch weil sich von ihr die anderen Bildungen erklären lassen (S. 2). Hier scheint mir eine Grundform prophetischen Redens gesehen und richtig bestimmt zu sein.

Dazu kommt die zweite Erkenntnis, die sich mit der ersten fast notwendig ergab und die in voraufgehenden Arbeiten (s. o.) vorbereitet oder schon mehr oder weniger deutlich vollzogen war:

„In manchen Sprüchen wird deutlich geschieden zwischen der Rede des Propheten und dem drohenden Gotteswort ... Die Drohung ist *das* Stück des Spruches, welches er empfangen hat und nur weitergibt (wie das die Botenformel zeigt) ... Demgegenüber erscheint die Begründung als ein Stück der prophetischen Reflexion und liegt somit in einer anderen (späteren) Sphäre als das offenbarte Wort ... Daß die Begründung häufig vorangesetzt wurde, zeigt: die der Begründung zugrundeliegende Tatsache ging dem Entschluß Gottes, Unheil zu senden, voran" (S. 6 f.).

„Durch die Begründung ist der Prophet vom bloßen Boten zum Mittler geworden. In der Zukunftsweisung kündet er das Kommende an, in der Begründung gestaltet er es selbst mit"[14] (S. 21).

In diesen beiden Erkenntnissen: a) der Prophetenspruch hat seine ‚Normalform' in der Einheit von Begründung und Ankündigung; b) das eigentliche Botenwort (= Gotteswort) ist die Ankündigung, ist die wesentliche Bestimmung der Grundformen prophetischen Redens gegeben. Sie ist seit dieser Arbeit Wolffs von niemandem umgestoßen, aber leider nur selten aufgenommen und kaum weitergeführt worden. An diese beiden Erkenntnisse muß meines Erachtens die weitere Erarbeitung prophetischer Redeformen anschließen.

H. W. Wolffs Arbeit: Das Zitat im Prophetenspruch (1937) grenzt die Untersuchung prophetischer Redeformen auf die eine typische Redeform des Zitates ein, und zwar des Zitates von Menschenworten (auch das Jahwewort als Botenwort könnte als Zitat verstanden werden). Auf unsere Fragestellung gesehen bringt diese Arbeit Wolffs einmal eine Bekräftigung und Unterbauung des bei der früheren Untersuchung herausgestellten Ergebnisses, darüber hinaus aber eine Weiterführung, die nicht leicht zu erkennen ist und vielleicht einer Präzisierung bedarf, damit ihre Bedeutung klar heraustritt.

1. Wolff spricht hier noch bewußter und betonter aus, daß er den von vielen Forschern bisher begangenen Weg, vom prophetischen Er-

---

14 Zur Terminologie sei angemerkt, daß Wolff zwar die Bezeichnung ‚Drohung' oder ‚Drohwort' für die Gerichtsankündigung beibehält, die Bezeichnung ‚Scheltwort' fällt folgerichtig fort. Doch kann er auch, und zwar gerade zusammenfassend am Schluß seiner Arbeit sagen (S. 20): „Der Prophet ist Mittler zwischen Gott und Mensch. Als der Bote Jahwes kommt er zu seinem Volk, um ihm sein Gericht und sein Heil zu künden."

leben her die Prophetie zu verstehen und zu bestimmen, nicht mehr mitgehen kann:

Im Vorwort: „... um so weniger wurde mir verständlich, warum die alttestamentliche Forschung so viele Mühe an eine Aufhellung der prophetischen Psychologie gewandt hat, um so dem ‚Wesen' der Prophetie nahe zu kommen, *anstatt sich treu an das gegebene Wort zu halten*" (S. 3). Dem entspricht ein Satz am Anfang der Zusammenfassung: „Wir haben keinen geraderen Weg zum Propheten als den über sein eigenes Wort ... Der Prophet ist der durch die Offenbarung vollkommen befangene Mensch. Diese Beanspruchung scheidet den Propheten vom Mystiker wie auch vom Orakelspender, wie auch vom Ekstatiker" (S. 89–91).

In diesen Sätzen ist klar ausgesprochen, daß es sich bei der formgeschichtlichen Arbeit nicht um eine von außen an die Texte herangebrachte Methode handelt, sondern daß es einfach darum geht, unvoreingenommen die Texte zum Reden zu bringen.

Daß die Propheten Boten sind und ihre Worte daher Botenworte, ist in dieser Untersuchung vorausgesetzt; hierin folgt Wolff Köhler und Lindblom:

„Prophetenrede ist ihrem Wesen nach ... weitergegebene Jahwerede. Dabei ist die Voraussetzung, daß der Offenbarungsempfang mittels des deutlichen Wortes geschieht." (S. 9) „Das Ich Gottes ist im Stil des Botenspruchs das rechtmäßige Subjekt der Rede." (S. 10)

Die Untersuchung der Zitate im Prophetenwort, d. h. der Worte anderer Menschen, die von den Propheten zitiert werden, bestätigt beide Erkenntnisse der vorigen Arbeit: daß der Prophetenspruch, aus Ankündigung und deren Begründung bestehend, eine Einheit bildet:

„Jahwes Wort und Tat ist nicht willkürlich. Das Unheil ist von vornherein als begründet hingestellt durch den voraufgehenden Aufweis der Schuld, der eben auch durch das Zitat geschieht." (S. 73) „Das Zitat ist notwendig, weil durch den Streit zwischen Gott und Mensch die Auseinandersetzung gefordert ist. Der lediglich zukunftweisende Spruch, dem die Auseinandersetzung mit den Hörern fehlt, ist daher eigentlich unprophetisch." (S. 92)

„Das Heils- und Unheilswort ist durch ko 'amar jhwh und verwandte Formeln als empfangenes Jahwewort herausgehoben, während die Begründung weithin als des Propheten eigenes Wort außerhalb steht." (S. 71)

Dies wird begründet durch eine eingehende Untersuchung der Zitate. Es zeigt sich: sie sind weithin Bildungen des Propheten selbst.

„Das Zitat unterliegt der Freiheit der prophetischen Verkündigung. Es ist ein Werkzeug seiner öffentlichen Rede." (S. 50) „Deshalb ist auch eine strikte Unterscheidung echter und unechter (d. h. vom Propheten konstruierter) Zitate nicht möglich. Das Zitat gehört nicht in das Reich der ‚geheimen Offenbarungen'. Entweder hat es der Prophet wie andere Leute in den Straßen gehört oder . . . er hat das Zitat auf Grund seiner Kenntnis der Herzen des Volkes formuliert." (S. 72)

Darüber hinaus läßt sich die Herkunft der Stilform eines Teiles dieser Zitate im Rechtsleben, im Prozeßverfahren erkennen:

„Das Zitat ist notwendig, weil durch den Streit zwischen Gott und Mensch die Auseinandersetzung gefordert ist." (S. 92) „Im Zitat wird das Wort des Menschen als Schuld vor Gott bloßgelegt." (S. 93) „Die Sprüche haben die Schärfe und Einseitigkeit des Anklägers, zugleich zeigen sie die Überlegenheit des Richters. Einer der Ursprünge der Zitation ist das Rechtsleben." (S. 62) „Der Brauch der Zitation hat seinen Ursprung erst in der freien Rede vor Menschen, nicht im empfangenen Offenbarungswort: *der Prophet* klagt den Menschen an." (S. 26) „Das Prozeßverfahren ist der stilistische Hintergrund prophetischer Zitation." (S. 69) „Mit der Zitation läßt der Prophet den Angeschuldigten gleichsam selbst Anklage erheben."

Dies wurde so ausführlich wiedergegeben, damit deutlich werde: Hier ist das ‚Scheltwort' als eine eigene prophetische Redeform völlig aufgegeben. Im Ganzen des Prophetenwortes handelt es sich um die Begründung, für sich genommen ist dieser Teil Anklage.

2. Bis hierhin enthält das Zitierte über die beiden in der früheren Arbeit herausgestellten Ergebnisse nichts wesentlich Neues, nur daß diese fester fundiert und genauer bestimmt sind. Doch gibt diese Arbeit noch einen weiteren Hinweis für die Struktur des Prophetenwortes: Innerhalb des Prophetenspruches hat das Zitat seinen festen Ort, den man bestimmen kann:

„Der feste Ort im Prophetenspruch, wo das Zitat häufig wiederkehrt, ist die Begründung des Unheils. Es ist die deutlichste Form der Begründung." (S. 73)

Ist das richtig, dann kann die Struktur des Prophetenspruches über die Bestimmung der beiden Teile: Ankündigung – Begründung hinaus noch weitergehend erkannt werden. Der zweite der eben zitierten Sätze ist nur ein wenig zu revidieren und damit ist das Ergebnis Wolffs einen Schritt weiterzuführen: Das Zitat, das „das Wort des Menschen als Schuld vor Gott bloßlegt" (S. 93), ist *ein Teil* der Begründung, nicht aber eine Art von Begründung. Die Begründung in sich ist zweiteilig, und diese Zweiteilung ist meist leicht zu erkennen, obwohl sie niemals schematisch ist: Die gewöhnliche Form bringt zunächst in einem einzigen, meist kurzen Satz die Anklage; darauf folgt eine Entfaltung der Anklage, die sehr verschieden sein kann, besonders häufig aber die Worte der Angeklagten in einem Zitat vorbringt. Die Feststellung Wolffs wäre dann dahin zu präzisieren: Der feste Ort des

Zitats im Prophetenspruch ist *die Entfaltung* der Anklage. Selbst dort, wo die Begründung der Gerichtsankündigung gleich mit dem Zitat einsetzt oder nur aus einem Zitat besteht, hat dies den Charakter der Entfaltung einer Anklage, das heißt es ist hinter dem Zitat eine direkte, das Faktum des Vergehens einfach feststellende Anklage zu hören.

Bei der Untersuchung der Jesaja-Worte ist auch Scott auf diese Redestruktur gestoßen (a. a. O. S. 180):

„The core of the reproach is a literally described complaint, usually with one principal point and embodied in a single verse: 5, 20 f.; 7, 13. In 8, 11–12; 10, 1–22; 28, 7–8 this is expanded by a statement of the further consequences of the behaviour condemned."

Daß Scott dabei eine andere Art von Entfaltung hervorhebt („die weitere Folge des verurteilten Verhaltens"), ist hier nebensächlich. Die Entfaltungen der Anklage sind auf ziemlich wenige Typen zurückzuführen; die häufigste Entfaltung ist tatsächlich die im Zitat.

Mit dieser genaueren Bestimmung des Ortes des Zitates im Ganzen des Prophetenspruchs ist ein wichtiger weiterer Schritt zur Bestimmung von dessen Struktur getan. Die Untersuchung Wolffs hat meines Erachtens sicher gezeigt, daß die Funktion des Zitates im Prophetenspruch sowohl dessen ursprüngliche Einheit wie auch die Unterschiedenheit der beiden Teile klar erweist.

Auf eine neuere Arbeit von H. W. Wolff soll hier noch kurz eingegangen werden:

H. W. Wolff, Hauptprobleme Alttestamentlicher Prophetie, Ev. Theol. 1955, S. 446–468

Im I. Teil geht Wolff auf die religionsgeschichtliche Seite des Problems ein, besonders auf die Mari-Briefe, von denen später noch die Rede sein wird. Der II. Teil handelt von den Berufungsberichten der Propheten und von da aus vom Problem der Ekstase. Gegen das Verstehen der Propheten*worte* aus der Ekstase wendet Wolff hier ein:

„Über den echten Ekstatiker des palästinischen Raumes haben wir nur Fremdberichte. Das Eigenbewußtsein des Propheten bleibt wach: der Prophet *redet* in der Vision (Jes. 6). Die Berichte wissen von einem klaren Ich-Du-Verhältnis. Die Formung der Prophetensprüche bliebe von der Ekstase her unverständlich; der Botenspruch setzt in eine personale und wache Beziehung zur Umwelt." (S. 455 f.)

Es könnte noch hinzugefügt werden, daß bei den ‚Propheten' in den noch zu besprechenden Mari-Texten eine Spur von Ekstase nicht zu erkennen ist, worauf W. von Soden (s. u.) aufmerksam macht. Die letzte Bemerkung Wolffs ist meines Erachtens die wichtigste und kann vielleicht noch schärfer umrissen werden: Wenn es richtig ist, daß die Prophetensprüche – wenigstens zum großen Teil – als Botensprüche gefaßt und verstanden sind, muß einfach festgestellt werden, daß die Situation des Empfangens einer Botschaft unmöglich die der Ekstase sein kann. Ekstatische Erlebnisse im Bereich der Prophetie sind durchaus zuzugeben. Der Botenspruch aber ist von der Ekstase klar abzuheben. Für den Augenblick des Empfangs der Botschaft (bezeichnet in der Botenformel ‚So hat Jahwe zu mir gesprochen‘) ist das wache, nüchterne Hören die notwendige Voraussetzung. Die Ekstase kann dem unter Umständen vorausgehen, sie kann daneben hergehen; auf keinen Fall darf der Empfang des Botenwortes als in der Ekstase geschehen angenommen werden; das würde allem widersprechen, was wir von der Botschaftssendung und dem Botschaftsstil in der Umwelt Israels und in Israel wissen. Der Botenspruch ist etwas seinem Wesen nach anderes als ein in der Ekstase empfangenes Wort.

Im III. Teil: „Verhältnis der Prophetie zu den altisraelitischen Traditionen" macht Wolff auf die traditionsgeschichtlichen Einzeluntersuchungen zu diesem Thema aufmerksam. Er zeigt, daß bei aller Bedeutung, die die altisraelitische Tradition für die Prophetie hat und ihr die reformatorischen Züge gibt, doch nicht sie als solche das Reden der Propheten autorisiert und legitimiert, sondern ihre Berufung. Jedoch vermag gerade das genauere Herausarbeiten der Fülle von traditionsgegebenen Motiven in der prophetischen Verkündigung deutlich zu machen:

„Als Wortführer des Rechtsstreits Jahwes mit Israel, als Ankläger in Jahwes Namen führt der Prophet die alte Geschichte ins Feld; seine Vollmacht zur Anklage schöpft er nicht aus überliefertem Wissen, sondern ... er kündigt ein neues Handeln seines Gottes an: dies Handeln führt ins Gericht ..."

Hier zeigt sich auch in dieser Arbeit Wolffs ganz klar die Erkenntnis, daß das Prophetenwort als Gerichtswort verstanden wird, bestehend aus Anklage und Gerichtsankündigung.

Im IV. Teil „Die Kultprophetie" weist Wolff die Thesen der nordischen Schule als zu weitgehend ab. Doch werden wir fragen müssen, „ob nicht gewisse Formen und Stoffe der prophetischen Verkündigung viel stärker vom Kult her verstanden werden müssen". Er stimmt der These Würthweins, daß die prophetische Gerichtsrede aus einem kultischen Vorgang zu verstehen sei, nicht zu; man könne höchstens von Nachahmungen kultischer Form reden; am ehesten zu erwägen sei ein direkter kultischer Hintergrund für Deuterojesaja (von Waldow). „Aber man kann auch hier nicht sagen, eine kultische Instutition trage den Propheten, vielmehr trägt und erneuert im Zerbrechen kultischer

Überlieferung der Prophet aus unmittelbarer Vollmacht gottesdienstliche Ordnungen Israels" (S. 462). Der jetzige Stand der Diskussion zur Kultprophetie erlaube zwei Folgerungen:

1. „Es ist nicht möglich, die Schriftpropheten insgesamt als kultische Amtsträger zu deuten.

2. Kultus und Prophetie können nicht mehr als reine Gegensätze angesprochen werden" (S. 446).

Exkurs: Zu den Bezeichnungen ,Drohwort' und ,Scheltwort'.

Seit etwa dem Beginn des Jahrhunderts sind die Bezeichnungen ,Drohwort' und ,Scheltwort' für die Prophetensprüche üblich geworden. Sie begegnen zuerst, soweit ich sehe, bei Gunkel (s. o. S. 19 f.).[15]

Da mit diesen Bezeichnungen der Charakter des Prophetenwortes in gewisser Weise schon festgelegt ist, wir aber auch jetzt noch am Anfang der formgeschichtlichen Durcharbeitung der Prophetensprüche stehen[16], lohnt sich eine kritische Prüfung dieser Gattungsbezeichnungen. Tatsächlich sind beide unzutreffend und nötigen fast zu Mißverständnissen des prophetischen Redens.

1. Drohwort: Man spürt die Inkongruenz, wo Heils- und Gerichtsworte von Propheten als Verheißungen und Drohungen bezeichnet werden. Während wir ,Verheißung' im Sinn ,Ankündigung von Heil' verstehen, sagt uns das Sprachgefühl, daß Drohung nicht in entsprechender Weise Ankündigung von Unheil meint. Allerdings steht uns in der deutschen Sprache eine genaue negative Entsprechung zu Verheißung nicht zur Verfügung; aber ,Drohung' ist als solche kaum geeignet. Es seien einige Momente herausgestellt, die das Wort bestimmen:

a) Während wir bei ,Verheißung' zunächst an ein Wort oder Wortgebilde denken, kann Drohung entweder ein Wort oder eine Geste oder beides zusammen sein. Man kann sogar sagen, daß nach unserem Sprachgefühl eine Drohung noch primär eine drohende Geste oder Gebärde bedeutet: „Und dräut der Winter noch so sehr mit schrecklichen Gebärden . . .", erst sekundär das drohende Wort.

b) Wesentlicher aber ist, daß ,drohen' in unserem Sprachgebrauch wie auch in seiner Vorgeschichte das Eintreffen des Angedrohten offen läßt. Das Bedrohen eines Menschen oder einer Menschengemeinschaft ist etwas wesentlich anderes als das Ankündigen eines Unheils, das über sie kommen wird. Die Andersartigkeit des Drohens kommt besonders dort zum Ausdruck, wo das Mittel genannt wird, mit dem der andere bedroht wird. Wenn z. B. während eines Krieges ein Gegner mit dem Einsatz von Giftgasen droht, so ist das nicht dasselbe, als wenn er den Einsatz von Giftgasen ankündigt. An diesem Beispiel wird der Unterschied der beiden Begriffe offenkundig und allgemein einsichtig. Es bedarf keiner weiteren Erklärung.

c) Das letzte Beispiel kann ein weiteres Merkmal des Begriffes ,drohen' deutlich machen. Die Drohung hat oft oder meist einen bedingten Charakter. D. h. die An-

---

15 Entsprechungen sind in der englischen und französischen Sprache gebildet worden; vgl. die Arbeiten von Scott (s.o.) und A. Néher, L'Essence du Prophétisme, Paris 1955.

16 G. Fohrer sagt in seiner Literaturübersicht: Neuere Literatur zur alttestamentlichen Prophetie, ThR 1951 und 52, 1. Teil, Literatur von 1932–39, S. 336 nach dem Hinweis auf die Zusammenfassungen bei Eißfeldt und Weiser in deren Einleitungen: „Die kurze, oft summarische Aufzählung läßt erkennen, daß wir von einer angemessenen Erfassung und Durchleuchtung der verschiedenen prophetischen Gattungen noch weit entfernt sind."

drohung des Einsatzes von Giftgasen hat – ausgesprochen oder unausgesprochen – zum Hintergrund eine Bedingung; z. B. wenn der Gegner eine bestimmte Demarkationslinie überschreitet, wird Giftgas eingesetzt werden; die Drohung gilt für den Fall, daß ...

d) Ein weiteres, wesentliches Element des Drohens: das Drohen geschieht oft gerade aus einer unsicheren Haltung oder Lage heraus; es wird gerade da nötig, wo der Drohende selbst ein wenig oder sehr in Angst, um seine Sicherheit besorgt ist. Darin ist es begründet, daß das Drohen (ob es das Zähnefletschen des Hundes oder das Androhen des Einsatzes von Giftgasen ist) die Tendenz hat, sich selbst schrecklich zu machen, den anderen erschrecken zu lassen, auch auf die Gefahr hin, daß man sich selbst dabei furchtbarer macht als man wirklich ist.

Alle vier Merkmale passen nicht zu dem, was in einer prophetischen Gerichtsankündigung oder Unheilsankündigung gemeint ist:

a) Es handelt sich ausschließlich um ein Wortgeschehen. Eine drohende Geste oder Gebärde – weder Gottes noch des Propheten – ist niemals damit verbunden, niemals angedeutet. Sofern die Gerichtsankündigung mit einem Zeichen verbunden ist, hat dieses niemals auch nur entfernt den Charakter des ‚Zähne-zeigens' oder des Zeigens der Mittel, mit denen Gott sein Gericht auszuführen droht.

b) Die Ankündigung des Gerichts hat den Charakter des Abgeschlossenen: Gott hat das Unheil beschlossen. Das Ankündigen selbst ist schon ein Teil des bei Gott beschlossenen Gerichtsurteils; es ist etwas wesentlich und grundsätzlich anderes als ein Androhen.

c) Die Ankündigung hat deshalb auch den Charakter des Unbedingten. Sie gilt nicht nur für den Fall, daß ..., sondern sie setzt selbst das ergehende Gericht in Gang, auch wenn die Propheten noch nicht die Vollstrecker des Urteils sind.[17]

d) Die Gerichtsankündigung in der Prophetie setzt das unbedingte Herrsein Gottes in der Geschichte und über die Geschichte voraus. Es ist ein Ausdruck dieser Souveränität, daß Gott ein Gericht, das er beschlossen hat, ankündigen läßt; ein bloßes Drohen könnte gerade diese Souveränität erschüttern.

Damit ist erwiesen, daß Ankündigung etwas wesentlich anderes ist als Drohung, daß dieser Begriff (ob man nun Drohrede, Drohung oder Drohwort sagt) für die Bezeichnung der prophetischen Gerichtsbotschaft ungeeignet ist. Ein wesentliches Argument kommt noch aus dem Charakter des Prophetenwortes als Botenwort hinzu. Der Bote kann schlecht eine Drohung übermitteln. Das ist zwar möglich, aber eine Drohung ist für eine Übermittlung durch den Boten ungeeignet. Das Drohen ist seinem Wesen nach mit einer Geste oder Gebärde verbunden; die eben läßt sich schlecht durch einen Boten vermitteln. Zu ihr gehört wesentlich die Direktheit. Und in der Tat haben die uns überlieferten Prophetenworte als Botenworte nicht eigentlich den Charakter des Drohens. Die Propheten drohen nicht. Sie sagen, was feststeht und kommen wird.

Dabei ist es nicht ausgeschlossen, daß die prophetische Gerichtsankündigung Elemente der Drohung oder der Drohrede in sich aufzunehmen vermag. Es soll auch nicht bestritten werden, daß sich die Gerichtsankündigung in manchen Fällen mit der Drohung berührt oder einer Drohung nahestehen kann. Daß aber die Gerichtsankündigung ihrem Wesen nach keine Drohung ist, kann auch ein Vergleich zeigen: Eine wirkliche, genuine Drohung findet sich im Alten Testament in ausgeprägter Form in den Drohungen der Frevler gegen die Frommen in den Klagepsalmen des Einzelnen. Auch wenn die drohenden Worte der Frevler hier nur an-

---

17 Hierzu O. Grether, Name und Wort Gottes im AT, BZAW 1934, 64. Was Grether hier als den Sinn des dabar herausarbeitet, trifft auf eine Gerichtsankündigung zu, nicht aber auf eine Drohung.

gedeutet und stilisiert sind, ist der wesensmäßige Unterschied zu den prophetischen Gerichtsankündigungen evident.

Die von mir stattdessen gebrauchte Bezeichnung Gerichtsankündigung oder Unheilsankündigung ist nicht neu; sie wird und wurde von einer Reihe von Forschern schon lange gebraucht, bedarf daher keiner besonderen Rechtfertigung. Ein einfaches, ‚Verheißung‘ entsprechendes Wort steht im Deutschen nicht zur Verfügung, so muß ein zusammengesetztes Wort, entsprechend Heilsankündigung, an die Stelle treten.[18]

2. Scheltwort: Bei dieser Bezeichnung ist der Tatbestand womöglich noch eindeutiger. Sie trifft das Gemeinte nicht. Hier allerdings ist die Voraussetzung noch wichtiger, ob die beiden Teile des prophetischen Gerichtswortes genuin selbständig sind oder ob sie erst miteinander das Prophetenwort darstellen. Den die Ankündigung begründenden Teil des prophetischen Gerichtswortes ‚Scheltwort‘ zu nennen ist nur unter der Voraussetzung sinnvoll, daß es völlig unabhängig von der Ankündigung bestehen kann.

Denn das Schelten ist ein in sich durchaus selbständiger Vorgang. Die bei den Propheten so häufige Zusammenfügung von Schelten und Drohen zu einem einheitlichen Gebilde wäre an sich schon höchst merkwürdig. Natürlich kann man schelten und drohen in einem Atem; aber wie und warum sollte aus beidem miteinander ein Ganzes werden? Wenn aber (wie z. B. bei Balla) das ‚Scheltwort‘ als Begründung des Drohwortes erkannt ist: Kann eine Drohung durch ein Schelten (Schimpfen) begründet werden? Ist der Zusammenhang der beiden Teile des prophetischen Gerichtswortes erkannt und wird dieser Zusammenhang ernst genommen, so ist damit die Bezeichnung ‚Scheltwort‘ schon hinfällig geworden (so bei H. W. Wolff).

Aber es soll doch noch erwogen werden, ob abgesehen von diesem Zusammenhang der begründende Teil des Prophetenwortes Scheltwort genannt werden kann. Was ist Schelten?

a) Schelten ist eigentlich ein sterilisiertes und domestiziertes Fluchen oder Bannen. Das kann hier nicht im einzelnen entfaltet und begründet werden; wenige Hinweise müssen genügen. Im Deutschen ist die Herkunft des Schimpfens aus dem Fluchen noch sehr deutlich zu erkennen; nur daß es nicht mehr direkt, sondern indirekt geschieht; aus dem ‚Verflucht du!‘ oder ‚Fluch dir‘ oder ähnlich ist geworden: Du verdammter Lausejunge! u. ä. Die vielen Tiernamen beim Schelten tragen noch eine letzte Erinnerung an das Bannen in Tiere (Märchen!) in sich. Im Englischen sagt es die Vokabel ‚he called me names‘.

b) Etwas anderes ist das scheltende Beschuldigen: „Was hast du da wieder für einen Blödsinn gemacht!“ „So etwas Verrücktes!“ Wir haben dafür im Deutschen einen sehr bezeichnenden Begriff: ‚jemanden heruntermachen‘. Mit diesem Heruntermachen geschieht aber dasselbe wie mit dem Heruntermachen in Scheltworten. In beiden Arten des Scheltens oder Schimpfens ist entscheidend die Direktheit des Redens, die Unmittelbarkeit der scheltenden Anrede. Man kann nicht durch einen Boten schelten. Entweder müßte dann der Bote selber der Scheltende werden oder es ist eben kein Schelten mehr. Schon aus diesem Grunde kann ein Botenwort kein Scheltwort sein.

Es kommt nun aber etwas Tiefergehendes hinzu: das Schelten als ein Derivat des Fluchens kommt aus dem magischen Daseinsverständnis her; Fluch ist *direkt* wirksames Wort, und das gilt im Grunde für das Scheltwort auch noch (vgl. Mt. 5, 22).

Dann kann aber die prophetische Anklage kein Scheltwort sein! Es geht hier

18 Beide von mir gebrauchte Termini gehen auf eine alte Tradition zurück. Ähnlich schon bei Hitzig, Jesajakommentar S. 80; Duhm überschreibt seinen 19. Abschnitt (Israels Propheten, 1916) ‚Begründung der Unheilsankündigung‘ und erklärt eingangs diese Termini; bei Steuernagel im oben angegebenen Zitat und bei vielen anderen.

gerade nicht um ein Schelten, sondern um das Feststellen eines Tatbestandes, so wie im Gerichtsvorgang ein Tatbestand festgestellt und dann dem Angeklagten ‚zur Last gelegt' wird. In der Entfaltung dieser Anklage *kann* gelegentlich auch das prophetische Reden Elemente des Scheltens in sich aufnehmen; es begegnen Scheltworte; es begegnet sogar gelegentlich ein eiferndes, scheltendes ‚Heruntermachen' (wie das übrigens auch immer wieder im Gerichtsverfahren sich einmischt); aber das Schelten bleibt im Prophetenwort immer das Sekundäre, das Hinzukommende; es gibt nicht das Recht, diesen ganzen begründenden Teil des prophetischen Gerichtswortes Scheltwort zu nennen.

Auch hier schlage ich keinen neuen Terminus vor, sondern plädiere nur für schon von vielen Forschern angewandte. Will man diesen Teil des Prophetenwortes *als Teil*, d. h. in seiner Funktion für das prophetische Gerichtswort als Ganzes bezeichnen, so genügt durchaus die formale Bezeichnung ‚Begründung'; will man aber ausdrücken, worin diese Begründung besteht, was sie, für sich genommen, darstellt, so ist die sachgemäße Bezeichnung ‚Anklage'. Man muß dann allerdings in Kauf nehmen, daß der Terminus Anklage hier einen weiteren als den bloß gerichtlichen Sinn hat; man muß weiter in Kauf nehmen, daß der gleiche Terminus daneben etwas ganz anderes bezeichnet, nämlich ein Glied der Klage in den Klagepsalmen, die ‚Anklage Gottes'.[19]

Der Unterschied liegt darin, daß bei der ‚Anklage Gottes' in den Psalmen Gott das Objekt, in der prophetischen Anklage das Subjekt ist. Daß der gleiche Terminus an diesen beiden ganz verschiedenen Stellen auftritt, ist durchaus nicht zufällig, es hat seinen guten Sinn: tatsächlich zeigt sich in der Redeform der Gerichtsworte bei Deuterojesaja[20], daß beides nebeneinander im Kontrast begegnen kann, besonders Jes. 43, 22–28: der Anklage, die das Volk im Exil gegen Gott erhebt, tritt die Anklage Gottes (subj.) entgegen. Es ist sachlich durchaus berechtigt, wenn der Terminus ‚Anklage' an diesen beiden, zunächst ganz verschiedenen Stellen gebraucht wird.

Der Terminus Anklage für den begründenden Teil des prophetischen Gerichtswortes hat den Vorteil, daß damit gut und klar die Differenzierung dieses Teiles des Prophetenwortes ausgedrückt werden kann: man kann die soziale, die kultische, die theologische und die persönliche Anklage unterscheiden.

Mit den Termini Gerichtsankündigung, Begründung, Anklage ist dann allerdings ebenfalls schon eine Entscheidung über das Verständnis der so bezeichneten Prophetenworte gefallen: sie werden damit in eine gewisse Nähe zum Gerichtsvorgang gerückt: das, was in diesen Worten zwischen Gott und seinem Volk geschieht (durch die Vermittlung des Boten), kann in der Art, in der Struktur eines Gerichtsaktes gesehen werden. Dem würden die vielen Worte bei den Propheten entsprechen, in denen die Gerichtssituation ganz eindeutig bezeichnet und dargestellt ist (s. u. S. 143 f.), es würde aber darüber hinaus voraussetzen, daß das durch die Boten Gottes Volk Angesagte wesentlich als ein Akt des Gerichtes Gottes über sein Volk zu verstehen ist. So sagt es H. W. Wolff in dem oben S. 43 angeführten Satz. In die gleiche Richtung weist jetzt auch H. J. Boecker, Redeformen des israelitischen Rechtslebens, Diss. Bonn, 1959, bes. S. 145 ff.

19 Vgl. Struktur und Geschichte der Klage im AT, C. Westermann, ZAW 66 1–2, Berlin 1954.
20 Vgl. J. Begrich, Deuterojesajastudien, BWANT 4. F. H. 25, 1938/9.

13. E. Würthwein, Amos-Studien, ZAW 62, 1949/50, S. 10–52

Auch wenn es diese Studie nicht unmittelbar mit den prophetischen Redeformen zu tun hat, ist sie doch für unsere Frage besonders wichtig. Nach einem kurzen Referat der Aufsätze von S. Mowinckel, H. Junker, A. R. Johnson und A. Haldar, die Existenz und Bedeutung eines Kultprophetentums in Israel erwiesen haben, fragt Würthwein nach dem Verhältnis der Schriftpropheten zu dieser Institution des Kultprophetentums. Mit Recht sagt er zunächst, diese Frage könne nicht generell beantwortet werden, sie liege bei jedem Propheten besonders und müsse jeweils von den Texten her beantwortet werden. Er stellt die Frage für den Propheten Amos. In einer Besprechung des Aufsatzes von H. H. Rowley: Was Amos a nabi? (Eißfeldt-Festschrift 1947, S. 191 bis 198) arbeitet W. in einer wertvollen Exegese von 7, 10–17 heraus: Amos wendet sich nicht dagegen, daß er als Nabi angesprochen wird; v. 14 ist auf die Vergangenheit des Propheten zu beziehen und Amos erhebt den Anspruch, daß seine Berufung zum (Heils-)Nabi weiterbestehe, auch wenn er *jetzt* im Auftrag Jahwes das Gericht anzukündigen hat. So erklärt sich am besten der Tatbestand, daß die gesamte Prophetie des Amos Unheilsprophetie sei (Amos 9, 8 ff. hält Würthwein für nicht von Amos stammend), die Fremdvölkerorakel aber der Sache nach Heilsworte für Israel. Ebenso zeigen die ersten beiden Visionen Amos als Heilsnabi: als Fürbitter erwirkt er Heil für sein Volk. In diesen Komplexen ist Amos tatsächlich Heilsnabi, und das Nebeneinander im Amosbuch ist am besten erklärt als ein zeitliches Nacheinander: denn Amos war zuerst Heilsprophet, als solcher ist er berufen worden; dann aber wurde er zum Unheilspropheten, und die Visionen spiegeln noch deutlich diese Wandlung. Darin ist auch begründet, daß nur 7, 10–17 Eigenbericht des Propheten ist: Amos muß um sein Recht kämpfen, mit dieser neuen Botschaft als Prophet aufzutreten.

In einem zweiten Teil fragt Würthwein, ob es eine Tradition gab, an die diese Unheilsprophetie anknüpfen konnte. Er weist nach, daß die Anklage, die Amos erhebt, vor allem die soziale Anklage, auf den Forderungen der vorexilischen Gesetze in Israel gründen: „Amos greift auf das Amphiktyonengesetz zurück in dem Bewußtsein, daß in Israel immer noch die Forderungen der alten Jahwe-Amphiktyonie gelten." Auf den Bruch dieser Forderungen antwortet Jahwe mit der Aufhebung des Bundes; das bedeutet die Gerichtsankündigung. Die Anklage kommt also nicht aus einem allgemein ethischen Bewußtsein, nicht aus einem moralischen oder sozialen Pathos, sondern aus dem Geist der jahwistischen Religion. „Die großen grundlegenden Gedanken des Jahweglaubens sind bereits da. Amos hat seinen Zeitgenossen verkündet, daß ihr verpflichtender Charakter noch immer besteht und daß Ungehorsam in den Taten des Alltags Untergang und Tod bedeutet" (S. 52).[20a]

Diese Studie ist für die Frage nach den prophetischen Redeformen deswegen besonders wichtig, weil hier – soweit ich sehe, zum erstenmal – ganz klar zwischen einer frühen Heilsprophetie in Israel (bei Amos in den Völkersprüchen und in seinem heilwirkenden Fürbitteamt) und einer späten Heilsprophetie unterschieden wird. (Anm. 60, S. 39: „9, 8ab–15 halte ich nicht für echt; vgl. bes. die Argumente bei S. Mowinckel, Psalmstudien V (1921) S. 266 f."; diese Entscheidung Würthweins kann nur bedeuten, daß in 9, 8ab–15 eine Art von Heilsprophetie zu Worte kommt, die einer späteren Zeit angehört.) Der Nabi der frühen Zeit, *vor* den Schriftpropheten und neben ihnen, war seinem Amt nach Heilsprophet (so nach Johnson: die Kultprophetie *ist* Heilsprophetie), er hatte Heil für sein Volk zu erwirken und dies geschah in Verbindung mit dem Kult oder im Rahmen des Kultes. Amos gehörte in einer ersten Periode seines Wirkens diesen Nebiim an, dann erst wurde er Unheilsprophet. Der Sammlung seiner Sprüche wurde dann später – höchstwahrscheinlich in der Phase seiner judäischen Tradition – 9, 8b–15 angefügt, eine andere Art von Heilswort aus einer späteren Zeit. Damit sind für die Geschichte des Prophetenwortes zwei wichtige Feststellungen getroffen:

1. Das prophetische Heilswort hatte eine Geschichte. Zu einer frühen Phase der Heilsworte gehören solche Völkersprüche wie Amos 1, 3–2, 5, die faktisch indirekte Heilsworte für Israel sind. Es soll hier gleich hinzugefügt werden, daß wir ganz dasselbe in der Frühzeit Jesajas in der Spruchsammlung aus dem syrisch-ephraimitischen Krieg finden, besonders deutlich in 7, 1 ff.: das Heilswort an Ahas ergeht in der Form einer Unheilsankündigung.für die Gegner Jerusalems! In diese frühe Periode der Heilsprophetie gehört außerdem die Funktion des Propheten als Fürbitter oder besser Intercessor; der Rahmen des fürbittenden Wortes ist eindeutig der Gottesdienst, es ist nicht eigentliches prophetisches Wort (gehört in die Nähe des ‚priesterlichen Heilsorakels', das bei Deuterojesaja sich mit der prophetischen Rede verband). Dagegen gehört das prophetische Heilswort nach Art von Amos 9, 8 ff. einer späteren Phase an; diese Art Heilsprophetie ist für die Zeit des Amos oder eine frühere Zeit unwahrscheinlich.

2. Die Unheilsprophetie hat ihren Platz in der Mitte zwischen einer frühen und einer späteren Phase der Heilsprophetie. Sie hat ihre ganz

[20a] Ähnlich auch N. W. Porteous, Prophecy, in Record and Revelation, Oxford 1938, S. 216–249; G. H. Davies, The Jahwistic Tradition in the eigth Century Prophets, Stud. in OT-Prophecy, Edinb. 1950; E. Rohland, Die Bedeutung der Erwählungstraditionen Israels für die Eschatologie der AT-lichen Propheten, Diss. Heidelberg 1956.

bestimmte Zeit. Würthwein ist darin nachdrücklich zuzustimmen, daß der Wandel in der Prophetie des Amos – wenn ein solcher anzunehmen ist – durch einen Wandel in der Haltung Gottes zu seinem Volk bedingt ist: das Verstummen der Fürbitte des Amos bezeugt die jetzt eingetretene neue Situation: Gott hat Unheil über sein Volk beschlossen, dessen Bote muß Amos nun sein. Von diesem Punkt reicht die Unheilsprophetie bis zum Vollzug des Gerichtes zunächst an Israel und dann an Juda, zwischen diesen beiden Punkten hat sie ihre Zeit. Deswegen ist Würthwein auch darin zuzustimmen, daß er gesehen hat: die Aufnahme auch der Heilsworte aus der früheren Nabi-Periode des Amos bedeutet, daß Heils- und Unheilsprophetie sich nicht grundsätzlich ausschließen, sondern daß beide ihre Zeit haben. Es war *derselbe Gott,* in dessen Namen Amos zunächst in Wort und Fürbitte seinem Volk Heil wirkte und dann das Gericht verkündete.[21]

In dieser zeitlichen, geschichtlichen Bedingtheit des zu bestimmter Stunde einsetzenden prophetischen Gerichtswortes ist die Struktur des Prophetenwortes als Unheilsankündigung verwurzelt; das tritt in Würthweins Arbeit besonders deutlich heraus. W. erkennt und bestimmt das prophetische Gerichtswort klar als zweiteiliges Ganzes:

„Die Unheilssprüche des Amos enthalten je zwei Elemente: die irrationale Ansage des Gerichts und die rationale Begründung. Um das Gericht weiß der Prophet durch die ihm allein zuteilgewordene Offenbarung. Darum wird die Gerichtsansage gewöhnlich in einem Jahwewort gegeben, während in der Begründung der Prophet selber spricht." (S. 41)

Genauso in der Exegese von 7, 10–17 (S. 22 f.):

„14b–16 haben die Aufgabe, v. 17 im Voraus zu begründen. Die Begründung in Form eines Aussagesatzes, an den die Drohung mit laken angeschlossen ist, ist bei den Propheten und besonders bei Amos häufig (H. W. Wolff). Auch die deutliche Scheidung zwischen dem drohenden Gotteswort, auf das sie hinweist und der Rede des Propheten, ist typisch (H. W. Wolff). In 14–16 soll die Schuld des Amasja festgestellt werden, damit das Unheil, das ihm angesagt wird, als innerlich berechtigt erscheint."

Unsere bisherige Untersuchung bestätigend sei hier festgestellt:

1. Die genaue Nachprüfung der Funktion des prophetischen Gerichtswortes gegenüber dem (ihm zeitlich voraufgehenden) Heilswort ergibt, daß dieses prophetische Gerichtswort in seinen beiden Teilen *notwendig* zusammengehört, daß es sich hier also nicht um je selbständige Formen ‚Drohwort‘ und ‚Scheltwort‘ handelt, sondern um eine Gerichtsankündigung.

---

21 Vgl. die andere und abzulehnende Begründung des Nebeneinander von Heils- und Unheilsprophetie bei Greßmann, s. o. S. 21 f.).

2. Hierin ganz H. W. Wolff folgend, sieht Würthwein sehr genau den Unterschied zwischen den beiden Teilen des prophetischen Gerichtswortes qua Gotteswort. Nur die Ankündigung des Gerichts ist – streng genommen – das ihm offenbarte Gotteswort, das er weiterzugeben hat. In der Begründung spricht der Prophet selber.[21a] Ob die Unterscheidung durch die Begriffe rational (für die Begründung) und irrational (für die Ankündigung) angebracht ist, mag dahingestellt bleiben. Gerade von der Sicht Würthweins, der bemüht ist, auf dem Hintergrund der Kultprophetie die Besonderheit der prophetischen Unheilsverkündigung herauszuarbeiten, ist diese Bestätigung der Beobachtungen H. W. Wolffs wichtig und beachtlich. Nun fügt Würthwein aber dem bisher gewonnenen Verständnis der Begründung, der prophetischen Anklage also, eine wichtige Ergänzung hinzu (S. 41):

„An den beiden Hauptthemen der Anklage des Amos ... läßt sich zeigen, daß Amos kein selbständiges Ethos eigener Prägung vertritt. Schon Weiser hat ... darauf hingewiesen, ‚daß die ethische Position, die in der Kritik des Propheten vorausgesetzt werden muß, ihrem Inhalt nach nirgends über das hinausgeht, was an sittlichen Richtlinien schon vor Amos in Israel bekannt war.‘ (S. 316)

Aber man muß noch weitergehen und darf geradezu behaupten, daß Amos in seiner Kritik eng und konkret von der religiösen Tradition seines Volkes abhängt. (S. 41)

Amos greift mit seinen am Bundesbuch orientierten Anklagen auf das Amphiktyoniegesetz zurück in dem Bewußtsein, daß für Israel noch immer die Ordnungen und Forderungen der alten Jahwe-Amphiktyonie gelten. Mit seinen Taten hat sich Israel nicht gegen irgendein imaginäres Sittengesetz vergangen, sondern ist schuldig geworden gegenüber den konkreten Forderungen des Gesetzes seines Gottes. Dieses Gesetz setzt Amos als bekannt voraus.“ (S. 49)

Damit erhält die prophetische Anklage in der Tat einen anderen Charakter als sie ihn in der Prophetenexegese gehabt hatte, die auf einem ungeschichtlichen, individualistisch-idealistischen Begriff der Ethik beruhte (Wellhausen, Duhm und auch Gunkel noch). Diese prophetische Anklage ist damit als ein nur aus einer bestimmten einmaligen Geschichte verständlicher, auf dieser Geschichte beruhender Vorgang erwiesen. Wie die Gerichtsankündigung – wie oben gesagt – ihre Zeit hatte, so ist sie mit der vorangehenden Epoche verkettet und ohne sie nicht zu verstehen: mit dem ‚Bund‘, dessen eine Seite Gottes Erwählung, dessen andere Seite die Verpflichtung dieses Bundes für das Volk war.[22]

21a Das sagen genau so oder ähnlich Balla, a. a. O. § 11 b, Hempel, a. a. O. S. 60, Scott a. a. O. S. 179, H. W. Wolff ZAW 1934 S. 6, ders. Das Zitat ... S. 71.
22 Dieser Zusammenhang wird noch deutlicher in einer, sich durch die Prophetie

Diese geschichtliche Verwurzelung der prophetischen Anklage vermag ihre eigentümliche Verbindung mit der Gerichtsankündigung erst ganz zu erklären. Das ‚darum‘ beziehungsweise ‚darum so hat Jahwe gesprochen‘ verbindet begründend das angekündigte Eingreifen Gottes *gegen* sein Volk über die Anklage, an die es schließt, mit dem, was dieser Anklage eigentlich zugrundeliegt: die Mißachtung der die Existenz des Volkes begründenden Taten Gottes, die Israel in seiner Geschichte erfuhr. Während die Ankündigung des Gerichts wirklich Neues ankündigt und *darum* im eigentlichen Sinn Weitergabe des dem Propheten Offenbarten ist, beruht die Begründung dieser Ankündigung, die Anklage, auf dem schon längst offenbarten, dem Volk kundgegebenen Willen Gottes, auf den das Volk *jetzt* mit vollendetem Ungehorsam geantwortet hat.

In den „Amos-Studien hat Würthwein das Verhältnis von Kultprophetie = Heilsprophetie und Gerichtsprophetie in einigen wichtigen Punkten geklärt. Dem Gewicht der Texte entsprechend hat sich dabei für die bei Amos ganz überwiegende Gerichtsprophetie mehr ergeben als für die nur in Spuren erkennbare Heilsprophetie. Es bleiben Fragen. Vor allem: Wenn Würthwein S. 34 sagt, daß Amos „für sein Bewußtsein nicht aufhört, Nabi zu sein", daß er sich als Gerichtsprophet damit nicht von seinem Amte trennt, was bedeutet das, auf die Worte des Propheten gesehen? Wie oder worin ist er weiter Nabi, wenn das Amt des Nabi im Reden des Heilswortes besteht? Nach Meinung Würthweins sind uns seit der Wandlung von Amos *nur* Gerichtsworte überliefert. War er auch als Gerichtsprophet in einem kultischen Amt? Würthwein geht in diesem Aufsatz auf die Frage nicht ein, man muß vielmehr aus ihm schließen, daß weder von einem Wirken als Heilsprophet noch von einer kultischen Funktion des Gerichtspropheten Amos an den Texten dieser Epoche etwas zu erkennen ist.

Bei dieser Frage setzt ein weiterer Aufsatz ein:

E. *Würthwein, Der Ursprung der prophetischen Gerichtsrede, ZThK 49, 1952, S. 1–15.*

In diesem Aufsatz geht Würthwein über den vorigen einen Schritt hinaus: während er in den Amos-Studien gerade bemüht war, die Wirksamkeit des Amos als eines Kult- = Heilspropheten sachlich und zeitlich deutlich abzuheben von der Wirksamkeit des Gerichtspropheten Amos,[23] fragt er in dem späteren Aufsatz, ob nicht auch bei den Worten der Gerichtspropheten ein Zusammenhang mit kultischen Vorgängen zu erkennen sei, d. h. also, ob nicht die Gerichtsprophetie

des achten und siebenten Jahrhunderts ziehenden Erweiterung des prophetischen Gerichtswortes werden, von der später die Rede sein wird.

23 Z. B. der Satz S. 33: „Die Visionen zeigen, wie der Nabi Amos Schritt für Schritt von den wesentlichen Funktionen seines Amtes getrennt wird."

doch näher am Kult ist, als es die bisherige Meinung war und als er selbst es auch in seinem früheren Aufsatz sah.

Von dieser Frage herkommend findet er den Ursprung einer kleinen Gruppe von Worten, von Gunkel ‚prophetische Gerichtsrede‘ genannt, in einem Kultvorgang, einem Akt des Kultdramas, in dem Jahwe als Richter auftritt. Die Texte, die er anführt, sind Hos. 4, 1 f.; 12, 3 f.; Jes. 3, 13 f.; Mi. 6, 1 ff.; Jer. 2, 5 ff.; 25, 30 ff.; Mal. 3, 5. Gunkel hatte sie als Einkleidung der Scheltrede in die Form der Gerichtsrede bestimmt, so wie die Propheten auch andere Redeformen geliehen haben. Würthwein erscheint diese Nachahmung der profanen Gerichtsrede den Prophetenworten, in denen Jahwe durch den Mund des ihn repräsentierenden Propheten die Anklage erhebt, nicht recht gemäß. Er findet in den Psalmen in einer Gruppe von Texten, in denen Jahwe als Richter auftritt (96, 11–13; 98, 7–9; 76, 8–10; 50, 1–7), den Hinweis auf den ursprünglichen Ort der prophetischen Gerichtsreden. Er muß zwar offen lassen, mit welchem Fest dieses Auftreten Gottes als Richter verbunden war, ebenso wie weit im einzelnen die prophetischen Gerichtsreden tatsächlich im Kult gesprochen wurden, meint aber dann sogar, daß dieser Kultakt nicht nur der Ursprung jener kleinen, zuerst genannten Textgruppe sei, sondern darüber hinaus „daß unsere These auch von Bedeutung für die Scheltrede überhaupt ist", d. h. es muß gefragt werden, ob nicht die prophetische Scheltrede überhaupt als ganze aus der kultischen Gerichtsrede erwachsen ist.

Diese letzte, nur angedeutete Erweiterung der These des Aufsatzes ist schon deswegen sehr gewagt, weil nur die von Würthwein zuerst genannten Texte der eigentlichen ‚prophetischen Gerichtsrede‘ einen Vergleichspunkt in den Texten haben. Aber auch bei diesen Texten ist der Boden des Vergleichs recht schmal. Wenn Würthwein S. 15 sagt: „Was liegt nun näher, als beide miteinander zu verbinden, d. h. die prophetische Gerichtsrede ebenso wie die Gerichtsrede der Psalmen aus dem Kult herzuleiten?", so muß einschränkend dazu bemerkt werden, daß in den von ihm genannten Psalmentexten Gerichts*reden* gar nicht vorliegen; in diesen Psalmenstellen ist nur davon die Rede, *daß* Gott zum Gericht kommt; Anklagereden Gottes aber, d. h. das, was eigentlich zu vergleichen wäre, stehen in keinem dieser Psalmen; auch das von W. mit Recht als charakteristisch hervorgehobene Verb rib, das er gut mit ‚anklagen‘ wiedergibt, begegnet in den Psalmentexten nicht.

Was aber wesentlicher ist: in den Amos-Studien hatte Würthwein das prophetische Gerichtswort als Ganzheit in seinen zwei Teilen: Unheilsankündigung und deren Begründung, die Anklage, erkannt und durch seine Untersuchung wesentlich geklärt. In diesem neueren Aufsatz ist nur der eine Teil in Betracht gezogen, den W. hier ‚Scheltwort' nennt (der Terminus war in dem früheren Aufsatz nie gebraucht worden) und als selbständige, in sich geschlossene prophetische Redeform behandelt. Hier liegt eine deutliche Spannung zwischen den beiden Aufsätzen, und m. E. ist die Struktur des Prophetenwortes in den Amos-Studien wesentlich präziser und den Texten entsprechender gefaßt als hier, wo im Grunde die Struktur des Prophetenwortes ganz zurücktritt hinter einer in ihm begegnenden *Vorstellung*, nämlich der Vorstellung des richtenden Gottes. Eine Gemeinsamkeit (zwischen den prophetischen und den Psalmentexten) wird im Grunde nur in dieser Vorstellung gesucht und gefunden; die Redeformen sind dafür nicht wichtig. Damit kommt aber eine gewisse Unschärfe in den Vergleich, die sich auch darin zeigt, daß sich die Adresse der Worte wandeln kann: ob Jahwe an Israel oder an den Völkern Gericht hält, ist für die kultische Vorstellung bzw. den Kultakt nicht wichtig, deswegen wechselt die Adresse in den Texten beliebig. Daß nur die Vorstellung verglichen wird, zeigt sich besonders daran, daß W. bei den prophetischen Texten nur teilweise ganze Texteinheiten, d. h. vollständige Prophetenworte anführt, teilweise bloß die Verse nennt, die von der Anklage reden. Bei den so ausgewählten Texten findet W. eine zweiteilige Struktur. Eine einleitende Ankündigung:

Einen rib hat Jahwe . . .
Jahwe tritt auf larib . . .

Darauf folgt die Anklage selber (in der dritten oder zweiten Person). Diese Struktur trifft zu für Jes. 1, 18–20; 3, 12–15; Mi. 6, 1–5; aber etwa in Jes. 5, 1–7, das ja sehr deutlich einen Gerichtsvorgang spiegelt, kommt die Verurteilung bzw. der Richterspruch oder die Ankündigung des Gerichts hinzu und bildet mit der Anklage deutlich eine Einheit. Ebenso folgt in der von W. angeführten Stelle Hes. 4, 1 ff. in Vers 3, mit 'al ken verbunden, die Ankündigung des Gerichts; in Jer. 2, 5 ff. folgt sie in Vers 9; Jer. 25, 30 ff. enthält gar keine explizite Anklage sondern nur die Ankündigung des Gerichts.

Damit ergibt sich überwiegend eine Struktur, bei der auf die Einleitung *zwei* Teile, die Anklage und die Gerichtsankündigung folgen: die Struktur also, die W. in seinen Amos-Studien als für die prophetische Unheilsverkündigung charakteristisch herausgearbeitet hatte. Man wird dann den einen Teil, die Anklage, nicht so isolieren dürfen, als sei es eine in sich selbständige Redeform, nach deren Ursprung gesondert gefragt werden könne; jedenfalls wird man mit Schlüssen vorsichtig sein müssen, die sich allein auf eine Bestimmung dieses isolierten Teils gründen.

Die wertvolle und wichtige Erkenntnis Würthweins in den Amos-Studien, daß die Worte des Kult- oder Heilsnabi Amos deutlich und unmißverständlich zu unterscheiden sind von den Worten des Unheilspropheten Amos, droht gerade wieder verwischt zu werden, wenn in dem späteren Aufsatz die Worte der Unheilspropheten als aus einem Kultvorgang erwachsen und zu ihm gehörend erwiesen werden sollen.

Man kann Würthwein darin zustimmen, daß die ‚prophetischen Gerichtsreden‘, von denen er ausgeht, gewiß in einem Zusammenhang stehen mit dem über das ganze Alte Testament ausgedehnten, besonders in den Psalmen begegnenden Reden von Gott als dem Richter. Das richtende Handeln Jahwes begegnet in einer breiten Ausdehnung von den frühesten bis in die spätesten Schriften in sehr verschiedenartigen Zusammenhängen. Dabei wird sich eine schroffe Scheidung zwischen profanem und sakralem Rechtsakt nicht empfehlen. In der Frühzeit, „in der alle Lebensgebiete in einer letztlich vom Kult her normierten Ordnung ruhten" (von Rad, Theologie I, S. 46) kann man wohl kaum von einem rein profanen, von Gott gelösten Rechtsverfahren sprechen. An Jahwe wird als Richter appelliert („Jahwe richte zwischen mir und dir"), er wird als Zeuge angerufen, bei ihm wird geschworen und beim Ordal ist er es, der eine Streitsache entscheidet. Wenn daher die Propheten des achten und siebenten Jahrhunderts Jahwe als Ankläger vor sein Volk treten lassen, wenn er im Wort der Propheten Anklage gegen sein Volk erhebt, so tut Jahwe hier, was zu seinem eigensten Wesen gehört: er schafft Recht. Eines besonderen Ursprungs im Akt eines Kultdramas bedarf es hier nicht; die besondere, prophetische Situation, daß Gott gegen sein eigenes Volk als Ankläger auftritt, entspricht dem Amt des Kultpropheten, dessen Aufgabe es nach den Amos-Studien Würthweins ist, Heil für sein Volk im Kult zu erwirken, gerade nicht.

Das Ergebnis des Referates der bisherigen Forschung

Die Geschichte der Erforschung der prophetischen Redeformen ist deswegen schwierig darzustellen und im Vorstehenden sicher nur bruchstückhaft dargestellt, weil es in ihr bisher keinerlei Kontinuität gibt, sondern nur einzelne, sehr verschiedene Ansätze oder aber unkritische Übernahme früherer Ergebnisse. So muß nun versucht werden, das bisher Erarbeitete zusammenfassend darzustellen, wenigstens in den wichtigsten Umrissen.

Am Anfang steht die Erkenntnis, die zunächst bei den vorliterarischen Propheten gemacht wurde, dann für die Prophetie überhaupt als zutreffend gefunden wurde, daß es sich in der Prophetie um Zusammenstellungen *einzelner* Prophetensprüche handelt.[24]

24 „Verkündigung einzelner Aussprüche, Forderungen, Drohungen oder Verheißungen, die für besondere Situationen Geltung hatten." (Baudissin, a. a. O., S. 312, weitergeführt bei Gunkel).

In der Einleitung von Steuernagel (1912) treten schon die Hauptformen prophetischen Redens heraus: die an das eigene Volk gerichteten Anklagen und die Ankündigung des Strafgerichtes. In der religionsgeschichtlichen Sicht der Prophetie wurde der Prophetenspruch in die Nähe einfacher, primitiver Redeformen gestellt (Hölscher: Zauberspruch); die rhythmische Form dieses Spruches wurde entdeckt (Hölscher). Gunkel stellt die Mannigfaltigkeit prophetischer Redeformen heraus, wobei von den wenigen ursprünglich prophetischen Gattungen die vielen aus anderen Bereichen entliehenen Redeformen unterschieden werden (wie Lieder aller Art, Priestertora, Gerichtswort u. a.). Diese Unterscheidung als solche hat allgemeine Zustimmung gefunden; was aber die genuin prophetischen Redeformen sind, konnte in Gunkels Arbeiten noch nicht geklärt werden. Ebenfalls ist Gressmanns Ansatz (der in vielem Gunkel folgt), daß am Anfang das kombinierte Heils- und Unheilswort steht, dessen beide Teile sich mit dem Auseinandertreten von Heilsprophetie und Unheilsprophetie getrennt hätten (wie es z. B. 1. Reg. 22 zeigt), nicht durchgedrungen, wohl aber hat er in seiner sehr anregenden und lange nachwirkenden Untersuchung die Frage nach dem geschichtlichen Verhältnis von Heils- und Unheilswort in der Prophetie in Bewegung gebracht.

Ein neuer Abschnitt in der Geschichte der Erforschung der prophetischen Redeformen begann mit der Entdeckung, daß uns die Prophetenworte als Botenworte, im Botschaftsstil überliefert sind. Sie wurde etwa gleichzeitig und unabhängig von Lindblom und Köhler gemacht. Lindblom untersucht die (später so genannte) ‚Botenformel' „so hat Jahwe gesprochen", findet, daß sie ausschließlich der prophetischen Literatur eigen ist und deshalb etwas an ihr Wesentliches zum Ausdruck bringen muß. Er findet ihre Herkunft in der Proklamationsformel des Herrschers und im vorderorientalischen Botschaftsstil; aus ihrer Geschichte innerhalb der Prophetie kann er Schlüsse auf die Geschichte der Prophetie selbst ziehen. Hier liegt die erste, wegweisende Untersuchung einer einzelnen prophetischen Redeform vor.

L. Köhler geht über J. Lindblom darin hinaus, daß er aus der Formensprache des Botenspruches, die er aus ihrem Sitz im Leben in der profanen Botensendung erläutert, das prophetische Wort als solches und als ganzes als Botenwort erklärt (Jes. 6). Damit hat Köhler die Erforschung des Prophetenwortes in seiner Eigenart als Botenwort auf eine neue Grundlage gestellt. Wenn aber das Prophetenwort als *ganzes* Botenwort ist, erhebt sich hier die Frage, ob sich dieser Botschaftscharakter nur an seinem Rahmen oder auch an seinem Inhalt zeigt. Die Untersuchung Wildbergers, die den von Lindblom und Köhler gezeigten Weg beschreitet, hat sich auf die Untersuchung des Rahmens beschränkt; die Frage ist aber noch nicht entschieden.

Untersuchungen an einzelnen Prophetenschriften (Balla: Amos; Scott: Jesaja; Wildberger: Jeremia) führen, noch ohne auf die Bestimmung des Prophetenwortes als Botenwort einzugehen, einen wesentlichen Schritt weiter. Sie gehen von Gunkels Einteilung der spezifischen Prophetensprüche als Drohworte und Scheltworte aus; Balla findet in den bei Amos festgestellten Einheiten fast ausnahmslos Drohworte mit Begründung (= Scheltwort); Scott findet, sie stehen allermeist kombiniert, er kann auch geradezu sagen, daß *ein* Orakel Tadel und Drohung umfaßt. Beide kommen sie also der Einsicht ganz nahe, daß die eigentliche Einheit des Prophetenwortes das aus Gerichtsankündigung und Begründung bestehende prophetische Gerichtswort ist.

Balla macht von da aus wichtige Beobachtungen zum Verhältnis dieser beiden Teile zueinander: daß die Unheilsankündigung in vielen Fällen das eigentliche Gotteswort ist, die Begründung dagegen mehr das Wort des Propheten. Damit im Zusammenhang sieht er, daß das ursprünglich ganz auf dem ‚Drohwort‘ liegende Gewicht sich auf die Begründung verschieben kann.

Scott findet, indem er das ‚Scheltwort‘ in seinem Kern als Anklage versteht, eine diesen Teil durchweg bestimmende Struktur: die kurze, meist in einem Satz bestehende Anklage ist erweitert durch Sätze, die auf Konsequenzen der Schuld weisen. In dem anderen Teil, der Ankündigung, findet er ebenfalls eine Zweigliederung: das Unheil sei zunächst buchstäblich beschrieben, dann in bildlichen Begriffen illustriert.

Bei der Frage nach der Vorgeschichte des Prophetenspruches trifft Balla auf die ganz andere Form des Seherspruches (1. Reg. 22, 17). Von den beiden eben genannten unterscheidet sich die Arbeit Wildbergers zu Jeremia dadurch, daß er sich auf die Untersuchung des Rahmens, also der das einzelne Prophetenwort einfassenden Formeln beschränkt. Er kommt dabei zu wichtigen Unterscheidungen wie der des prophetischen Selbstberichtes und Fremdberichtes, die eine verschiedene Formensprache aufweisen. Wichtig ist auch seine Unterscheidung der Botenformel ko'amar jhwh von den Einleitungsformeln, weil sie eigentlich zum Jahwewort selbst gehört. Aber die Arbeit Wildbergers zeigt auch, daß die Untersuchung des Rahmens sich nicht ohne Schaden von der des Inhalts trennen läßt. Die Frage, von der seine Arbeit geleitet ist: wie verhält sich Jahwewort und prophetische Rede in den uns überlieferten Prophetensprüchen? läßt sich nicht ohne die Überlegungen beantworten, die Balla und Scott von der Gestalt der Prophetenworte als *solcher*, ganz ohne Rücksicht auf die sie einfassenden Formeln, angestellt haben. Wenn, wie Wildberger richtig gesehen hat, die Botenformel eigentlich zum Jahwewort selbst gehört, läßt sie sich auch nur aus der Struktur des Jahwewortes, in dem sie steht, erklären.

Die Beobachtungen Ballas und Scotts legen dann nahe, daß die Botenformel ursprünglich nicht, wie Wildberger meint, Einleitung des *ganzen* Prophetenwortes war, sondern Einleitung der Ankündigung, wie das Balla bei Amos in der Mehrzahl der Fälle beobachtete.

Hempel gibt in seiner „Althebräischen Literatur" die seit Gunkel wichtigste Gesamtdarstellung des prophetischen Redens und versucht dabei zu einer Geschichte des Prophetenspruches zu kommen. Die These Gunkels, daß am Anfang der ganz kurze Spruch steht, wird von Hempel aufgenommen und weitergeführt. Dieses kurze Wort ist Gottesspruch, im göttlichen Ich redend. Hempel sieht die Nähe dieses Gottesspruches zu Botenspruch und Heroldsruf, gibt dem aber nicht die Bedeutung wie Köhler und Lindblom. Auch Hempel behält Gunkels Grundeinteilung in Scheltwort und Drohwort bei; aber bei ihm wird es nun noch offenkundiger, daß das Nebeneinander zweier solcher Grundformen nicht zu halten ist. Hempel zeigt, daß das eigentliche, im Stil des Gotteswortes verkündete, mit dem Gottesschwur oder statt dessen der Botenformel eingeleitete prophetische Orakel die Ankündigung ist; die Begründung ist Hinzufügung des Propheten, „primäre Rationalisierung". Neben dieser ‚primären' findet Hempel eine sekundäre Rationalisierung „als Ausdruck des persönlichen Mitlebens des Propheten" in Warnung, Mahnung und Weheruf; und mit den subjektiven Zutaten, zu denen auch die Einkleidung des Wortes (Einleitungsformeln) und Verumständungen gehören, tritt der Einfluß fremder Stilformen, wodurch die Komposition immer umfassender wird.

Während Gunkel in alledem nur die große Mannigfaltigkeit prophetischer Redeformen sah, scheint mir bei Hempel richtig erkannt, daß in der Bildung der Prophetenworte zwei Hauptstufen unterschieden werden müssen, daß also auch Mahnung und Warnung der prophetischen Gerichtsankündigung nicht neben-, sondern nachzuordnen sind. Dem entspricht es, daß Hempel in seiner Gliederung der Prophetenworte unter den so von ihm genannten ‚prädikativen Sprüchen' Mahnung, Bußrede und bedingte Verheißung von den ‚unbedingten': Drohwort, Heilswort, Scheltwort unterscheidet und jene gegenüber diesen als sekundär erklärt. Es ist dem nur hinzuzufügen, daß die Nebeneinanderordnung von Droh- und Heilswort Hempels eigener Darstellung nicht voll entspricht, da er die ursprüngliche Zugehörigkeit des Scheltwortes als Begründung zum Drohwort als Ankündigung richtig erkannt hat.

Für diese Erkenntnis ist Hempels Hinweis auf das Wesen des Gotteswortes (S. 58) wichtig: „Wo die Gottheit ihren zukunftsgestaltenden Willen kundtut, ist durch solche Aussage das gedrohte oder verheißene Schicksal schon unabänderlich Wirklichkeit geworden (perf.

prophet.)." Darin ist nämlich begründet, daß „in älterer Zeit bei Schelt- und Drohwort Gottes- und Prophetenspruch scharf voneinander unterschieden" sind: wegen des wirkenden Charakters des Gotteswortes muß das ankündigende Wort unmittelbares, kann das begründende nur mittelbares, jenem zugeordnetes Gotteswort sein.

Bei Balla, Scott und Hempel fanden wir in auffälliger Übereinstimmung die sich anbahnende Erkenntnis einer Grundform des prophetischen Gerichtswortes, das in seinem Wesen und von seinem Ursprung her zweiteilig ist, wobei das eigentliche vom Propheten gesprochene Gotteswort die Gerichtsankündigung darstellt, der als Begründung eine bestimmte Anklage zugeordnet ist. Diese Erkenntnis, deren klare Formulierung durch die Nebeneinanderordnung der beiden selbständigen Gattungen Schelt- und Drohwort verhindert wurde, ist bei H. W. Wolff deutlich ausgesprochen. Er behandelt von vornherein die Begründung als Teil eines zusammengesetzten Ganzen, bestehend aus ‚Zukunftswort' und Begründung. Dabei findet er die ‚Normalform', die Begründung als Aussagesatz, an den die ‚Drohung' mit laken oder ähnlichen angeschlossen ist. Dazu kommt ergänzend die Bestimmung des Verhältnisses der beiden Teile zueinander, die mit dem von Hempel hierzu Gesagten (die beiden Arbeiten erschienen im gleichen Jahr 1934) übereinstimmt: das eigentliche Botenwort ist die Ankündigung; die Begründung ist wesentlich Wort des Propheten selbst.

In der Schrift „Das Zitat im Prophetenspruch" (1937) hat Wolff diese These nach ihren beiden Seiten unterbaut und nach einer Seite, der genaueren Bestimmung des begründenden Teils, ausgebaut. In dieser Arbeit kommt die Erkenntnis, daß das Prophetenwort Botenwort ist, stärker zum Tragen. Sie bedeutet, daß der frühere Weg, das prophetische Wort von einem prophetischen Erleben her zu deuten, ganz bewußt verlassen wird. Der Prophet ist weder Mystiker (Lindblom) noch Orakelspender (Hölscher) noch Ekstatiker (Hölscher und viele andere). Die Bestimmung des Prophetenwortes als Botenwort ergibt eine Bestätigung des ursprünglichen Zusammengehörens von Ankündigung und Begründung: „Das Urteil ist von vornherein als begründet hingestellt"; ja: „der lediglich zukunftweisende Spruch ist . . . eigentlich unprophetisch".

An diese neue Bestimmung des prophetischen Gerichtswortes als Botenwort in den beiden Teilen Begründung und Ankündigung muß nach meinem Verständnis die weitere Erarbeitung der prophetischen Redeformen anschließen.

Die seitdem erschienenen Arbeiten haben nicht mehr direkt die Erforschung der prophetischen Redeformen zum Ziel gehabt; jetzt bekam die Frage nach der Beziehung der Prophetie zum Kult eine geradezu magische Anziehungskraft. Dieser Frage wurde in zwei Richtungen nachgegangen: a) Es wurde nach der unmittelbaren Herkunft prophetischen Redens und auch prophetischer Redeformen aus dem Kult gefragt (z. B. Engnell, Würthwein); b) es wurde nach dem Verhältnis des prophetischen Wortes zu den im Kult weitergetragenen Traditionen gefragt (besonders die Dissertation von E. Rohland, Die Bedeutung der Erwählungstraditionen Israels für die Eschatologie der AT-lichen Propheten, Heidelberg 1956, Mikrokopie).

In beiden Richtungen des Fragens ist, soweit ich sehe, die uns hier beschäftigende Frage nach den prophetischen Redeformen nicht wesentlich weitergeführt worden. So sieht es auch H. W. Wolff in seinem Aufsatz von 1955, wenn er in den seitherigen Arbeiten zur Prophetie in den beiden gezeigten Richtungen eine Weiterführung oder auch eine grundlegende Bestreitung der von ihm gegebenen Bestimmung des prophetischen Gerichtswortes nicht findet.

Ergänzend möchte ich hinzufügen, daß auf beiden Wegen klare und gegründete Ergebnisse nur dann gewonnen werden können, wenn der mühsame und in langer Arbeit gewonnene Ertrag des Forschens nach den Formen prophetischer Rede beachtet und weitergeführt wird. Das, scheint mir, kann besonders instruktiv ein Vergleich der beiden Arbeiten Würthweins zeigen.

Diese Arbeiten zeigen eine neue Phase in der Prophetenforschung an: Sie ist eingeleitet durch die Entdeckung der Kultprophetie in Israel und der damit gegebenen Frage nach dem Verhältnis der Schriftpropheten zu dieser Kultprophetie. Am Anfang seines Aufsatzes von 1949/50 referiert Würthwein kurz die Aufsätze der nordischen und englischen Forscher zur Kultprophetie. Sie brauchen uns hier deswegen nicht zu beschäftigen, weil die Frage nach den Redeformen in all diesen Arbeiten nicht vorhanden ist. Die Arbeit Würthweins dagegen steht ganz in der Tradition einer formgeschichtlich orientierten Forschung, *bei ihm kommen daher die Fragen nach der Beziehung der Schriftpropheten zum Kult und die Frage nach dem Niederschlag solcher Beziehungen in den Redeformen zusammen.*

Würthwein beantwortet die Frage, ob Amos ein Kultprophet war, mit einer zeitlichen Schichtung in seinen Worten. Amos war Heilsprophet (und als solcher Kultprophet), wie das die Völkersprüche und die Visionen zeigen. Dann aber wurde er zum Gerichtspropheten, wie es seine übrigen Worte zeigen. Was Würthwein zu den Gerichtsworten des Amos sagt, ist eine volle Bestätigung der wesentlichen Thesen H. W. Wolffs zum prophetischen Gerichtswort. Für die Heilsprophetie ergibt die Arbeit Würthweins die wichtige Scheidung zwischen frühen und späten Heilsworten in der prophetischen Überlieferung. Wichtig ist vor allem, daß Würthwein in dieser Arbeit eine scharfe Scheidung zwischen den Formen der Gerichtsrede, die *nichts* mit dem Kult zu tun haben, und den Heilsworten macht, die aus kultischen Vorgängen und Institutionen stammen oder doch mit ihnen in Zusammenhang stehen.

Das wird grundlegend anders in dem Aufsatz von 1952. Die Erkenntnis, daß die Worte des Kult-Nabi Amos zeitlich und sachlich zu unterscheiden sind von den Worten des Unheilspropheten Amos, wird hier verlassen. Stattdessen sollen die Worte des Unheilspropheten als aus einem Kultvorgang erwachsen und zu ihm gehörig nachgewiesen werden, und zwar aus einem Akt des Kultdramas, in dem Jahwe als Richter auftritt. Ohne daß diese These hier entschieden werden muß sei nur festgestellt, daß die Fragestellung für die Erforschung der prophetischen Redeformen nichts austrägt. Die Struktur des Prophetenwortes tritt hier ganz zurück hinter einer in ihm begegnenden Vorstellung, der zuliebe sogar die im Aufsatz von 1949/50 richtig erkannte Einheit des Prophetenwortes aufgegeben und das ‚Scheltwort‘ wieder als selbständige Einheit behandelt wird.

Es soll hier noch einmal auf den Aufsatz H. W. Wolffs von 1937 hingewiesen werden. In diesem Aufsatz beschreibt Wolff das im prophetischen Gerichtswort sich spiegelnde Geschehen durchgehend als einen Rechtsvorgang oder ‚Streit‘ oder Prozeß. Er sagt da zum Beispiel: „Das Prozeßverfahren ist der stilistische Hintergrund prophetischer Zitationen". Oder: „Einer der Ursprünge der Zitation ist das Rechtsleben"; ähnlich oft. (So ist es durchgeführt im Hoseakommentar z. B. zu Hosea 4, 1–3). Das entspricht ja nur den üblichen Bezeichnungen: prophetisches Gerichtswort oder prophetische Anklage. Von da aus scheint es mir voll verständlich zu werden, daß eine Gruppe dieser Worte noch besonders in die Sprache eines Gerichtsvorganges gekleidet sind: das entspricht dem Wesen der Gattung als ganzer. Bedarf es da wirklich noch der Annahme des Ursprungs aus einem Kultvorgang, der noch dazu erst erschlossen werden muß?

B: I. DIE REDEFORMEN IN DEN PROPHETENBÜCHERN

Ein Überblick

Nach der Besprechung der bisherigen Arbeiten zu den prophetischen Redeformen soll nun der positive Ertrag der kritischen Sichtung dargestellt werden. Es kann sich dabei nur um einen Entwurf handeln; die folgende Skizze beansprucht keine Vollständigkeit, sie will nur, vom Ganzen zum Einzelnen führend, die großen Linien prophetischer Redeformen darstellen.

Wie in der Besprechung der Studie Wildbergers gezeigt wurde, enthalten die Prophetenbücher drei Hauptteile des Redens: A Berichte, B Prophetenworte, C von Menschen an Gott gerichtete Worte (Gebet). Die Verteilung dieser drei Hauptformen ist in den Prophetenbüchern sehr verschieden: einige Bücher (Micha, Jes. 40–55; 56–66; Nah.; Hab.; Zeph.; Mal.) enthalten keine Berichte, Jona besteht nur aus einem Bericht (Prophetenlegende); ebenso ist die Prophetie vor Amos nur in Berichten überliefert (in den Geschichtsbüchern).[1]

Der Hauptbestandteil der meisten Prophetenbücher ist Prophetenwort, d. h. es sind durch den Boten Gottes übermittelte Gottesworte. Sie können sowohl in der ihnen eigenen Form wie auch in ihrem Rahmen sehr verschieden sein; was sie zum Prophetenwort macht, kann nur eine Übersicht über den *gesamten* Bestand der Prophetenworte im Alten Testament zeigen, dazu die Parallelen aus anderen Religionen, sofern es solche gibt.

Den dritten Bestandteil stellen von Menschen an Gott gerichtete Worte innerhalb der Prophetenbücher dar. Sie müssen zunächst gattungsmäßig von den Prophetenworten streng geschieden werden. Sie haben den Charakter der re-actio, der Antwort. Ihre beiden Hauptformen sind (wie die der Psalmen) Klage und Lob.

Im Jeremiabuch z. B. begegnet die ‚Klage des Einzelnen' (KE) als Klage Jeremias in 11 f.; 15; 17; 18; 20; die Klage des Volkes (KV) in 3, 21–4, 2 und 14–15, 4. Gotteslob begegnet z. B. in 10 und in 32. In Jes. 1–39 begegnet Gotteslob im Gesang der Serafen 6, 3 und im Abschluß des 1. Buches Kap. 12.

---

1 Es begegnen in den Prophetenbüchern auch Weisheitsworte; nur aus Gründen der Übersichtlichkeit sind sie hier fortgelassen.

Am besten kann das Amosbuch zeigen, wie in einem kleinen, sehr geschlossenen Corpus eines Prophetenbuches alle drei Hauptformen enthalten sind:

A. Bericht ist 7, 10–17 und die Visionsberichte in 7–9
B. Prophetenwort ist fast alles andere
C. Gotteslob sind die Doxologien 4, 13; 5, 8–9; 9, 5–6.

Klage ist angedeutet in den Visionsberichten (mit Fürbitte, vgl. Würthwein). Von diesen drei Hauptformen ist bei der Bestimmung der prophetischen Redeformen auszugehen. Dabei gehören A und B insofern näher zueinander, als viele der in den Prophetenbüchern enthaltenen Berichte *in sich* Prophetenworte enthalten. Drei Beispiele:

In Amos 7, 10–17 steht das Prophetenwort v. 14–17.
In Jes. 7–8 enthält der Bericht Prophetenworte, wie z. B. 7, 4–9, ebenso in Jes. 36–39.
Im Jeremiabuch enthält eine ganze Überlieferungsschicht, die Baruk-Erzählung, in Bericht gefaßte Worte des Propheten, Beispiel Jer. 26, vgl. 7, die Tempelrede.

Diese drei Hauptformen werden als Grundelemente der Überlieferung in den Prophetenbüchern dadurch bestätigt, daß sie gleichzeitig – und das ist gewiß nicht zufällig – die Grundformen der drei Teile des Kanons darstellen: Der Bericht ist die Grundform der geschichtlichen Bücher, das Reden zu Gott in der Weise der Klage und des Lobes ist die Grundform des Psalters.

Von diesen drei Hauptformen her sind dann die ersten Umrisse der Geschichte des prophetischen Wortes zu gewinnen: In einer ersten Periode, der Zeit *vor* den Schriftpropheten, ist das prophetische Wort *nur* im Rahmen des Berichtes überliefert worden. Ob diese Prophetenerzählungen und -legenden in den Samuel-, Königs- und Chronikbüchern das prophetische Wort rein überliefert haben oder ob sie es verändert haben, kann nicht von vornherein summarisch bejaht oder verneint werden, das ist von der Mitte der Überlieferung her von Fall zu Fall zu prüfen. Auf jeden Fall muß diese Vorgeschichte des Prophetenwortes mit in Betracht gezogen werden.

In der zweiten Periode, dem achten und siebenten Jahrhundert, ist das Prophetenwort als solches so geschichtsmächtig geworden, daß es gesammelt wird und den Grundstock der Prophetenbücher dieser beiden Jahrhunderte bildet. Während des Exils vollzieht sich in der Prophetie Deuterojesajas die Verbindung zwischen den beiden Hauptformen B und C, das Prophetenwort wird durchdrungen vom Gebetswort, von Motiven der Psalmen. Daneben vollzieht sich gleichzeitig, ebenfalls im Exil, bei Ezechiel die Verbindung des prophetischen mit dem priesterlichen Wort. Von da ab gibt es nur noch Mischformen, bis die Prophetie in die Apokalyptik übergeht.

Diese Übersicht soll zeigen, daß das prophetische Wort des achten und siebenten Jahrhunderts in der Mitte zwischen Bericht und Reden zu Gott gesehen werden muß. Es sollten nur Umrisse gezeichnet werden; eine umfassende Darstellung müßte zuerst ergänzend darauf hinweisen, daß die Kultprophetie von Anfang an stärker gottesdienstliche Elemente enthielt; ein Beispiel ist das Buch Habakuk, das als Psalm beginnt (1, 2–4. 12 f.) und schließt (3, 18) und noch weitere Psalmmotive aufweist.

Im Folgenden soll, unter Beiseitelassen der berichtenden Teile und des zu Gott hingewendeten Redens das eigentlich prophetische Reden nach seinen Formen bestimmt werden. Dabei ist auszugehen von dem, was im Alten Testament Wort ist: ein personaler Vorgang, zu dem das Sprechen wie das Hören gehört: etwas von einer Person (dem Redenden) zu einer Person (dem Hörenden) Geschehendes.[2] Aus diesem Charakter des Wortes ergeben sich die drei Fragen: *Wer redet? Zu wem redet er? Was geschieht in diesem Reden?*

Die erste Frage hat es mit dem Ursprung des prophetischen Wortes zu tun. Dieser Ursprung ist nicht eindeutig. Es ist Wort des Propheten, aber es beansprucht, als solches Gottes Wort zu sein. Wie steht es mit diesem Anspruch? Wie verhalten sich die beiden Subjekte des Wortes zueinander? Zu dieser Frage geben die prophetischen Texte selbst einen eindeutigen Hinweis: Der Satz, durch den das Prophetenwort als Gotteswort autorisiert wird, das durch die gesamte Prophetie hin begegnende ,So spricht Jahwe' (bzw. hat gesprochen) ist die in profaner Sprache häufig und in großer Breite gebrauchte Botenformel; der Prophet gibt als ein Bote Gottes dessen Worte wieder, er versteht sich als Überbringer einer Botschaft. Unter dieser ersten Frage: Wer spricht im prophetischen Wort? muß daher geklärt werden, was ein Botenwort ist, was es heißt, daß die Propheten sich als Gottes Boten verstanden haben, in welchem Umfang das Prophetenwort als Botenspruch zu verstehen ist, ob das prophetische Amt im Botschaftsdienst erschöpft ist.

Die zweite Frage fragt nach dem Adressaten. Es ergeben sich sofort zwei Hauptgruppen: Worte an Israel – Worte an andere Völker. Die erste Gruppe gliedert sich so: Das Wort kann an einen einzelnen gehen, an eine Gruppe, an einen einzelnen als Repräsentanten einer Gruppe oder des Volksganzen. Die zweite Gruppe hat nicht so deutliche Untergruppen; die Völkersprüche sind fast immer an das betreffende Volk als ganzes gerichtet.

Die dritte Frage: Was geschieht in diesem Reden? soll zunächst nur die weitaus überwiegende Funktion des Prophetenwortes herausstel-

2 O. Grether, Name und Wort Gottes im AT, BZAW 1934, 64.

len: Es geschieht darin fast durchweg ein Ankündigen. Daß in solchem prophetischen Wort auch anderes als ein Ankündigen geschehen kann, mag hier zunächst nur als offene Möglichkeit stehen bleiben. Ganz ähnlich wie bei der zweiten Frage ergibt auch die dritte auf den ersten Blick zwei Hauptgruppen: die Ankündigung kann Gericht oder Heil ankündigen.

Es ist klar, daß bei der dritten Frage die zweite jeweils mit bedacht werden muß: bei der Gerichts- wie bei der Heilsankündigung muß jeweils gefragt werden, an wen sie gerichtet ist. Sieht man von diesen drei grundlegenden Fragen her auf die Prophetenbücher in der uns überlieferten Gestalt, so läßt sich mit Sicherheit sagen, daß alle drei Fragen an ihrem Werden mitgewirkt haben.

Was die erste Frage betrifft, so zeigen die Überschriften der Bücher, die Einleitungen von Abschnitten und eine Fülle von redaktionellen Zusätzen in allen Prophetenbüchern die Betonung und Unterstreichung des Anspruches, daß es in den von den Propheten gesprochenen Worten um Gottes Worte geht. Und zwar zeigt sich hierbei eine eindeutig zunehmende Tendenz: bei den späteren Büchern häufen sich die einleitenden Formeln, die das Prophetenwort als Gotteswort ausweisen, in späterer Zeit ist auch in den Büchern der früheren Propheten vor allem das ‚Spruch Jahwes‘ vielfach hinzugefügt worden.

Angesichts dieser massiven Tendenzen, das Prophetenwort als Gotteswort auszuweisen, tritt die Tatsache noch deutlicher heraus, daß die erste Frage nach dem Autor des Prophetenwortes nicht wie die zweite und dritte Frage eine Einteilung in zwei Gruppen: a) Worte Gottes b) Worte des Propheten ermöglicht. In keinem Prophetenbuch ist auch nur ein Ansatz dieser Einteilung zu spüren. Die Arbeit Wildbergers kann vielmehr zeigen, daß auch im Jeremiabuch, wo so deutliche Kriterien der Unterscheidung vorliegen, eine literarische Scheidung zwischen Jahweworten und Prophetenworten *nicht* möglich ist. Selbst da, wo wir nachträglich eine solche Unterscheidung versuchen, hat die Überlieferung in steigendem Maße auch klar als solche erkennbare Prophetenworte – selbst da, wo sie gar nicht beanspruchen, Botenworte zu sein – als Jahweworte gekennzeichnet (darauf weist Wildberger mehrfach hin).

Die zweite Frage nach der Adresse des Prophetenwortes hat in einem beträchtlichen Maß bei der Sammlung und Ordnung der Prophetenworte mitgewirkt. Das im Aufbau der Prophetenbücher am häufigsten anzutreffende Schema ist folgendes:

I. Gerichtsworte an das eigene Volk
II. Gerichtsworte an fremde Völker
III. Heilsworte an das eigene Volk
(IV. Berichte).

Sammlungen von Völkersprüchen finden sich bei Amos, Jesaja, Jeremia, Ezechiel. Außerdem begegnen kleine Sammlungen von Völkersprüchen gesondert, so z. B. das Büchlein Obadja. Es kann also kein Zweifel daran bestehen, daß von den Sammlern und Tradenten der Prophetenworte deren Adresse als ein wichtiges Kriterium für die Arten von Prophetensprüchen angesehen wurde.

Aber auch innerhalb der Sprüche an das eigene Volk haben die Tradenten besondere Gruppen herausgehoben. So sind in Jer. 20–23 Worte an die Führenden, die Könige und die Propheten, zusammengestellt worden; ein Zeichen dafür, wie wichtig den Tradenten für die Gliederung des Ganzen die Adresse des einzelnen Spruches war.

Dasselbe gilt für die dritte Frage, auch wenn es hier nicht so deutlich erkennbar ist. Schon das oben gegebene Schema zeigt das. Im Buch Jeremia und Ezechiel sind Sammlungen von Heilsworten erkennbar (Jer. 30–33; Ez. 33–39 bzw. 48). In Jesaja 1–39 sind ganze Sammlungen von Heilsworten nicht erkennbar, doch ist hier oft an das Ende einer Gruppe von Gerichtsworten ein Heilswort gefügt worden: 2, 1–4; 4, 2–6; 9, 1–6; 11, 1–9; ähnlich wie Amos 9, 8b–15 am Ende der Gruppe Kap. 3–9. Im Ganzen kann man jedenfalls noch erkennen, daß Gerichts- und Heilsworte nicht etwa wahllos durcheinandergehen, sondern deutlich gegeneinander abgehoben sind. Wir können vorläufig feststellen, daß die Tradenten neben Gruppen von Gerichts- und Gruppen von Heilsankündigungen andere Sachgruppen nicht erkennen lassen.

Die drei Fragen, die wir der Ordnung und Fassung der spezifischen Prophetenworte zugrundelegen, sind nicht erst unsere Fragen. Sie sind den Tradenten der Prophetenbücher bereits bewußt gewesen. Wir haben also zunächst mit diesen drei Fragen noch keinen den Prophetenbüchern fremden Maßstab angelegt, wir stehen mit ihnen ganz in der Nachfolge der Tradenten.

Nach diesen, aus den Prophetenbüchern selbst gewonnenen Kriterien haben sich uns bisher folgende Gruppen von Prophetensprüchen ergeben:

Israelsprüche – Völkersprüche
Unheilsankündigungen – Heilsankündigungen.
Beide Kriterien müssen in jedem Fall kombiniert werden. Immer aber handelt es sich um Ankündigungen. Wir müssen hier schon die Frage stellen – auch wenn sie hier noch nicht voll beantwortet werden kann: Gibt es neben den Ankündigungen noch andere, in sich selbständige Gattungen von Prophetenworten? Geht man vom Gesamtbestand der prophetischen Bücher in ihrer Endgestalt aus, so muß zunächst festgestellt werden, daß in den Sammlungen von Prophetenworten weder Warn- noch Schelt- noch Mahnspruch als eine von den Sammlern

wahrgenommene und anerkannte Sonderform zu erkennen ist. In keinem der Prophetenbücher sind solche Zusammenstellungen zu finden. Auf die Tradenten der Prophetenbücher kann sich also diese Einteilung nicht berufen. Das hängt gewiß zusammen mit einer Inkongruenz zwischen Heils- und Unheilsworten, die für die Gliederung der Prophetensprüche sehr wichtig ist: die Unheils- oder Gerichtsankündigungen der Propheten werden begründet, sie haben eine Begründung bei sich. Das heißt nicht, daß dies jedesmal ohne Ausnahme der Fall sein müsse; für die Gattung der Gerichtsankündigung aber als ganze gehört die Begründung hinzu, wo sie fehlt, ist das eine Ausnahme. Die Begründung ist ein Wesensbestandteil der Gerichtsankündigung; sie hat den Sinn, diese für die Adressaten „bejahbar zu machen" (H. W. Wolff). Hieraus ergibt sich, daß die Anklage als Begründung *notwendig* zur Unheils-(Gerichts)-ankündigung gehört. Diese Begründung kann dann zwar locker neben der Gerichtsankündigung stehen, sie kann sich gelegentlich als Anklage verstelbständigen, sie kann stark erweitert werden und sich dann von der Ankündigung lösen. Sie ist aber bei alledem keine selbständige Gattung, sondern ist ihrer Wurzel und ihrem Wesen nach Bestandteil der Gerichtsankündigung.

Das Entsprechende aber gilt für die Heilsankündigung nicht. Die Heilsankündigung *kann* nicht in der gleichen Weise begründet werden wie die Gerichtsankündigung. Das ist im Wesen des Verhältnisses Gott – Mensch begründet: wenn Gott einem einzelnen oder dem Volk Heil ankündigt, so ist das nicht entsprechend der Unheilsankündigung in einem positiven, einem zu lohnenden Tun der Menschen begründet, sondern in Gottes chesed, in seiner ‚Bundestreue', seiner Liebe, seinem Erbarmen; jedenfalls in Gottes gnädiger Zuwendung zu seinem Volk. Darin liegt die notwendige Inkongruenz zwischen Heils- und Unheilsankündigung; darin ist es begründet, daß die Heilsankündigung nicht ihrem Wesen nach zweiteilig ist wie die Gerichtsankündigung. (Von hier aus ist Jer. 28, 7–9 zu verstehen). Mahnung und Warnung, wo sie begegnen, können deshalb nicht die gleiche Funktion haben wie die Begründung bei der Gerichtsankündigung, sie können ihr daher auch nicht einfach nebengeordnet werden.

Dann ist anzunehmen, daß Mahnung und Warnung keine selbständigen prophetischen Redegattungen sind, sondern Erweiterungen an den ursprünglich prophetischen Redeformen darstellen. Es bleibt bei den aus den Prophetenbüchern selbst gewonnenen Hauptgattungen, die nun je für sich weiter zu untersuchen sind. Bei der Untersuchung lassen wir uns von den drei Fragen leiten, die sich aus der Struktur des Prophetenwortes ergeben haben und wenden uns zunächst der ersten Frage: Wer redet zu.

II. DAS PROPHETISCHE WORT ALS BOTENWORT

Voraussetzung zum Verständnis des prophetischen Wortes als Botenwort ist, daß vom Ganzen der Bibel her Gott an diese Offenbarungsform nicht gebunden ist, daß es vor und nach der Prophetie andere Offenbarungsarten gegeben hat, daß also die Prophetie einem bestimmten Zeitabschnitt zugehört und an diesen Zeitabschnitt gebunden ist.

Es ist der Zeitabschnitt von der Staatenbildung bis zum Verlust der Staatlichkeit in Israel, also ziemlich genau die Zeit des Königtums.[3] Die Prophetie hat also für Israel eine zeitlich begrenzte, nicht allumfassende Bedeutung. Man muß sich vor Verallgemeinerungen hüten. Wenn die Epoche der Prophetie mit der Epoche des Königtums in Israel zusammenfällt, so kann dies nicht ohne Bedeutung für die besondere Form der Offenbarung im Wort des Boten sein. Sie setzt neben sich eine Instanz der Leitung des Volkes voraus, deren Anspruch, von Gott eingesetzte geordnete, von Gott gewollte Leitung des Volkes zu sein sie nicht bestreitet. Dasselbe gilt für die eng mit dem Königtum verbundene gottesdienstliche Leitung durch Priester an Tempeln: Nie ist von den Propheten beansprucht worden, das durch sie ergehende Wort Gottes, das Botenwort also, müsse *an die Stelle* des gottesdienstlich vermittelnden Wortes treten. Bei aller Schärfe der Kritik am Königtum wie am Priestertum, Kultprophetie und den Heiligtümern sind uns solche Prophetenworte nicht überliefert, die eine Gesamtwandlung der politischen oder der gottesdienstlichen Ordnung forderten, die das Programm einer Neuordnung des politischen oder des kultischen Gesamtbereiches enthielten.[4] Die Prophetie hat also weder auf dem einen noch auf dem anderen Gebiet revolutionären Charakter.[5]

Sie hatte einen Ruf in eine bestimmte Stunde hinein zu rufen. Das Prophetenwort als Botenwort ist dann nicht eine überall und allezeit gültige Offenbarungsform, sondern die für diesen Zeitabschnitt in diesen Grenzen für notwendig befundene.

Vielleicht ist es möglich, den Zeitabschnitt der Prophetie noch näher theologisch zu bestimmen; dieser Versuch sei aber mit allem Vorbehalt gemacht.

Für die Gottesoffenbarung *vor* der prophetischen Epoche ist die

3 Die Begriffe Prophet und Prophetie reichen nach beiden Seiten über diese Zeit hinaus, das ändert aber an der obigen Feststellung nichts.

4 Das wird bestätigt durch Ez. 40–48; erst *nach* dem Zusammenbruch von Königtum und vorexilischem Tempelkult begegnet in einem Prophetenbuch ein solches Programm.

5 Eine Ausnahme bildet hier eine Frühform der Prophetie im Nordreich, die in den Elia-Elisa-Geschichten dargestellt wird.

Direktheit charakteristisch. In den Vätergeschichten spricht Gott direkt zu Abraham, Isaak, Jakob. In der Urgeschichte ist es auch so: Gott spricht zu Adam und Eva, zu Kain, zu Noah. Für die Moseüberlieferung ist das direkte Sprechen Gottes zu Mose ein durchgehender Zug. Einen Übergang zeigt einmal die Josephgeschichte: Gott offenbart sich im Traum. Niemals spricht Gott direkt zu Joseph. Eine andere Übergangsform ist von den Vätern bis zu den Richtern der maleak jhwh, der Bote Gottes. Er ist in anderer Weise Bote als die Propheten, sofern der maleak jhwh je nur in seiner Botschaft, aber nicht als kontinuierliche Person existiert; doch zeigt sich eine deutliche Verbindung zu den Propheten darin, daß auch er etwas ankündigt (meist Heil). Jedenfalls ist der maleak jhwh eine Übergangserscheinung zwischen der Direktheit der Gottesoffenbarung und einem Fernerrücken Gottes. *Nach* der Epoche der Prophetie zeigt sich eine vielfach erkennbare und in der Forschung allgemein erkannte Tendenz zur Transzendierung Gottes. Nach dem Ende der Prophetie gehört die direkte wie die indirekte Gottesoffenbarung der Vergangenheit an; Gotteswort ist jetzt identisch mit schriftlich vorhandenem Gotteswort. Die Prophetie ist damit als ein Übergangsstadium bestimmt, das Botenwort ist die bezeichnende Form der indirekten Offenbarung: Gott spricht nicht mehr zu dem König,[6] er spricht auch nicht mehr direkt in Zeichen oder aus dem Opfer oder im Losorakel[7] oder im Gottesurteil zum ganzen Volk; Gott schickt Boten.

Die Botensendung

Die Formel ‚so hat NN gesprochen‘ ist aus einer Fülle von Belegen aus dem Alten Testament und außerhalb dessen als Teil einer Botschaft überliefert; die Formel autorisiert die vom Boten vor dem Adressaten wiedergegebene Botschaft als Wort des Absenders, entspricht also der Unterschrift in unserer Form des Briefes.

Die ‚Botenformel‘ stammt aus der Zeit vor der Erfindung der Schrift, aus einer Zeit also, in der die Übermittlung eines Wortes über einen Abstand hinweg allein an die mündliche Wiedergabe des Boten gebunden war, als also die mündliche Botschaft eine Bedeutung hatte, von der wir uns heute keinen Begriff mehr machen können.

Das von Köhler herangezogene Beispiel einer Botensendung aus den Vätergeschichten Gen. 32, 4–6:

6 Bezeichnenderweise macht hier die Überlieferung von Salomo eine Ausnahme; es wird mehrfach ein direktes Reden Gottes zu ihm berichtet; dagegen zeigt sich während seiner Regierung keine prophetische Wirksamkeit.

7 Wie vor allem in der Frühzeit Davids.

Bericht einer Sendung	Und es sandte Jakob Boten vor sich her
Adresse	zu seinem Bruder Esau
Ort	in das Land Seir, das Gefilde Edom
Einleitung d. Auftrags	Und er gebot ihnen also:
Botenauftrag	So sollt ihr sagen zu meinem Herrn Esau
Botenformel	So hat gesprochen dein Knecht Jakob:
Botenspruch:	
berichtender Teil	Ich war Fremdling bei Laban u. weilte dort bis jetzt
	Ich gewann Rinder, Esel, Kleinvieh u. Knechte u. Mägde.
finaler Teil	Und ich sandte Nachricht zu meinem Herrn,
	Gnade zu finden in deinen Augen.

Dieses Beispiel enthält in der Mitte die Botenformel und kann ihre Funktion deutlich machen. Die Botschaft besteht aus drei Vorgängen: 1. Beauftragung 2. Überbringung 3. Ausrichtung. Der wichtigste dieser drei Vorgänge ist der zweite, die Überbringung. Er kommt in dem einleitenden Bericht zu Wort, der in dem Verb ‚senden' den Auftrag zum Gehen, dazu den Adressaten und die Ortsangabe enthält. Vor der Überbringung steht der Akt der Beauftragung, bestehend aus a) Botenauftrag b) Botenformel c) Botenspruch. Der dritte Vorgang wird bei den meisten Erzählungen von einer Botensendung nicht besonders berichtet, weil er einfach die Ausführung des Auftrags enthält. Er besteht in der Wiedergabe des Botenspruches (d. h. des zu überbringenden Wortes) an dem Ort, zu dem der Bote gesandt wurde, vor dem Adressaten. Diese Wiedergabe leitet der Bote nun wiederum mit der Botenformel ein. Diese hat also bei einer Botschaftssendung einen zweifachen Platz, sie kommt zweimal vor: der Absender leitet mit ihr seinen Botenspruch ein, das heißt er autorisiert das damit eingeleitete Wort vor dem Boten, den er schickt, als *sein* Wort. Wenn dann der Bote angekommen ist, leitet er mit der Botenformel das ihm anvertraute Wort ein und autorisiert es damit als das Wort dessen, der ihn gesandt hat. In diesem doppelten Ort der Botenformel ist es begründet, daß das hebräische Perfekt 'amar von uns nicht eindeutig mit unserem Präsens oder Perfekt wiedergegeben werden kann. Denken wir an den Augenblick der Beauftragung, so müssen wir sagen: so sagt NN; denken wir an den Augenblick der Ausrichtung, so ist genauer: so hat NN gesagt.

Bei der Anwendung der Botenformel im Prophetenwort ist mit dieser Formel der ganze Botschaftsvorgang auf das Geschehen der Prophetie übertragen vorauszusetzen. Es ist damit nicht nur die Herkunft der Botenformel erwiesen, vielmehr haben wir so die Struktur des Vorgangs gewonnen, den wir Prophetie nennen. Auch für die Sendung eines Propheten können wir die eine Botschaft ausmachenden drei Teilvorgänge voraussetzen: 1. Beauftragung 2. Überbringung 3. Ausrichtung.

Und in der Tat zeigt die prophetische Überlieferung in einer staunenswerten Deutlichkeit die Elemente der Botschaftssendung durch ihre ganze Geschichte hindurch. Die Propheten haben sich selbst als Gottes Boten bezeichnet und von denen, zu denen sie ihre Botschaften brachten, wurden sie als solche verstanden. Dann muß Prophetie von der Botschaftssendung her verstanden werden. Das ist in einer Reihe neuerer Arbeiten schon gesagt worden,[8] es ergibt sich aber wahrscheinlich mehr daraus, als bisher gesehen wurde. Eins kann gleich hier angedeutet werden. Wir sagten: der wichtigste Teilvorgang an der Botschaftssendung ist der mittlere, die Überbringung. In der Überbrückung der Entfernung hat sie ja ihren eigentlichen Sinn. Das müßte dann auch für die Prophetie gelten. Der Grund, warum Gott Boten schickt, ist diese Entfernung. Die eigentliche Aufgabe der Propheten ist es, mit jedem ihrer Worte einen Abstand zu überbrücken. Der Überlieferung der Prophetenworte ist diese eigentliche Aufgabe des Prophetenwortes bewußt; das zeigt die Formulierung des Auftrags, der fast stets ein Doppelauftrag ist: „geh und sage ...!" (dazu s. u.). *Jedesmal neu* hat der Prophet mit seinem Wort einen Abstand zu überbrücken.

Man kann sagen, daß die ‚Ekstasentheorie' den *ersten* Teilvorgang zu sehr betonte und isolierte, den ‚Wortempfang'. Die jetzige Phase der Prophetenforschung legt ein zu großes Gewicht auf den *dritten* Teilvorgang, das Ausrichten des Wortes, und isoliert diesen zu sehr. Bei beiden Erklärungen kommt der mittlere Teilvorgang, das Überbrücken einer Entfernung, nicht genügend zur Geltung. Aber erst von diesem mittleren Teil bekommen Empfang und Ausrichtung des Wortes der Propheten ihren Sinn. Wir werden auf diese Struktur beim Verstehen und Bestimmen der Prophetie besonders zu achten haben.

Botschaftsvorgang und Botschaftsstil haben in der Antike eine große Bedeutung. Sie sind für den ganzen vorderen Orient und für eine sehr lange Zeit gleich. Hier kann auf die Arbeiten von L. Köhler, J. Lindblom, G. Widengren, Otto Schröder, A. Ungnad, E. Ebeling verwiesen werden, die das an Beispielen zeigen. Wichtig für die Prophetie ist an diesen Beispielen vor allem, daß die am häufigsten begegnende Eingangsformel in altbabylonischen Briefen: „Zu Y sprich: so (sagt) X ..." (oder ähnlich) eigentlich noch die Formel der *mündlichen* Botschaftsübermittlung ist, die in den Briefstil übernommen wurde (so auch Widengren a. a. O. S. 61: „Hierbei ist vorausgesetzt, daß der Brief nur die literarische Fixierung einer mündlichen Botschaft ist, die dem Adressaten durch einen Boten gebracht wird. Die Formel zeigt die enge Verbindung zwischen mündlicher Botschaft und geschrie-

8 Vor allem von L. Köhler, J. Lindblom, H. W. Wolff, H. Wildberger.

benem Brief"). Das wird indirekt durch Lindbloms Feststellung bestätigt, daß diese Eingangsformel erst in der neuassyrischen und neubabylonischen Briefliteratur stark zurücktritt. Es zeigt sich: in diesen Formeln lebt der mündliche Botenvorgang noch Jahrhunderte weiter, nachdem die erste Technisierung der Botschaft durch die schriftliche Fixierung erfolgt ist. Diese Tatsache zeigt die hohe Bedeutung, die Botenauftrag und Botenformel einmal hatten. Die Übermittlung einer schriftlichen Botschaft behielt auch noch lange etwas vom Charakter der mündlichen Botschaft, das zeigt ein von Widengren gebrachtes Beispiel (a. a. O. S. 60). In einem parthischen Text wird die Überbringung eines Briefes so geschildert:

> „And they entered and presented homage unto king Vistasp
> and handed over the letter.
> Awraham, the chief of the scribes, rose on his feet
> and read the letter in a loud voice."

Er verweist dazu auf 2. Reg. 18, 29, wo der Feldherr Rabsake eine Botschaft des Großkönigs an das Volk von Jerusalem vorliest:

> „Höret das Wort des Großkönigs, des Königs von Assur:
> So spricht der König:
> Laßt euch von Hiskia nicht betören, denn er kann euch nicht aus meiner Hand
> erretten . . .".

Das ist insofern wichtig für die Anwendung des Botschaftsstils auf die Prophetie, als für sie die *mündliche* Übermittlung allein möglich ist. Zum Wesen des prophetischen Wortempfangs gehört das Hören ebenso wie zum Weitergeben des Wortes, zum Ausrichten der Botschaft. Das Gesamtphänomen der Prophetie war nicht zu beliebiger Zeit in der Weltgeschichte möglich, sondern nur in dieser Epoche, für die die mündliche Botschaft noch Botschaft im eigentlichen Sinn war. Die Übernahme des Botschaftsstils zeigt also noch einmal von einer anderen Seite her die Zeitgebundenheit der Prophetie. Man kann das auch an einem Gegenbeispiel zeigen: der Begriff der ‚Verbalinspiration‘, im Judentum aufkommend und dann in die christliche Kirche übergehend, konnte erst in einer Epoche entstehen, in der das Wort seine eigentliche Gültigkeit nicht mehr als mündliches, sondern als schriftliches Wort hatte.

Es ist verständlich, daß die Erfindung der Schrift und damit die Ermöglichung schriftlicher Botschaft allmählich ganz in den Hintergrund treten ließ, was für die mündliche Botschaft das Wichtigste war: das Hinübertragen der Worte über den Abstand durch einen lebendigen Menschen, auf dessen zuverlässigem Behalten und Wiedergeben der Worte *allein* die Möglichkeit einer Botschaftssendung beruht. Botschaftssendung war ein eminent personaler Vorgang. Von dieser hohen Bedeutung des Boten in der Zeit der mündlichen Botschaft ist die Prophetie zu verstehen. Es ist ein Zeichen tiefen Unverständnisses gegenüber der Prophetie, wenn die Propheten in neuerer Zeit immer wieder ‚Sprachrohr Gottes‘ genannt wurden! Ein Bote kann niemals zu einem Sprachrohr werden.

Für die Botschaft, die der Bote zu überbringen hat, folgt aus der Notwendigkeit mündlichen Überbringens, daß sie kurz sein muß. Man hat dasselbe aus dem ekstatischen Charakter der Prophetie schließen wollen (Gunkel, Hölscher). Die Kürze weniger in der Ekstase herausgestoßener Laute (die sich in der uns überlieferten Prophetie nur äußerst selten nachweisen lassen) ist aber etwas wesensmäßig anderes als die Kürze einer Botschaft, die unmittelbar eingehend und behältlich sein muß. Dazu gehört vor allem Verständlichkeit. Eine Botschaft, die *nur* mündlich empfangen und weitergegeben wird, muß in ihrem Stil Behältlichkeit und Verständlichkeit anstreben, denn es sind jeweils nur Augenblicke, in denen sie vernommen wird, wenige Augenblicke, auf die für die Botschaft *alles* ankommt. Ist das richtig, dann ist Gunkels Darstellung des prophetischen Stils, der viele Ausleger gefolgt sind, gründlich zu revidieren. Diese Charakterisierung trifft für einige wenige Prophetenworte zu, nicht aber für die Mehrzahl: das Dunkle, Abgerissene, Hastige und Sprunghafte des Stils ist bei den allermeisten Prophetenworten *nicht* zu finden, ihr Stil ist vielmehr ausgesprochen hell, verständlich und schlüssig.

Was die Kürze betrifft, so ist es damit nicht so einfach. Erst ein Überblick kann zeigen, daß in der Geschichte der Prophetie das ganz kurze Wort am Anfang steht, das relativ kurze Wort für die Prophetie des achten und siebenten Jahrhunderts überwiegend bleibt und erst von Ezechiel ab der Prophetenspruch sehr lang wird.

Können die im Alten Testament wiedergegebenen Botensendungen über die Botschaftssituation hinaus noch etwas für den Botenspruch Vergleichbares ergeben? Lassen sich an den in den geschichtlichen Büchern wiedergegebenen Botschaften gemeinsame Züge wahrnehmen, die für den Prophetenspruch von Bedeutung sein könnten?

Wir gehen wieder von einer Stelle in den Vätergeschichten aus. Joseph schickt von Ägypten aus eine Botschaft an seinen Vater (Gen. 45, 9):

> Eilend zieht hinauf zu meinem Vater und sagt zu ihm:
> So hat gesprochen dein Sohn Joseph:
> Gemacht hat mich Gott zum Herrn über ganz Ägypten;
> Komm herab zu mir ohne Verzug!

Der erste Satz enthält den Botenauftrag, und zwar in der Form des Doppelauftrages: geht und sagt! Der zweite Satz ist die Botenformel, die hier durch den Zusammenhang (wird es der Vater glauben?) ein besonderes Gewicht erhält. Die nun folgende Botschaft ist deutlich zweiteilig: sie enthält einen Bericht (perfektisch) und eine Aufforderung (imperativisch). Sinn und Zusammenhang beider Teile der Botschaft ist völlig klar. Der erste Teil ist einfach Bericht, er schildert die Lage, und zwar in äußerster Kürze, soweit sie für den Empfänger der Botschaft zu kennen nötig ist. Dieser Bericht hat nur den Zweck, den imperativischen Teil der Botschaft zu fundieren: Jakob kann es riskieren, seinem Sohn nachzukommen, Joseph ist inzwischen etwas geworden. Die Botschaft ist also bei aller Kürze zweiteilig. Der eine (perfektische) Teil der Botschaft hat den Sinn, den anderen (imperativischen) zu begründen. Die Absicht der Botschaft, die Joseph an seinen Vater schickt, enthält der imperativische Teil: er will seinen Vater zu sich holen. Damit der Vater diese Aufforderung annehmen und ihr folgen kann, fügt er den begründenden Teil hinzu. Die gleiche Struktur hat die Botschaft Hiskias an Jesaja 2. Reg. 19, 2–4; dazu Num. 20, 14–17.

Ein anderes Beispiel bietet die Bileamgeschichte; auch hier will der Absender der Botschaft den Adressaten auffordern, zu ihm zu kommen: Num.

22,5 ff.: Und er sandte Boten zu Bileam also:
Siehe: ausgezogen ist ein Volk aus Ägypten ... und hat besetzt ...
Und nun: komm doch! Verfluche mir dieses Volk ...
15 ff.: Und noch einmal sandte Balak Fürsten ...
Und sie kamen zu Bileam und sagten zu ihm:
So spricht Balak, der Sohn Zippors:
Laß dich doch nicht abhalten, zu mir zu kommen!
Denn ich werde dich sehr hoch ehren, und ...

Die Übereinstimmung der ersten Botschaft an Bileam mit der Botschaft Gen. 45, 9 ist auf den ersten Blick klar. Die Verschiedenheiten ergeben sich aus der verschiedenen Situation. Botenauftrag und Botenformel sind hier abgekürzt, für beides zusammen steht hier bloß lemor. Das ergibt sich aus der Formulierung der zweiten Botschaft, wo Botenformel und Botenauftrag ausgeschrieben sind, nur in der Variation, daß nicht der Auftrag, sondern das Ausrichten des Auftrags geschildert wird. Ein schönes Beispiel dafür, welche Variationsmöglichkeiten für die Schilderung eines Botschaftsvorganges möglich sind.

In der zweiten Botschaft ist der imperativische Teil sachlich gleich, nur die Formulierung ist anders. Die Begründung dagegen ist hier eine wesentlich andere. In der ersten Botschaft war der Auftrag an Bileam einfach durch die Lage begründet worden, in die hinein er gerufen wurde; das entspricht genau dem Verhältnis von perfektischem und imperativischem Teil in Gen. 45, 9. In der zweiten Botschaft dagegen wird die Aufforderung an Bileam, zu kommen, dadurch unterstützt, daß Balak ihm eine hohe Belohnung in Aussicht stellt. Doch hat dieser futurische Teil der Botschaft die gleiche Funktion wie der perfektische Teil in der vorigen: er soll die Aufforderung an Bileam, zu kommen, unterstützen.

In der Botschaft des Königs von Assur an Hiskia und das Volk von Jerusalem durch seinen Feldherrn 2. Reg. 18, 19–35 sind die gleichen Grundelemente wiederzuerkennen: Die Botschaft hat einen perfektischen Teil: die hoffnungslose Lage des von Assur abgefallenen Jerusalem, wie sie von Assur aus gesehen wird. Sie hat einen imperfektischen Teil: Aufforderung zur Kapitulation (indirekt an den König, direkt an das Volk). Wie in der zweiten Botschaft Balaks an Bileam wird dem Volk von Jerusalem Gutes in Aussicht gestellt, falls es kapituliert. Doch ist diese Botschaft 2. Reg. 18, 19–35 von den vorher genannten durch ihre Länge grundlegend unterschieden; dies ist keine wörtlich referierte Botschaft mehr, sondern eine entfaltete Botschaft. Der Grund dafür ist klar erkennbar: der Übermittler der Botschaft des Königs ist nicht nur Bote, sondern auch Feldherr. Er hat als solcher die Vollmacht, die Botschaft des Königs aus seiner Situation des Feldherrn mit seinen eigenen Worten zu sagen, z. B. in der Verteilung der Elemente der Botschaft an den König und das Volk, die sich ja ganz aus der Situation ergibt. An den Elementen der Botschaft des Königs hat der Feldherr nichts geändert; doch konnten der perfektische wie der imperfektische Teil der Botschaft in den Worten, die der König seinem Feldherrn auftrug, *ganz* kurz gewesen sein. Sofern die lange Botschaft nur diese beiden Teile entfaltet, hat der Feldherr die Botschaft, die der König ihm auftrug, nicht verändert. Dieses Beispiel wird für die prophetische Botschaftsübermittlung besonders wichtig sein; ein erster Blick auf die Verschiedenheit, besonders die ganz verschiedene Länge der Prophetensprüche zeigt, daß es auch hier nebeneinander die wörtlich übermittelte und die entfaltete Botschaft gegeben haben muß.

Es sei noch besonders auf das dritte Element der Botschaft hingewiesen: in der zweiten Botschaft an das Volk wird dem imperativischen Teil etwas wie eine (bedingte) Verheißung angefügt:

„Macht mit mir Frieden und ergebt euch mir, so sollt ihr ein jeder von seinem Weinstock und von seinem Feigenbaum essen . . .“

Es ist dasselbe In-Aussicht-Stellen von Heil, das in der Botschaft Balaks an Bileam die Aufforderung, zu kommen, unterstützen sollte. Die ,bedingte Heilsankündigung‘ ist besonders in der späteren Prophetie eine oft gebrauchte Form; es wird nicht unwichtig sein. daß diese Form offenbar häufig in Botschaften begegnete.

Lindblom nimmt daneben noch eine andere Wurzel für die Botenformel an: „Die Orakelformel ,So spricht der Herr‘ geht einerseits auf die Proklamationsformel alter orientalischer Kundmachungen und

Erlasse zurück, andrerseits auf die Formel, mit der ... die Botschaft eingeleitet zu werden pflegt" (S. 102).

Es ist mir die Frage, ob damit wirklich eine andere Wurzel der Botenformel erwiesen ist. Lindblom führt als erstes Beispiel für einen solchen königlichen Erlaß das Kyros-Edikt 2. Chron. 36, 22 ff., Esra 1, 1–4 an. Dieser Königserlaß zeigt nämlich die genau gleiche Struktur wie die Botschaften Gen. 45 und Num. 22. Er besteht aus einem perfektischen und einem imperativischen Teil:

2. Chron. 36, 23:

„So spricht Kyros, der König von Persien:
Alle Königreiche der Erde hat mir der Herr, der Gott des Himmels gegeben,
und er selber hat mir aufgetragen, ihm zu Jerusalem in Juda ein Haus zu bauen.
Wer immer unter euch zu seinem Volke gehört, mit dem sei sein Gott und er ziehe hinauf!"

Der Unterschied liegt in der Situation: hier ergeht die Botschaft eines Königs, und sie ergeht an einen großen Kreis von Menschen. Aber auch als Erlaß des Königs ist es eine wirkliche Botschaft, eine besondere Form der Botschaft. Das Verhältnis der beiden Teile zueinander ist dasselbe wie bei der Botschaft Josephs an Jakob. Das eigentliche Ziel der Botschaft ist der Erlaß: die Freigabe der Rückkehr der Juden und des Tempelbaues in Jerusalem. Aber der König fügt hinzu, aus welchen Voraussetzungen er entstanden ist: aus der Macht, die ihm als Weltherrscher gegeben worden ist und aus einem göttlichen Auftrag, den er empfangen hat.

Daneben gibt es die bloße Übermittlung eines Befehls 1. Reg. 20, 3; 1. Reg. 2, 30; 2. Reg. 1, 9. 11, oder auch die Übermittlung einer Frage 2. Reg. 1, 2. Hierin scheint mir etwas anderes vorzuliegen als eine Botschaft im eigentlichen Sinn; eben nur die Verlängerung eines Befehls oder einer Frage durch den Überbringer. Der Unterschied läßt sich am besten an 1. Reg. 2, 30 zeigen: Joab hat sich in den Tempel geflüchtet; Benaja tritt ihm entgegen mit den Worten: „So spricht der König: Komm heraus!" Der Sinn ist hier ja nicht, daß der König dem Joab durch Benaja eine Botschaft überbringen will; der König hat vielmehr die Verhaftung Joabs angeordnet und Benaja führt die Verhaftung im Namen des Königs durch. Oder wenn Benhadad von Syrien Ahab sagen läßt:

„So spricht Benhadad:
Dein Silber und dein Gold ist mein;
deine Weiber und deine Kinder magst du behalten",

so entspricht das etwa dem, was wir ein Ultimatum nennen. Das Ultimatum will nicht mehr, wie die zweiteilige Botschaft, auf den Adressaten einwirken, ihn zu einer Entscheidung bewegen, sondern ihn zwingen, so wie der Befehl des Mächtigen zwingt. Auch diese Worte sind der Form nach eine Botschaft (2: „er sandte Boten in die Stadt an Ahab ..."), aber eine Botschaft wesentlich anderer Art als die andere Gruppe der zweiteiligen Botschaft.

Insofern ist Lindbloms Unterscheidung zwischen Botschaftsformel und Proklamationsformel berechtigt, aber in einem etwas anderen Sinn, als er es sieht: die Proklamationsformel leitet königliche Erlasse, Dekrete, Befehle ein, sofern diese unwiderrufliche Machtworte des Königs weiterleiten; die Botschaftsformel leitet die aus einem perfektischen und einem imperativischen Teil bestehende Botschaft ein, die dem Adressaten noch eine Entscheidung freigibt.

Es kann daneben noch viele andere Möglichkeiten von Botschaften geben. Doch zeigen die hier untersuchten Stellen (die meisten dieser Stellen hat Lindblom in seiner Untersuchung angeführt), daß der Botschaftsstil nicht nur den *Rahmen* der Botschaft betrifft und ihm eine feste Form gibt, sondern daß sich darüber hinaus in den Botschaften (Botensprüchen) selbst feste Formen erkennen lassen. Es kann offenbar nicht jedes beliebige Wort zu einer Botschaft werden, indem man es in den Rahmen eines Botenwortes fügt, also die betreffenden Formeln davorsetzt; *das Wort selbst, das übermittelt werden soll, nimmt als Botschaft bestimmte, feste Formen an, die es erst zur Botschaft machen.*

Diese an profanen Botschaften gemachte Beobachtung ist von größter Bedeutung für das Prophetenwort als Botenwort. Nicht jedes beliebige Wort wird zum Botenwort, indem ,so spricht der Herr' o. ä. davorgesetzt wird; vielmehr ist dann von vornherein anzunehmen, daß das Prophetenwort als Botenwort bestimmte und nachweisbare Formen hat, die es erst zum Botenwort machen.

Daraus ergibt sich:
1. *Alle* prophetischen Redeformen sind primär zu befragen, ob sie Botschaft sind und sein wollen, wie sie als Botschaft zu verstehen sind.
2. Es ist zu fragen, ob die Form der zweigliedrigen Botschaft bei dem Prophetenwort eine Entsprechung hat.
3. Es ist zu fragen, ob und wie ein Wort, das seinem Wesen nach Direktheit erfordert (wie Scheltwort), dadurch verändert wird, daß es zur Botschaft wird.

Anhangsweise sei noch auf eine eigentümliche Art der Botschaft hingewiesen: eine Verhandlung, die durch Boten geführt wird, also eine frühe Entsprechung zu dem, was wir eine diplomatische Verhandlung nennen. Das beste Beispiel ist Richter 11, 12 ff.:

12:		Und sandte Boten zu dem König der Ammoniter also:
	(Anklage)	Was habe ich mit dir zu schaffen,
	(perf.)	daß du gekommen bist, zu kämpfen wider mein Land?

13:	Der König der Ammoniter sprach zu den Boten Jeftas:
(Begründg.)	Weil Israel mein Land genommen hat, als es ...
(imper.)	Und nun: gib ,es' mir wieder, ,so will ich' in Frieden abziehen!
	Und die Boten kehrten zu Jefta zurück.
14:	Und Jefta schickte noch einmal Boten zum König der Ammoniter.
(Bestreitg.)	Israel hat das Land Moab nicht genommen.''
15:	Und er sagte ihm:
	So spricht Jefta:
16–20: (Erklärung)	Sondern als Israel ... hinaufzog ...
27: (Bestreitg.)	Ich habe mich nicht an dir vergangen
(Anklage)	Du aber tust Böses an mir, mich mit Krieg zu überziehen!
(Appell an	Es richte Jahwe der Richter heute zwischen den Israeliten
höh. Instanz)	und zwischen den Ammonitern!
28:	Und der König der Ammoniter hörte nicht auf die Worte Jeftas, die er zu ihm sandte.
29:	Da kam der Geist Jahwes auf Jefta ...

Hier ist eine regelrechte Verhandlung geschildert, die durch Boten geführt wird. Die erste Botschaft Jeftas geht von dem Faktum des kriegerischen Einbruchs des Ammoniterkönigs aus und fragt nach dem Rechtsgrund. Die Antwort des Ammoniterkönigs ist zweiteilig: ein perfektischer Teil gibt den Grund an, der ihn (angeblich) zum Angriff gegen Israel bestimmt hat; daran schließt ein imperativischer Teil: die Forderung auf das ostjordanische Gebiet Israels. Daran ist eine Verheißung gefügt: Bei Verzicht Israels auf dieses Gebiet wird er friedlich abziehen. – Darauf sendet Jefta noch einmal Boten. Auch diese Botschaft ist zweiteilig: der perfektische Teil besteht in einer Bestreitung der Begründung, die der Ammoniterkönig für seinen Einfall gegeben hatte. Diese Begründung ist sehr breit (16–20), sie ist keine einfache Botschaft mehr, sondern erklärende Entfaltung; in sich ist sie ein Stück Geschichtsdarstellung, erwachsen aus der Auseinandersetzung mit einem Nachbarvolk. – An der Stelle des imperativischen Teils steht hier etwas ganz anderes, eine Ankündigung: die Sache ist durch diplomatische Verhandlungen nicht zu klären, es steht Behauptung gegen Behauptung; also muß eine höhere Instanz entscheiden, Gott. Praktisch bedeutet der Satz: jetzt müssen die Waffen entscheiden!

Der Bericht von dieser Entscheidung setzt unmittelbar darauf ein: der Geist Jahwes kam auf Jefta, d. h. der Anstoß zum Jahwe-Krieg war gegeben; nachher heißt es (v. 32): „... und Jahwe gab sie in seine Hand." Damit hat Jahwe die Sache für Israel entschieden.

Das Ganze mutet an wie eine Gerichtsverhandlung über einen Abstand hinweg, die deswegen durch Boten ausgetragen werden muß. Ausgelöst wird sie durch eine Verfehlung des A (Ammon) gegen I (Israel). Die erste Botschaft hat also als Anlaß eine Verfehlung des Adressaten dieser Botschaft. (Dies ist formal genau so bei den Botschaften, die Gott durch die Propheten an Israel sendet: sie sind ausgelöst durch eine Verfehlung Israels.) Sie fragt nach dem Rechtsgrund des feindlichen Aktes. Die Frage ist natürlich nicht nur als Erkundigung gemeint. Vielmehr hat sie den Charakter eines Vorwurfes, einer indirekten Anklage: sie setzt voraus, daß der Gegner *keinen* ausreichenden Grund für sein Vorgehen hat. Sie meint: wir haben euch doch nichts getan! Wie kommt ihr dazu . . .?

In formal ähnlicher Weise findet sich in Prophetenworten eine solche anklagende Frage, z. B. Jeremia 2: „Was haben eure Väter Unrechtes an mir gefunden, daß sie . . .?"

Abgesehen von dieser Ähnlichkeit aber zeigt die erste Botschaft Jeftas an die Ammoniter, in welchem Zusammenhang eine anklagende Frage, beziehungsweise eine vorwurfsvolle Frage zum Teil einer Botschaft werden kann: wenn eine Verfehlung vorliegt und der, an dem sie geschah, die Entfernten durch einen Boten nach dem Rechtsgrund ihres Verhaltens fragt.

Nimmt man diese Botschaft des A für sich, so ist sie in sich eine typische Botschaft mit perfektischem und imperfektischem Teil (dieser mit Verheißung verbunden). Die Möglichkeit ist zu erwägen, daß der ganzen Geschichte diese Botschaft als geschichtliches Faktum zugrundeliegt, die Verhandlung um sie herumgelegt wurde als Darstellung der Auseinandersetzung zwischen Ammon und Israel in jener Periode.

Zieht man die Verhandlung in einen Gang zusammen, indem man sie auf ihr Ergebnis reduziert, so bleibt als Inhalt der Botschaft Jeftas: Ihr habt keinen Grund, uns anzufallen, euer Einfall ist ein Vergehen. Jetzt werden die Waffen sprechen (vgl. im Prophetenspruch: Begründung und Ankündigung). Der Typ der zweiteiligen Botschaft ist in dieser Verhandlung durch Boten wieder belegt, und zwar in verschiedenen Formen.

Bei den hier behandelten Botensendungen kann es sich nur um einen Ausschnitt handeln; sie haben in früher Zeit eine solche Bedeutung gehabt, daß sie einer viel gründlicheren Untersuchung bedürften, die sich nicht auf das AT beschränken läßt. So viel Möglichkeiten von Botschaften es auch gibt, die wenigen hier behandelten Beispiele haben schon gezeigt, daß es *Typen* von Botschaften gibt. Dabei ist wahrscheinlich die bloße Nachricht (von einem Ereignis) von der Botschaft zu unterscheiden. Bei den Botschaften gibt es einen Typ, bei dem der ganze Nachdruck auf dem perfektischen Teil liegt (ist er der Nachricht gleich?), und einen Typ, bei dem der Sinn der Botschaft in dem imperativischen Teil liegt. Es gibt daneben eine Übermittlung von Befehlen, Anfragen, einer Erkundigung durch Boten, Warnung, Erinnerung, Bekundung der Teilnahme usw. Es sind die Botschaften in den verschiedenen Bereichen zu unterscheiden: im persönlichen, politischen, höfischen Bereich vor allem. Dies alles lohnte eine umfassende Untersuchung, sie kann hier nicht gegeben werden. Es ist weiter zu fragen: Ist der Heroldsruf (oder die Proklamation durch den Herold) eine von der Botschaft unabhängige Form oder nur eine Abwandlung der gewöhnlichen Botschaft?

Botensendung und Botschaft von Gott (die Mari-Briefe)

Daß Gott oder ein Gott Boten sendet, Botschaften schickt, findet sich nicht nur in der Prophetie, sondern begegnet in der Religionsgeschichte häufig. Auch im AT gibt es neben und vor den Propheten den maleak jhwh, den Boten oder Engel Gottes. Zu den ‚Engeln‘ als Gottes Boten gibt es Parallelen in Fülle in vielen Religionen. Im Polytheismus ist der Bote der Götter selbst Gott (Hermes), oder die Boten sind göttliche Wesen, gehören jedenfalls ganz auf Gottes Seite.[9]

Etwas wesentlich anderes ist die Möglichkeit, daß ein Mensch anderen Menschen Botschaften von Gott ausrichten kann. Eigentlich liegt darin etwas für die alte Welt Absurdes, Unmögliches; Gottes Bote kann eigentlich nur ein Gott oder ein göttliches Wesen sein! Einen Menschen als Boten Gottes zu bezeichnen ist daher kaum möglich. In Jesaja 6, 8 steht das Wort nicht; hier heißt es: „Wen sende ich, wer geht für uns?" Hier wird also der Botendienst bewußt umschrieben, weil ein Mensch nicht als Gottes Bote bezeichnet werden kann. Es ist daher nicht zufällig, daß dies erst ganz am Ende der Geschichte der Prophetie möglich wird:

Mal. 3, 1: „Siehe, ich sende meinen Boten, daß er den Weg vor mir bereite . . ."

Darin ist begründet, daß es für die Schriftpropheten eine ganz spezifische Bezeichnung im AT nicht gibt. Von ihrem Auftrag her, wie er vor allem in Jes. 6 eindeutig beschrieben ist, läge es nahe, sie als Boten Gottes zu bezeichnen. Das ist aus dem eben dargestellten Grunde nicht geschehen. So wurden sie mit dem weiteren Namen Nabi genannt, auch wenn das zu Mißverständnissen führte. Wie Nabi auch verstanden wird, – ein spezifischer Name für die Gerichtspropheten des achten und siebenten Jahrhunderts ist er jedenfalls nicht. Auch wenn wir ganz genau wüßten, was die Zeitgenossen des Amos und des Jesaja unter dem Wort Nabi verstanden haben, wüßten wir noch nicht, welches der Auftrag dieser Männer war. Es ist aber ganz verständlich, daß die Jünger Jesu in der Urgemeinde den Namen ἀπόστολοι bekamen. Sie waren ja nicht direkt Gottes Boten sondern die Boten eines, der neben

---

9 Vgl. hierzu den Artikel euangelion von Schniewind in WNT.

ihnen auf dieser Erde stehend und in ihrer Sprache redend sie aussandte. Noch etwas zeigt dieser Blick auf die ἀπόστολοι des Neuen Testamentes: zum Bote-Sein gehört notwendig die Sendung eines, der selbst *nicht* Gesandter, sondern etwas wesenhaft anderes ist. Die Apostel haben ihre Schüler nicht wieder zu Aposteln berufen; die Apostel werden nur zu besonderen Zeiten berufen. Weder die ‚Jünger‘ des Jesaja noch Barūk, der Jünger Jeremias, folgten als Propheten ihrem Meister; sie waren nicht gesandt.

Damit wird verständlich, daß es ein ausgeprägtes, institutionell bestimmtes Amt eines Gottesboten in den uns bekannten Religionen nicht gibt. Es gibt zwar in vielen Religionen göttliche oder halbgöttliche Götterboten; es gibt auf der anderen Seite den Seher, den Mantiker, den Orakelpriester als ein stetiges Amt, nicht aber den Gottesboten. Auch für Israel ist ja gerade charakteristisch, daß es wohl eine Reihe solcher Gottesboten gab, die aufeinander folgten, von denen manche auch gleichzeitig wirkten, daß es aber zu einer stetigen Institution, einem Amt des Propheten nicht kam. Es war daher durchaus berechtigt, wenn bisher fast in der gesamten Forschung das israelitische Phänomen der Prophetie auch innerhalb der Religionsgeschichte für einzigartig erklärt wurde.

Durch die Entdeckung der *Mari-Briefe,* in denen das Ausrichten einer Gottesbotschaft durch Menschen berichtet wird, muß jetzt dieses ‚einzigartig‘ sorgfältig begrenzt werden. Nach der Herausgabe dieser Texte[10] haben W. v. Soden, M. Noth, H. W. Wolff, H. Schmökel u. a. ihre Bedeutung für die Prophetie des AT behandelt. Sie stimmen alle darin überein, daß formal eine echte Parallele vorliegt, daß darüber hinaus ein indirekter geschichtlicher Zusammenhang möglich oder doch nicht ausgeschlossen ist, in der Sache aber die Eigenart der AT-lichen Schriftprophetie auf dem Hintergrund dieser formalen Parallele nur noch deutlicher heraustritt. M. Noth sagt (a. a. O. S. 239):

„Diese Übereinstimmungen können nicht wohl zufällig sein, und dies um so weniger, als etwas wirklich Vergleichbares sich sonst in der ganzen Welt des Alten Orients bisher nicht gefunden hat. Es läßt sich danach kaum daran zweifeln, ... daß es sich bei diesem Gottesboten

---

10 Archives royales de Mari, Bd. I–VIII, Musée de Louvre, Paris; W. von Soden, Verkündigung des Gotteswillens durch prophetisches Wort in altbabylon. Briefen aus Mari, Welt des Orients I, Heft 15, August 1950, S. 397–403; ders. Das altbabylon. Briefarchiv von Mari, Welt des Orients, 1948, 3 S. 187 ff.; dort weitere Literatur; M. Noth, Geschichte und Gotteswort im AT, Ges. St. S. 230 ff.; H. Schmökel, Gotteswort in Mari und Israel, ThLZ 1951, Sp. 53–59; A. Néher, L’Essence du Prophetisme, Paris, 1955, S. 23–29; N. H. Ridderboes, Israels Profetie en ‚profetie‘ buiten Israel, den Haag 1955; E. Weidner, Babylon. Prophezeiungen, Archiv f. Orientforschung. 1939/41; A. Lods u. G. Dossin, Une Tablette inédite de Mari ... in Studies in OT Prophecy, Edinburgh, 1950, S. 103 f.

nicht nur um eine Parallelfigur zum AT-lichen Propheten handelt, sondern daß er zur Vorgeschichte der Prophetie gehört ...

Gerade wenn ein geschichtlicher Zusammenhang anzunehmen ist, wird nun freilich auch der große Unterschied zwischen beiden Gestalten sofort offenkundig. Er liegt nicht in der Art des Auftretens, sondern in dem Inhalt dessen, was als Gottesbotschaft verkündet wird. In Mari handelt es sich ... um kultische und politische Angelegenheiten von ganz begrenzter und ephemerer Bedeutung ..."

Ganz ähnlich sagen es H. W. Wolff und H. Schmökel a. a. O. W. von Soden stellt drei Berührungspunkte heraus (a. a. O. S. 402): 1) Der Gott verlangt auch in Mari die Weitergabe seiner Befehle an den König ohne Rücksicht darauf, ob sie dem König genehm sind; 2) Wie im AT übt in Mari der prophetische Spruch Kritik am Verhalten des Königs; 3) der Brief 1 klingt in eine Heilsweissagung aus; sie ist aber bedingt, da Voraussetzung für ihr Eintreffen die Erfüllung des Gotteswillens durch den König ist. „Auf der anderen Seite sind die Unterschiede deutlich genug; ... was vorliegt, geht über den Bereich der im AT verurteilten Kultprophetie nicht hinaus."

Eine grundlegend andere Beurteilung der sachlichen Bedeutung der Mari-Texte für die AT-liche Prophetie ist kaum zu erwarten. Aber ihre eigentliche Bedeutung ist damit noch nicht deutlich genug herausgestellt; sie liegt in der sprachlichen Struktur dieser Texte, die noch nicht angemessen untersucht und im Vergleich zu den Redeformen der AT-Prophetie dargestellt ist. Als vorläufiges Ergebnis einer solchen Untersuchung fasse ich hier zusammen:

1. Der Offenbarungsempfang

Wie W. v. Soden (u. a.) gesehen hat, handelt es sich in den Mari-Texten um Kultprophetie. Für den Vergleich mit dem AT ist vor allem zu fragen, ob diese Texte Kriterien ergeben, die auch im AT eine genauere Bestimmung der Kultprophetie ermöglichen.

Klar und eindeutig ist im ersten Brief der Wortempfang im Rahmen einer Kulthandlung geschildert (Text nach W. v. Soden):

In meinem Traum wollte ich und ein Mann mit mir
vom Distrikt von Sagaratum im oberen Bezirk nach Mari gehen.
In meinem Gesicht ging ich nach Terqa hinein
und trat gleich nach meinem Hineinkommen
in den Tempel des Dagan ein und warf mich vor Dagan nieder.
Während ich auf den Knieen lag,
öffnete Dagan seinen Mund und sprach folgendes zu mir ...

Mit diesem Anfang ist die Bemerkung am Schluß des Briefes zu verbinden:

Der Mann, der mir diesen Traum erzählte,
wird ein Tieropfer vor Dagan darbringen,
deshalb habe ich ihn nicht gesandt . . .

Der Wortempfang vollzieht sich also in der Mitte zwischen dem
Niederwerfen vor dem Gott und dem Darbringen eines Opfers. Deutlicher kann ein Wortempfang als ein Vorgang im Kult gar nicht beschrieben werden! Demgegenüber ist festzustellen, daß in prophetischen Texten des AT ein solcher Vorgang

Niederfallen vor dem Gott
Vernehmen der Botschaft Gottes
Darbringung eines Opfers

keine Parallele hat. Am nächsten kommt dem hier Berichteten Jesaja 6.
Es ist möglich, daß dieser Berufungsgeschichte Jes. 6 – wenn auch in
weiter Entfernung – eine ähnliche Darstellung zugrundeliegt. Die Herkunft dieses Typus der Berufungsgeschichte aus der Kultprophetie ist
also möglich. Um so deutlicher zeigt sich dann aber, wo Jes. 6 von dem
im ersten Mari-Brief geschilderten Vorgang abweicht: in Jes. 6 *fehlt*
der ausgesprochen kultische Akt am Anfang und am Ende; das Niederfallen ist in Jes. 6 erst eine Reaktion auf das Erscheinen des in seinem
Heiligtum thronenden Gottes und die Opferhandlung ist völlig verwandelt in ein Handeln Gottes an Jesaja. Jesaja 6 bezeugt dann gerade, wie hier die prophetische Berufung aus der Kultprophetie herausgetreten ist. (Damit scheint mir, wenn überhaupt ein kultischer
Hintergrund von Jes. 6 anzunehmen ist, dieser vom ersten Mari-Brief deutlicher gezeigt als im Zusammenhang der Königsideologie,
wie es I. Engnell [The Call of Isaiah, Uppsala 1949] versucht).

Nun ist aber das eben dargestellte Geschehen im ersten Mari-Brief
als Traum eingekleidet:

In meinem Traum wollte ich und ein Mann . . .
In meinem Gesicht ging ich nach Terqa hinein . . .

Und am Schluß heißt es:

Dieses sah jener Mann in seinem Traum . . .
Der Mann, der mir diesen Traum erzählte . . .

In dem Bericht stehen die beiden Offenbarungsweisen merkwürdig
unausgeglichen nebeneinander, man hat den Eindruck einer Kombination zweier ursprünglich voneinander unabhängiger Arten des
Wortempfanges. Das würde ganz einem Nebeneinander dieser beiden
Arten des Wortempfangs in Israel in der Zeit vor den Schriftpropheten entsprechen, wie es O. Grether (Name und Wort Gottes im AT,
1934) im 4. Kapitel darstellt; bes. S. 87:

„Man kann also das allenthalben zu beobachtende Nebeneinander von
dabar, Vision, Traum, Nachtgesicht und mechanischem Orakel und das
allmähliche Überwiegen des Erstgenannten als Charakteristicum der
prophetischen Zeit vor den großen Schriftpropheten ansehen.“

2. Die Gottesbotschaft

a) Das Wort, das der Gott Dagan dem Malik-Dagan sagt, ist zweiteilig. Der erste Teil ist eine Beschwerde des Gottes, der zweite enthält den Auftrag, den Malik-Dagan an den König Zimrilim ausrichten soll; er enthält eine Forderung des Gottes an den König, der Beschwerde über Vernachlässigung entsprechend. Das Gelenk zwischen diesen beiden Teilen bilden die Worte:

Jetzt geh! Ich habe dich geschickt!
Zu Zimrilim wirst du folgendermaßen sprechen: ...

In diesem Wort liegt eine genaue Parallele zum Stil der Botenbeauftragung in der AT-lichen Prophetie vor. Der erste und der dritte Satz zusammen entsprechen wörtlich dem prophetischen Doppelauftrag ‚geh und sage!‘, der sehr häufig vorkommt (z. B. Jes. 6, 8; Jer. 1, 7). Der Satz dazwischen, der auch im 2. und 4. Brief begegnet: ‚ich habe dich geschickt‘, hat die gleiche Funktion und die gleiche Stellung wie im AT die Botenformel ‚so hat Jahwe gesprochen‘. Wie diese weist sie das vom Boten gesprochene Wort als das des Gottes aus, der ihn gesandt hat. Wörtlich begegnet der Satz in Jer. 26, 12 und 15, wo Jeremia sein Wort als von Gott kommend ausweisen muß (vgl. Noth, a. a. O. S. 238 f.); dem Sinn nach entsprechen ihm die Berufungsgeschichten.

Diese das Gotteswort ausweisenden Sätze stehen im 1. Mari-Brief zwischen dessen beiden Teilen: *nach* den Sätzen, die einen Vorwurf gegen den König enthalten (der prophetischen Anklage im AT entsprechend), *vor* den Sätzen, die die eigentliche Gottesbotschaft enthalten (hier die Forderung des Gottes an den König, verbunden mit einer Ankündigung; im AT der Ankündigung entsprechend). Damit gibt uns der 1. Mari-Brief eine gewichtige Bestätigung für unsere Beobachtung, daß der ursprüngliche Ort der Botenformel bei einem zweiteiligen Gottesspruch *in der Mitte* zwischen den beiden Teilen ist, nach dem anklagenden Wort, vor der eigentlichen Gottesbotschaft.

b) Beide Teile des Wortes enthalten eine bedingte Heilsankündigung, der zweite direkt, der erste indirekt. Dem eben zitierten Auftrag folgen die Worte:

Schicke deine Abgesandten zu mir und erstatte mir vollständigen Bericht!
Dann will ich auch die Schechs der Benjaminiten
in einem Fischerkorb zappeln lassen und vor dich hinstellen!

Dem Auftrag hier entspricht der Vorwurf im ersten Teil des Wortes, der mit einer indirekten Heilsankündigung verbunden ist:

Warum halten sich die Abgesandten des Zimrilim nicht ständig vor mir auf?
Und warum erstattet er nicht vollständig (über alles) vor mir Bericht?
Ich hätte sonst doch schon seit vielen Tagen
die Schechs der Benjaminiten in die Hand des Zimrilim gegeben!

In beiden Teilen des Wortes also stellt der Gott unter den genannten Bedingungen sein hilfreiches Eingreifen für den König in Aussicht. Damit erweist sich diese Art von Prophetie eindeutig als Heilsprophetie, die in mehr oder weniger direkter Beziehung zum Hof des Königs steht. Noth (a. a. O. S. 240 f.) hat daher mit Recht auf das Auftreten des Propheten Gad 2. Sam. 24 und Nathans 2. Sam. 7 als nächste Parallelen aus dem AT hingewiesen. Als Heilsprophetie erweist sie sich auch im 5. Brief, obwohl hier zunächst das (bedingte!) unheilkündende Wort im Vordergrund steht; auch hier ist die letzte Intention des Wortes Heil für den König:

Ist es nicht so und will er das von mir Gewünschte geben,
so werde ich Thron über Thron, Haus über Haus,
Erde über Erde, Stadt über Stadt ihm geben.
Auch werde ich das Land von Sonnenaufgang bis -untergang ihm geben!

Und in einer kurzen Botschaft am Ende dieses Briefes noch einmal:

Das Land vom Sonnenaufgang bis -untergang werde ich selbst dir geben.

An zwei Punkten läßt sich der Zusammenhang mit der Heilsprophetie des AT noch exakter, bis in die Redeformen hinein zeigen: Im ersten Teil des Daganwortes wird dem Eingreifen Gottes die Form gegeben, die im AT im Zusammenhang des ‚Heiligen Krieges‘ sehr häufig begegnet[11]: „Ich hätte ... die Schechs der Benjaminiten in die Hand des Zimrilim gegeben.“ Daß diese ‚Übergabeformel‘ nicht nur in Israel begegnet, liegt von vornherein nahe; wichtig ist aber hier ihr Zusammenhang mit der Heilsprophetie. — Im zweiten Teil wird die Verheißung des Gottes in einem Bildwort gegeben, das offenbar den Sinn des Verstärkens, des Unterstreichens der Ankündigung hat (s. o.: ‚... in einem Fischerkorb zappeln lassen ...‘). Diese Art des bildhaften und gleichzeitig verstärkenden Redens im Ankündigen des helfenden Eingreifens Gottes erinnert an die politischen Erfolgsverheißungen der Hofpropheten in Israel, besonders 1. Reg. 22, 11: Zedekia, der Heilsprophet, macht sich eiserne Hörner und sagt:

Mit solchen wirst du die Syrer niederstoßen
bis du sie aufgerieben hast!

Ähnlich auch das Zerbrechen des Joches, das Jeremia trug, durch Chananja in Jer. 28. Ganz offenkundig aber zeigt sich eine Parallele hierzu in

Jes. 37, 29: Weil du (Sanherib) ...
so will ich dir einen Ring in deine Nase legen und ein Gebiß ins Maul
und will dich auf dem Wege zurückführen,
den du gekommen bist.

11 Vgl. G. v. Rad, Der heilige Krieg im alten Israel, Göttingen, 1952, S. 6 ff.

Aufgrund dieser deutlichen Entsprechungen kann angenommen werden, daß die in den Maribriefen begegnende Prophetie der Heilsprophetie des AT entspricht, wobei ein geschichtlicher Zusammenhang möglich ist.

c) Diese Heilsprophetie ist in allen fünf Briefen an den König gerichtet. Sie zeigen nicht nur (vor allem der 1. Brief) den engen Zusammenhang dieser Prophetie mit dem Hof und den königlichen Beamten, sondern darüber hinaus das Interesse des Königs selbst an diesen Prophetenworten, *obwohl* sie auch Mahnungen und Vorwürfe an den König enthalten. Das stimmt überein mit dem Bericht 1. Reg. 22, mit der Prophetie des Gad und des Nathan, die alle an den Königshof gehören. Dem entspricht auch der sehr viel gewichtigere Tatbestand (s. u.), daß die im AT *vor* der Schriftprophetie überlieferten Prophetenworte durchweg Worte an eine einzelne Person sind und daß diese fast durchweg der König ist. Es kann dann als sicher angenommen werden, daß es im frühen Israel – ganz entsprechend den Mari-Briefen – eine Form von Prophetie gab, deren Adresse allein der König war.

d) Der Zusammenhang dieser Prophetie mit dem Kult hat sich im 1. Brief darin gezeigt, daß der Wortempfang des Propheten eindeutig in einen Kultakt eingebettet ist. In den anderen Briefen ist die Forderung, die der Prophet im Namen des Gottes an den König richtet, eine ausgesprochene Kultforderung. Im 2. Brief heißt die Gottesbotschaft:

Der Gott hat mich geschickt.
Eile, dem König schreibe,
daß man Totenopfer dem Totengeist des Jahdullim zelebriere!

Ganz entsprechend im 4. Brief:

Schreibe an deinen Herrn,
daß am 14. Tag des kommenden Monats
ein Tieropfer(?) ... Kult durchgeführt werden soll.
Selbigen ... Kult soll man keinesfalls vorübergehen lassen!

Im 5. Brief:

Les (animaux) mâles et les vaches livre! (Dossin)

Ganz anders sind die Forderungen des Gottes bzw. die Unterlassungen des Königs im 1. und 3. Brief. Im 1. Brief beklagt sich der Gott, daß er über den Stand des Krieges nicht unterrichtet wurde, im zweiten Teil desselben Briefes wird die ständige Unterrichtung gefordert. Die Forderung zielt offenbar darauf, daß der Gott – und das heißt vielleicht auch: die Priesterschaft dieses Gottes – über politische Vorgänge unterrichtet und dadurch an ihnen beteiligt werde. Wenn diese Forderung durch die Heilspropheten vorgebracht wird, so mag das auf eine politische Rolle dieser Prophetie deuten und man kann dabei an frühe Prophetenerzählungen in den Königsbüchern, an den Propheten Nathan denken und fragen, ob ein letzter Ausläufer dieser Funktion noch in Jes. 7–8 zu erkennen ist. Wiederum eine ganz andere Forderung des Gottes zeigt der dritte Brief:

Wollt ihr (jetzt) jenes Stadttor (denn überhaupt) nicht bauen?
Wann wird die Arbeit getan werden?
(Nichts) habt ihr erreicht!

Das Wort entspricht deutlich der Vorwurfs-Frage des 1. Briefes: „Warum erstattet er nicht . . . Bericht?" Ein im Namen eines Gottes Sprechender treibt den Bau eines für die Gemeinschaft notwendigen Bauwerkes durch seinen Tadel gegen die Säumigen voran. Darin ist dieses Wort der Prophetie Haggais (und Sacharjas) ganz eigentümlich nahe! Diese Parallele ermöglicht den sicheren Schluß, daß die den Tempel- und den Mauerbau nach dem Exil durch ihre Heilsankündigungen vorantreibenden Propheten in einer sehr alten Tradition der Heilsprophetie stehen, die von ihrem Ursprung her gleichzeitig Kultprophetie war.

e) Schließlich zeigt der 5. Mari-Brief noch zwei weitere Redeformen, die in der Prophetie Israels wiederkehren. Einmal die Selbstprädikation Gottes:[12]

In Orakeln (sprach) Adad, der Herr von Kallasu, folgendermaßen:
Bin ich nicht Adad, der Herr von Kallasu, der ich . . .

und später:

So bin ich Herr von Thron, Erde und Stadt; ich werde . . .

Die Sätze entsprechen den häufigen Selbstprädikationen Gottes in den Prophetensprüchen des AT, z. B. Jer. 23, 23 f.:

Bin ich nur ein Gott aus der Nähe und nicht ein Gott aus der Ferne?
Erfülle ich nicht den Himmel und die Erde . . .?

Wichtig ist, daß dieser 5. Mari-Brief schon in der Vorgeschichte der Prophetie Selbstprädikationen des Gottes innerhalb der Botenrede kennt; so könnte auch im AT die Selbstprädikation Gottes innerhalb des Prophetenspruches auf frühe prophetische Ursprünge weisen. Doch müßte das Verhältnis zu dem von Zimmerli herausgearbeiteten ‚prophetischen Wort des göttlichen Selbsterweises' (W. Zimmerli, Das Wort des göttlichen Selbsterweises (Erweiswort), eine prophetische Gattung, Mélanges bibliques, en l'honneur de André Robert, 1957) noch genauer geklärt werden; es könnte sein, daß sich hier eine Frühform dieses Erweiswortes zeigt.

Die andere Form ist die Fortsetzung der Selbstprädikation:

der ich ihn (d. h. Zimrilim) auf meinem Schoß großzog
und ihn auf den Thron seines Vaters zurückführte?
Als ich ihn auf den Thron seines Vaters zurückgeführt hatte,
gab ich ihm außerdem noch eine Wohnstätte (d. h. den Palast).

12 Zur Selbstprädikation Gottes beim Botenspruch vgl. A. Bentzen, Introduction, S. 187.

Diese Sätze entsprechen genau dem ‚Rückblick auf Gottes früheres Heilshandeln' in den Prophetenworten des 8. und 7. Jahrhunderts, z. B. Amos 2, 9–11, nur daß es hier Heilstaten Gottes am Volk sind, in den Mari-Briefen nur am König. Doch auch dazu gibt es im AT eine auffällige Parallele in Nathans Wort an den König David 2. Sam. 12 (dazu s. u. S. 112). Es handelt sich um die gleiche Erweiterung einer prophetischen Ankündigung, hier und dort als Kontrastbildung (du handelst jetzt gegen mich, obwohl ich doch so viel für dich getan habe!) entstanden.

3. Verhältnis zur Prophetie in Israel

Besonders wichtig ist das Ergebnis des Vergleichs für das Verhältnis von Heils- und Unheilsprophetie in Israel. Die Gottesbotschaften der Mari-Briefe entsprechen der Heilsprophetie in Israel in mehreren wesentlichen Punkten. Sie zeigen, daß die Heilsprophetie in Israel eine vorderorientalische Vorgeschichte hat, eine Heilsprophetie, die im Zusammenhang des Kultes stand und deren Adresse der König war. Sie zeigen aber gleichzeitig, daß das Verhältnis von Heils- und Unheilsprophetie nicht in einer bloßen Entgegensetzung gesehen werden kann. Das Verhältnis beider zueinander ist vielmehr ein kompliziertes. In mehreren dieser Mari-Briefe nämlich ist ausgesprochene *Heils*prophetie verbunden mit einem Vorwurf gegen den König, also etwas der prophetischen Anklage in Israel Entsprechendem oder Ähnlichem. Daraus ergibt sich die Möglichkeit, daß auch in Israel nicht nur die Gerichts-, sondern auch die Heilsprophetie u. U. mit einer Kritik am Handeln des Königs verbunden sein konnte. Damit würde uns z. B. die Gestalt des Nathan deutlicher, der uns als Hof- und Heilsprophet begegnet, aber in 2. Sam. 12 eine Anklage gegen den König erhebt. Die Überlieferung von Nathan bekommt damit eine größere historische Glaubwürdigkeit. Wir müssen dann mit der Möglichkeit rechnen, daß die Gerichtspropheten und deren Tradenten ihre Gegner, die Heilspropheten zu einseitig dargestellt haben (etwa Mi. 3, 5). Jedenfalls können wir dann nicht mehr sagen, daß die Heilspropheten in Israel dem König und dem Volk immer nur nach dem Munde geredet haben. Die Vermutung mancher neuerer Forscher, die vor einer allzu schroffen Entgegensetzung zwischen Heils- und Unheilspropheten gewarnt haben,[13] bekommt von den Mari-Briefen her eine Bestätigung.

Gleichzeitig aber wird ihre Unterscheidung an einem Punkt umso klarer und eindeutiger: Die unbedingte Unheils- oder Gerichtsankündigung fehlt in den Mari-Briefen ganz. Selbst da, wo der Gott durch seinen Boten Anklage gegen den König erhebt, ihm Vorwürfe macht,

13 Z. B. G. Quell, Wahre und falsche Propheten, Gütersloh, 1952.

bleibt dabei die bedingte Heilsansage bestehen. Der Gott ist durch das Verhalten seines Verehrers zur Zeit verhindert, ihm seine Hilfe zu erweisen; sowie das Versäumnis behoben ist, wird die Hilfe auch wieder da sein. Im zweiten Absatz des 5. Briefes begegnet eine Unheilsankündigung, die zunächst unbedingt klingt:

Jetzt, so wie ich ihn auf den Thron seines Vaterhauses zurückführte,
will ich (den Ort) Nahlatum aus seiner Hand nehmen!
Wenn er nicht geben will,
so bin ich Herr von Thron, Erde und Stadt;
ich werde, was ich gab, wegnehmen!

Aber sie ist nicht unbedingt, denn ihr folgt gleich die Bedingung. Die bedingte Unheilsankündigung ist Gegenstück zur bedingten Heilsankündigung und will nur als Drohung die Forderung unterstützen, die ja Ausgangspunkt und Ziel des ganzen Gotteswortes ist: die Forderung der Opfertiere.

Die bedingte Unheilsankündigung als Gegenstück zur bedingten Heilsankündigung ist also, wie es die Mari-Briefe zeigen, durchaus im Rahmen einer Heilsprophetie möglich. Damit ist ein weiteres verbindendes Glied hinüber zur alttestamentlichen Gerichtsankündigung gefunden; aber es ist doch nur ein formales Bindeglied. Mit der Abwandlung der bedingten Unheils- in eine unbedingte Gerichtsankündigung ist ein Schritt in eine wesensmäßig andere Art von Prophetie getan. Gerade angesichts dieser bedingten Unheilsankündigung in den Mari-Briefen wird erst recht deutlich, was die durch Jahrhunderte sich erstreckende *unbedingte* Gerichtsankündigung in Israel bedeutet.

Es haben sich eine ganze Reihe von Parallelen in der Formenbildung gezeigt, die der Geschichte der prophetischen Redeformen im AT einen bisher nicht bekannten, gewichtigen Hintergrund geben. Für die Geschichte und das Verständnis des Prophetenspruches im AT ist das wichtigste Ergebnis, daß durch diese Mari-Texte der Charkter der Prophetensprüche als *Botensprüche* nun auch von einem religionsgeschichtlichen Hintergrund her voll bestätigt ist und damit die von Lindblom und Köhler eingeleitete Bestimmung des Prophetenwortes von seinem Charakter als Botenwort her nicht mehr mit Grund bestritten werden kann.

C: DAS PROPHETISCHE GERICHTSWORT AN EINZELNE (GE)

Die Untersuchung von Mari-Briefen, bei der der Nachdruck auf die sprachliche Struktur der in ihnen wiedergegebenen Gottesbotschaften gelegt wurde, hat ergeben, daß die Prophetenworte des AT eine Vorgeschichte haben müssen, aus der diese Mari-Briefe einen Ausschnitt darstellen. Für die Frage nach den prophetischen Redeformen und ihrer Geschichte wird damit das Gewicht zurückverlegt auf die Zeit *vor* der Schriftprophetie: die Redeformen, deren sich Amos, Hosea, Jesaja, Jeremia bedient haben, können dann nicht erst gleichzeitig mit diesen Propheten entstanden sein. Aber was wissen wir von ihrer Vorgeschichte? Fragen wir so, dann können wir nicht an dem vorbeigehen, was uns innerhalb des Alten Testaments, d. h. in den Geschichtsbüchern, von dieser Vorgeschichte vorliegt. Wenn in der bisherigen Forschung die Frage nach den *Redeformen* der in den Geschichtsbüchern überlieferten Prophetenworte noch so gut wie gar nicht gestellt worden ist, so ist das durchaus verständlich bei der fast in der gesamten Forschung angenommenen Voraussetzung, daß uns in den Geschichtsbüchern ,echte' Prophetenworte kaum überliefert sein können, da sie ja völlig eingeschmolzen sind in Erzählungen und Berichte, die zeitlich in weitem Abstand von der Stunde, in der diese Prophetenworte gesprochen wurden, entstanden. Immerhin ist damit nicht ausgeschlossen, daß die Erzählungen der Königsbücher, die ja auch z. T. auf den Ereignissen sehr nahestehenden Quellen beruhen, hin und wieder Prophetenworte so bewahrt haben, daß ihre ursprüngliche Form wenigstens in den Umrissen noch erkennbar ist. Diese Möglichkeit wird verstärkt, vergleicht man die Überlieferung von Prophetenworten in den Königsbüchern mit denen in der Chronik. Die chronistischen Wiedergaben von Prophetenworten sind derart anders als die in den Königsbüchern, daß sich mit diesem Abstand ganz von selbst eine größere Nähe dieser zu den wirklichen Prophetenworten ergibt.

Wenn nun feststeht, daß die Formensprache der Prophetenworte sehr viel älter ist als die Prophetie des achten und siebenten Jahrhunderts, kann auf einem neuen Fundament gefragt werden, ob in den Berichten der Königsbücher Elemente dieser Vorgeschichte erhalten sind. Auszugehen ist dabei von den Formen, wie sie uns in sicherer Überlieferung in den Prophetenbüchern begegnen.

I. DIE STRUKTUR DES GERICHTSWORTES AN DEN EINZELNEN (GE), GEZEIGT AN DREI BEISPIELEN:

	Amos 7, 16–17	1. Reg. 21, 17–19	2. Reg. 1, 3–4
Botenauftrag	–	Auf! geh hinab ... und sage zu ihm	Auf, geh ... entgegen und sage zu ihnen:
Aufforderung zum Hören	Aber nun: Höre das Wort Jahwes	–	–
Anklage	du, der du sagst: Du sollst nicht prophezeien ...	Hast du gemordet und auch in Besitz genommen?	Ist denn kein Gott in Israel, daß ihr hingeht, den Baal Sebub ... zu fragen?
Botenformel	Darum so hat Jahwe gesprochen	Darum so hat Jahwe gesprochen	Darum so hat Jahwe gesprochen
Ankündigung	Dein Weib wird in der Stadt Hure sein, deine Söhne und deine Töchter ... dein Land ... und du ...	An dem Ort, wo die Hunde das Blut Nabots geleckt haben, werden die Hunde auch dein Blut lecken.	Von dem Lager, auf das du dich gelegt hast, wirst du nicht mehr aufstehen, sondern du mußt sterben!

In dem Bericht Amos 7, 10–17 enthalten die Verse 16–17 eine prophetische Gerichtsankündigung, an einen Einzelnen gerichtet. Der Aufbau dieses innerhalb eines Berichtes wiedergegebenen Wortes ist denkbar einfach; so einfach, daß er sich aus der berichteten Situation wie von selbst ergibt:

Aufforderung zum Hören
Anklage
Einleitung der Ankündigung durch die Botenformel (mit ,darum')
Gerichtsankündigung (in persönlicher Anrede).

Wie das Schema zeigt, haben die beiden Beispiele eines GE aus den Königsbüchern den gleichen Aufbau. Wiederum ergibt sich an beiden Stellen der Aufbau des Prophetenwortes wie von selbst aus der berichteten Situation. Es ist an allen drei Stellen der gleiche Vorgang, aus dem sich die an allen drei Stellen gleiche Form des Wortes ergibt. Wir haben also den – formgeschichtlich gesehen – denkbar günstigen Fall vor uns, daß eine geprägte Wortform zusammen mit der Situation, der sie angehört und aus der sie erwächst, überliefert ist. Diese Situation zeigt am eindrücklichsten das Beispiel 1. Reg. 21, 17–19. Es ist ein Frevel geschehen, ein Justizmord. Der den Frevel beging, ist der König. Da bei dieser Tat formal der Rechtsweg innegehalten worden war, schreitet niemand ein. Es ist auch keine Instanz da, die gegen den König einzuschreiten vermöchte. Da aber schreitet Gott selbst ein. Er tut es, indem er einen Boten, den Propheten Elia, beauftragt, dem König entgegenzutreten, ihn auf seine Tat hin zu stellen und ihm das Gerichtsurteil Gottes anzukündigen. Aus dieser Situation und aus diesem Auftrag ergibt sich das Prophetenwort, dessen Ergehen nun berichtet wird: in äußerster Prägnanz und Dichte rafft dieses Wort das Geschehene und Gottes darauf treffendes Urteil zusammen in die Wortform, die diesem Vorgang rein und exakt entspricht. Natürlich ist bei jedem dieser Worte die Situation ein wenig anders, deswegen ist keines dieser Gottesworte an einen Einzelnen dem anderen völlig gleich; das ist bei jeder noch lebendigen Redeform so. Aber schon die Übereinstimmung des Amoswortes mit den beiden Beispielen aus den Königsbüchern in den Hauptzügen der Situation wie der aus ihr erwachsenden Wortform ermöglicht die Annahme einer festen Form, der nun weiter nachzugehen ist.

Die wichtigsten formalen Kennzeichen ergeben sich schon aus den genannten drei Beispielen:

1. Voraussetzung des Ergehens eines GE ist ein Vergehen dessen, an den das Wort gerichtet ist, und zwar ein Vergehen gegen das sonst niemand einschreitet. Das GE ergeht niemals auf allgemeine Verderbtheit, Lasterhaftigkeit o. ä. hin, sondern hat ausnahmslos ein einzelnes, konkretes und unmittelbar vorher geschehenes Vergehen zur Voraussetzung. Der vom Geschehen des Prophetenwortes umfaßte Kreis ist zeitlich und räumlich klein.

2. Das GE ist zweiteilig; es enthält eine Anklage und eine Ankündigung. Erst beide zusammen machen das Botenwort aus; beide haben ihre Existenz nur als Glied eines Ganzen. Aber Gotteswort im eigentlichen Sinn ist nur die Ankündigung; sie ist als solche durch die sie einleitende Botenformel (mit ‚darum‘) gekennzeichnet, die Anklage steht *vor* dem eigentlichen Botenwort.[1]

3. Die Gerichtsankündigung, das eigentliche Gotteswort ist *ein* Satz, bestehend in einer einfachen, direkten Ankündigung einer unheilvollen Zukunft, dem Angeredeten in persönlicher Anrede auf den Kopf zugesagt, als Gotteswort eingeleitet durch die Botenformel.

4. Begründet wird die Gerichtsankündigung durch eine Anklage. Sie besteht in der bloßen Feststellung eines Tatbestandes. In Amos 7 hat sie die Form einer Aussage,[2] in 1. Reg. 21 und 2. Reg. 1 die Form

1 Zum Text von 1. Reg. 21, 17–19 ist anzumerken, daß die Einleitungsformeln in der Überlieferung des Textes ganz unsicher sind. Daß die Botenformel bei einem so frühen und so kurzen Wort zweimal stand (MS), ist ganz unwahrscheinlich. Das erste ‚so sprach Jahwe‘ in 19a ist zu streichen; das zweite ist nach den Übersetzungen zu lesen: ‚darum so hat Jahwe gesprochen‘.

2 Sie ist hier partizipial an die Anrede gefügt: „Höre das Wort Jahwes, du, der du sagst ...“ Diese Konstruktion läßt erkennen, daß die Aufforderung zum Hören

einer anklagenden Frage: „Hast du gemordet und auch in Besitz genommen?". Es ist eine Feststellung, für die es einer besonderen Offenbarung nicht bedarf; der in diesen Sätzen festgestellte Tatbestand könnte auch von anderen festgestellt bzw. aufgedeckt werden.

Bezeichnend für das GE ist seine Kürze. Ankündigung und Anklage sind eingliedrig.

5. Die Beziehung von Ankündigung und Anklage zueinander ist in diesen kurzen, frühen Prophetenworten einfach dadurch hergestellt, daß der Prophet in Person unmittelbar angesichts des in der Anklage herausgestellten Tatbestandes diesen dem Angeklagten direkt und unmittelbar vorhält. Deswegen bedarf es hier einer sprachlich-logischen Verknüpfung von Anklage und Ankündigung (durch ,weil' o. ä.) noch nicht. In der Nähe zum Tatbestand ist es begründet, daß in diesen Worten die beiden Teile unverbunden nebeneinander stehen können, in ihr ist auch die Kürze des Wortes in seinen beiden Teilen begründet.

Zu den formalen Kennzeichen kommt die sachliche Bestimmung des Vorganges. In 1. Reg. 21; 2. Reg. 1 tritt der Prophet als Ankläger dort auf, wo ein Vergehen verübt wurde, gegen das ein anderer nicht einschreitet. In beiden Fällen ist es der König, gegen den der Prophet als Ankläger auftritt; es gibt keine Instanz, die gegen den König Anklage erheben könnte. In beiden Fällen ist das Vergehen der Bruch eines alten Gottesrechtes: Ahab (1. Reg. 21) hat gegen das Verbot des Tötens (Ex. 21, 12), Ahasja (2. Reg. 1) gegen das Verbot, sich an andere Götter zu wenden (Ex. 23, 13) gehandelt.[3]

Wenn nun der Prophet als Ankläger vor den König tritt, so geschieht darin – wenn man zunächst das Wort der Anklage ganz für sich nimmt – nichts anderes als das Erheben einer Anklage im ordentlichen Gerichtsverfahren. Das ist bei diesen beiden Worten deshalb so viel deutlicher als in einem an das Volk gerichteten prophetischen Gerichtswort, weil bei beiden 1. der Angeklagte eine Einzelperson ist, 2. die Anklage ein einzelnes, gerade geschehenes Vergehen nennt. Beides entspricht genau dem ordentlichen Gerichtsverfahren; als 3. Punkt kommt hinzu: es handelt sich um ein Vergehen gegen das in Israel geltende Recht.

Damit ist gezeigt, daß es sich jedenfalls bei diesen Beispielen im prophetischen Gerichtswort gegen einen einzelnen zunächst um eine

sich direkt auf die Ankündigung bezieht; die Begründung ist nur Apposition zur Anrede.

3 Anders liegt es in Amos 7: hier schreitet niemand ein, weil das Vorgehen des Priesters Amasja von der Öffentlichkeit als berechtigt und nicht strafbar beurteilt wird; aber auch hier steht dahinter die königliche Autorität. Amasja handelt auch nicht gegen einen Satz des alten Gottesrechtes; wohl aber verhindert er, daß durch den Mund des Amos das alte Gottesrecht zu Gehör kommt.

Anklage handelt, die der Anklage im ordentlichen Gerichtsverfahren in drei wesentlichen Punkten entspricht.

Denkt man nun an den Fortgang des ordentlichen Gerichtsverfahrens, so müßte auf die Anklageerhebung das Zusammentreten der Gerichtsversammlung und in ihr das Finden und das Proklamieren des Urteils folgen. Das ist hier nicht möglich, weil niemand da ist, der eine solche Gerichtsversammlung gegen den König einberuft und auch der Prophet *diesen* Auftrag nicht hat. Vielmehr tritt hier an die Stelle der das Urteil sprechenden Instanz Gott selbst, Gott als der Richter. Denn Gott wacht über dem Recht und er kann auch den König vor Gericht fordern. Gott also ist es, der das Urteil über den Angeklagten spricht.

Der Prophet hat dem Angeklagten dieses Urteil Gottes zu übermitteln, er ist der Bote, der das von Gott gesprochene Urteil vor den Angeklagten – in diesem Fall den König – trägt und es ihm verkündet. Die ‚Urteilsverkündung‘ vollzieht nicht der Richter selbst sondern der Bote des Richters. Daher wird sie mit der Botenformel eingeleitet, durch die der Bote die Vollmacht erhält.

Das Urteil, das er dem Angeklagten verkündet, nennt die Strafe Gottes für das Vergehen, dessen er angeklagt wird. Für beide Vergehen in beiden Beispielen war im alten Gottesrecht die Todesstrafe gefordert; dementsprechend kündigt der Prophet hier in beiden Fällen dem betreffendem König den Tod an. Während dies dem ordentlichen Gerichtsverfahren entspricht, bleibt ein wesentlicher Unterschied, daß der das göttliche Urteil Verkündende *nur* Bote ist; er hat keinerlei Vollzugsgewalt. Das zeigt sich darin, daß dem Angeklagten, dem die Strafe Gottes verkündet ist, zunächst gar nichts geschieht; er kann sogar gegen den Boten des Richters vorgehen, dieser ist völlig machtlos. Das Urteil Gottes bzw. die Strafe Gottes tritt nicht auf der Stelle ein (es ist also etwas wesensmäßig anderes als ein Fluch), es wird vielmehr für einen späteren Zeitpunkt angekündigt. Die beiden Züge, in denen das Ergehen des prophetischen Gerichtswortes an einen einzelnen vom ordentlichen Gerichtsverfahren abweicht, gehören wesensmäßig zusammen: a) der Richter verkündet das Urteil nicht in Person, sondern durch einen Boten, den er dazu beauftragt; b) das Urteil tritt nicht mit dem Urteilsspruch in Kraft, sondern der Strafvollzug wird für einen späteren Zeitpunkt angekündigt.

Zu den drei oben genannten Punkten, in denen das Ergehen des prophetischen Gerichtswortes an einen einzelnen mit dem ordentlichen Gerichtsverfahren übereinstimmt, kommt hinzu: 4. die Gerichtsankündigung entspricht der Urteilsverkündigung beim Gericht. Worin sie von dieser abweicht, war oben gezeigt. Aber diese Abweichung ist insofern hier relativ gering, als der Spannungsbogen von der Urteilsverkündung bis zum Urteilsvollzug ein im Verhältnis zu den späteren Gerichtsworten an das Volk kleiner ist. Und zwar zeitlich und räumlich: er erstreckt sich über wenige Jahre, so daß das Eintreffen des von dem Propheten Angekündigten von den Beteiligten und den Zeugen des Wortes erlebt wird; er betrifft eine einzige Person, so daß der Gesamtvorgang nicht sehr aus dem Rahmen des ordentlichen Gerichtsverfahrens heraustritt. Der einzige wesentliche Unterschied ist der, daß an Stelle des Richters als Vertreter der Volksgemeinschaft in diesem Fall Gott getreten ist; daß die von ihm durch seinen Boten angekündigte Strafe nicht sofort eintritt, sondern dem Verurteilten zunächst gar nichts geschieht.

In den eben herausgestellten vier Punkten zeigt sich die große Nähe des an einen einzelnen ergehenden prophetischen Gerichtswortes zum ordentlichen Gerichtsverfahren. Sie ergibt sich eigentlich schon aus der Situation, die ja bei allen diesen GE berichtet ist: es ist ein Vergehen gegen das von Gott eingesetzte alte Recht verübt worden, auf dem ja der Bund zwischen Gott und Volk beruht. Da niemand gegen den einschreitet, der den Frevel beging, schreitet Gott selbst durch einen Boten ein.

Damit ist aus dem Vorgang, aus dem diese Form erwuchs, ihre Zweiteiligkeit als zu ihrem Wesen gehörig erwiesen. Wie zum ordentlichen Gerichtsverfahren als Grundelemente Anklage und Strafverkündung gehören, so zum prophetischen Gerichtswort an den einzelnen. Tatsächlich ist diese Zweiteiligkeit schon vorgegeben durch die alten Rechtssätze, deren Verletzung den Vorgang auslöste:

Ex. 21, 12: Wer einen Mann schlägt, daß er stirbt, muß getötet werden.

Das Wort des Elia an Ahab gibt genau diese Bestimmung in ihren beiden Teilen wieder!

Dann ist – jedenfalls für das prophetische Gerichtswort an einen einzelnen – die Annahme seiner Herkunft aus einem kultischen Gerichtsakt nicht nötig. Die Nähe zum ordentlichen Gerichtsverfahren und zum alten Gottesrecht ist offenkundig. Zu Würthweins These (s. o. S. 54 ff.) ist an dieser Stelle noch anzumerken, daß an den von ihm angeführten Psalmenstellen von einem Gericht Gottes gegen einen einzelnen nie die Rede ist; der von ihm angenommene kultische Ursprung der prophetischen Gerichtsrede müßte also auf die prophetischen Gerichtsworte an das Volk beschränkt werden. Darin aber, daß der Ursprung des prophetischen Gerichtswortes *überhaupt* im ordentlichen Rechtsgang zu suchen ist, stimme ich H. W. Wolff zu.[4] „Es läßt sich die Herkunft der Stilform eines Teils dieser Zitate aus dem Rechts-

---

4 Das Zitat im Prophetenspruch ZAW 1934. Schon Smend (Th.StKr. H 4, 1876, S. 611) hat gesehen, daß die Propheten eine Rechtstradition voraussetzen.

leben erkennen. Einer der Ursprünge der Zitation ist das Rechtsleben"
(S. 62). „Das Prozeßverfahren ist der stilistische Hintergrund prophetischer Zitation" (S. 69).[5]

II. DIE GERICHTSWORTE AN EINZELNE IM AT

Diese in der Struktur übereinstimmenden Texte ermöglichen die
Bestimmung einer jedenfalls frühen, sehr einfachen Form des prophetischen Gerichtswortes an eine einzelne Person.

Solche prophetischen Gerichtsworte (oder Unheilsankündigungen)
an einzelne enthält das AT nicht sehr viele.

In den Geschichtsbüchern:

    1. Sam. 2, 27–36; (3, 11–14); 13, 11–14; 15, 10–31; 2. Sam. 12;

    1. Reg. 11, 29–40; 13, 1–3; 14, 7–14; 17, 1; 20, 35–43; 21, 17–22;
       22, 13–23;

    2. Reg. 1, 6 (16); 20, 14–19; 21, 10–15.

    1. Chron.; 2. Chron. vgl. den Exkurs S. 116–119

    (dazu Ex. 4, 21–23: Mose an Pharao; vgl Anm. 2 S. 120.

In den Prophetenbüchern:

Amos 7, 14–17

Jesaja (7, 10–16); 22, 15–25; 37, 22–30; 38, 1 (= 2. Reg. 20, 1);
    39, 3–7 (= 2. Reg. 20, 14–19)

Jeremia 20, 1–6; 22, 10–12. 13–19. 24–27 (28); 30; 28, 12–16;
    (29, 21–23); 29, 24–32; 36, 29–30; 37, 17

Ez. (17, 11–21)

In den Königsbüchern (1. Sam. – 2. Reg.) sind sämtliche prophetischen
Gerichtsankündigungen ohne Ausnahme an Einzelpersonen gerichtet;
niemals an eine Gruppe oder einen Stand, niemals an das ganze Volk
oder an andere Völker! Erst von den Schriftpropheten an kennen wir
die Gerichtsankündigung an das Volk.[5a] Das Tradieren gesammelter
Prophetenworte beginnt erst mit dieser; dem entspricht, daß die Ge-

---

    5 H. W. Wolff, Komm. zu Hos. 4, 1–3: „Als Sitz im Leben dieses rib wird man
doch lieber die Urteilsverkündigung der im Tor der Städte verhandelnden Rechts-
gemeinde annehmen" mit J. Begrich, Studien zu Deuterojesaja BWANT IV, 25, 1928,
S. 19–41 gegen E. Würthwein ZThK 49, 1952, S. 1 ff.; vgl. H. E. von Waldow,
Anlaß und Hintergrund der Verkündigung Deuterojesajas, Diss. Bonn 1953, S. 37 ff.
Gegen die These Würthweins auch F. Hesse, Wurzelt die prophet. Gerichtsrede im
israelit. Kult? ZAW 1953, S. 45–53; Würthweins These stimmt zu H. J. Gunneweg,
a. a. O. (Teil A, Anm. 1) S. 98. Eine wichtige Stütze bekommt der oben von H. W.
Wolff zitierte Satz in der Untersuchung von H.-J. Boecker, Redeformen des israeli-
tischen Rechtslebens, Diss. Bonn, 1959, S. 75 ff.

    5a Balla, § 10: Amos unterscheidet sich von allen seinen Vorgängern dadurch,
daß er auch für Israel völliges Verderben kommen sah (vorher: die Feinde oder ein
einzelner, z. B. der König).

richtsworte an einzelne in den Prophetenbüchern fast alle in berichtenden Texten begegnen (Amos 7, 10–17; Jer. 7, 37–39; Baruk-Bericht in Jeremia).

Nach Jeremia begegnen Gerichtsworte an eine einzelne Person nicht mehr.[5b] Sie fehlen aber auch bei Hosea, Micha, Zephania und (mit der genannten Ausnahme) bei Ezechiel.[6] Es läßt sich deutlich ein Gefälle erkennen: das GE hat seine eigentliche Zeit in der Königszeit *vor* den Schriftpropheten; das uns aus dieser Zeit überlieferte prophetische Gerichtswort (das nur in erzählendem Zusammenhang begegnet!) ist ausschließlich Gerichtswort an den einzelnen und fast immer an den König. Es ragt noch in einigen Beispielen in die Zeit der Schriftpropheten hinein, um dann ganz zu verschwinden.

Für die Geschichte des Prophetenwortes ergibt sich daraus mit Sicherheit, daß die Gerichtsworte, gegen eine einzelne Person gerichtet, als Typ älter sind als die gegen das ganze Volk (oder eine Gruppe daraus) gerichteten Gerichtsworte.

Nicht die Gerichtsprophetie als solche beginnt mit Amos, wohl aber *die Ankündigung des Gerichts über das ganze Volk;* damit bekam das prophetische Gerichtswort die Eigenbedeutung, die das *gesonderte* Tradieren dieser Worte begründete, herausgelöst aus der Einbettung in Geschichtserzählungen. Hier zeigt sich ein wichtiger Einschnitt in der Geschichte Gottes mit seinem Volk: die Sünde des Volkes bekam als ganze, als Vergehen der ‚corporate personality‘, jetzt ein solches Gewicht, daß der Auftrag an Propheten, im Fall eines Vergehens (besonders des Königs) als Bote des Gerichtes Gottes einzuschreiten, nicht mehr genügte; die Anklage muß nun gegen das ganze Volk erhoben und damit zugleich dem ganzen Volk Gottes Gerichtsurteil angekündigt werden.

Im Folgenden sollen die Stellen, an denen das GE begegnet, in der Weise untersucht werden, daß zunächst zwei von den bisherigen Beispielen und von einander entfernte Worte für sich erklärt, dann die einzelnen Bestandteile des Prophetenwortes bei der ganzen Gruppe angesehen werden. Zu den Texten ist im Voraus zu sagen, daß auf den Wortlaut nicht allzuviel gebaut werden darf, da die Prophetenworte mehr oder weniger in die Erzählungen eingeschmolzen sind. Jedoch scheint es mir möglich, die Folge der Motive jedenfalls in der Mehrzahl der Texte als dem ursprünglichen Prophetenwort entsprechend anzunehmen.

5b Eine eigentümliche Nachwirkung des GE findet sich in Jer. 2, 18. 36–37 und 2, 33; beides Gerichtsworte gegen Israel, aber als GE stilisiert.

6 In starker Umgestaltung die Gerichtsankündigung gegen Zedekia Ez. 17, 11–21, die aber immerhin noch Elemente des alten GE enthält; dagegen zeigt Ez. 11, 13 (Pelatja) die Kennzeichen einer Verfluchung.

Die Übereinstimmung der drei bisher untersuchten Prophetenworte in den fünf bezeichnenden Punkten kann als Ausgangsbasis für die Frage nach weiteren, entsprechenden Worten dienen. Dies soll zunächst an zwei entfernteren Beispielen gezeigt werden. Das erste, 2. Sam. 12, ist insofern von der gefundenen Form des GE entfernt, als es ganz in eine Erzählung eingeebnet ist, in der auf den ersten Blick das ursprüngliche Prophetenwort unerreichbar zu sein scheint. Außerdem ist es von den bisherigen Beispielen zeitlich weit entfernt; es reicht in die Anfänge der Königszeit zurück. Das andere Beispiel ist insofern entfernt, als es in die geprägte Sprache eines der großen Schriftpropheten gefaßt ist und auf den ersten Blick kaum vermuten läßt, daß es der Frühform des Gerichtswortes an einen einzelnen angehört.

2. Sam 12, das Wort Nathans an David.

Hier ist allerdings das Prophetenwort in seiner ursprünglichen Gestalt nicht mehr erhalten; es ist in eine ausführliche Erzählung eingeschmolzen. Jedoch lassen sich die Elemente des ursprünglichen Wortes noch erkennen:

a) Der Botenauftrag, umgesetzt in Erzählung:

„Und es sandte Jahwe den Propheten Nathan zu David" (V. 1).

b) Anklagende Frage:

V. 9a: Warum hast du Jahwe verachtet und getan, was ihm mißfällt?

Feststellung des Tatbestandes:

V. 9b: Du hast den Hethiter Uria mit dem Schwert erschlagen;
und sein Weib hast du dir zum Weibe genommen.

c) Gerichtsankündigung, eingeleitet durch die Botenformel:

V. 11: So hat Jahwe gesprochen:
Siehe: ich werde in deinem eigenen Hause Unheil wider dich anstiften
und werde deine Frauen vor deinen Augen wegnehmen ...

Diese Sätze enthalten die Elemente des an einen einzelnen gerichteten Gerichtswortes; eine wörtliche Wiedergabe kann man in dieser Umgestaltung nicht erwarten. Vers 9a kann nicht dem ursprünglichen Prophetenwort angehören, denn so allgemein und so theologisch reden die frühen Prophetenworte niemals. Es folgen dann noch eine ganze Reihe von Wiederholungen und Erweiterungen; es ist durchaus möglich, daß dem Erzähler das Nathanwort in zwei oder noch mehr Gestalten überliefert war und er wollte in seiner Erzählung möglichst viel davon bewahren (V. 9a = 9c; 10b = 9; zwei Ankündigungen 10a und 11). Möglich ist, daß die Verse 7b–8 ein Element des ursprünglichen Wortes enthalten, eine Erweiterung der Anklage durch Kontrastierung dieser Anklage mit Gottes früherem Handeln an dem Angeklagten; ein in den späteren Prophetenworten häufiges Motiv.

Daß es schon in dem Wort Nathans an David möglich ist, zeigt eine weiter unten zu erörternde Parallele in den Mari-Briefen. Diese kurze Form des prophetischen Gerichtswortes tritt auch noch bei Jesaja, Kapitel 22 auf:

V. 15: So sprach Jahwe Zebaoth:
Auf, geh hinaus zu diesem Schaffner da:
V. 16: Was hast du hier und wen hast du hier,
Daß du dir ausgehauen hier ein Grab,
Einer, der hoch sein Grab aushaut,
Im Felsen sich seine Wohnstatt höhlt?
V. 17: Siehe, Jahwe wirft dich im Wurf, du Held,
und kehrt dich um und um.
V. 18: Zusammenknäuelt er dich zum Knäuel,
Wie einen Ball auf breitseitiges Land;
Dort wirst du sterben und dort dein Ehrenwagen sein,
Du Schande des Hauses deines Herrn! (Übers. H. Duhm)

Auch wenn dieses Wort wesentlich breiter und entwickelter ist als die ersten Beispiele, läßt es doch die ursprüngliche Kurzform noch erkennen. 1. Das Wort ist eingeleitet durch den Botenauftrag; es handelt sich um die Botschaft an einen einzelnen. Der Auftrag ist verkürzt; es fehlt der zweite Teil ‚und sage zu ihm‘, wahrscheinlich wegen der schon vorwurfsvollen Färbung des Auftrags.

2. Die Anklage entspricht sachlich und in der Form genau der anklagenden Frage des Elia an Ahab 1. Reg. 21, 19. Auch hier stellt diese anklagende Frage den Tatbestand fest, wieder ein Tatbestand, der für alle offen daliegt und den festzustellen es keiner Offenbarung bedarf. Der Vers 16b hinkt nach und wiederholt nur; die strenge Direktheit der anklagenden Frage 16a ist hier verlassen. Entweder sind diese Partizipien 16b eine sekundäre Erweiterung (die durchaus von Jesaja sein könnte!) oder – und das ist wahrscheinlicher – V. 16b ist vor 16a als Näherbestimmung zu ‚diesem Verwalter da‘ zu lesen; hier paßt das Partizip viel besser und es würde dann in seiner Stellung genau dem Satz 1. Reg. 21, 18b entsprechen, wo in der *Einleitung* des Prophetenwortes eine entsprechende nähere Bestimmung gegeben wird.

3. Die Unheilsankündigung ist breiter als 1. Reg. 21, 19b; aber nicht breiter als Amos 7, 17. Wesentlich anders ist aber, daß diese Ankündigung zweiteilig ist; sie enthält die beiden Teile, die sonst für die Ankündigung an das Volk bezeichnend ist. Eingreifen Gottes: V. 17 „Siehe: Jahwe wirft ...“ und dessen Folge: „Dort wirst du sterben und dort ...“ Insofern vertritt Jes. 22, 15–18 nicht den reinen Typ des Kurzwortes; in der Ankündigung ist eine Angleichung an die spätere lange Form wahrzunehmen.

4. Die Kurzform zeigt sich aber darin, daß eine grammatische Ver-

knüpfung von Begründung und Ankündigung fehlt. Die anklagende Frage in 16a steht völlig für sich; unverbunden leitet dann in 17 das ‚Siehe!‘ (das sehr häufig an Stelle der Botenformel steht) die Ankündigung ein.

III. DIE TEILE DES GERICHTSWORTES AN EINZELNE

1. Einleitung

Eine Untersuchung der Einleitungsworte scheint mir bei dieser Gruppe nicht ergiebig zu sein, weil in den geschichtlichen Texten gerade diese als Bestandteil der Erzählung wohl fast durchweg vom Erzähler gestaltet sind und daher kaum zum ursprünglichen Prophetenwort gehören. Die Einleitung ist gewöhnlich der Botenauftrag, der aber ganz verschieden gestaltet sein kann. Er kann z. B. ganz in Erzählung umgesetzt sein wie in 2. Sam. 12, 1: „Und Jahwe sandte den Propheten Nathan zu David.“

Dazu kann eine Aufforderung zum Hören treten wie Amos 7, 16; 1. Reg. 20, 16; Jer. 28, 15; Jes. 7, 13.

2. Die Anklage

a) Zunächst die den Ausgangsbeispielen entsprechenden Anklagen (1. Reg. 21, 17; 2. Reg. 1, 3): Die genau gleiche Form der anklagenden Frage begegnet noch mehrmals.

Jes. 7, 13: Höret doch, ihr vom Hause Davids:
ist es euch nicht genug, Menschen zu ermüden,
daß ihr auch noch meinen Gott ermüdet?
1. Sam. 2, 29: Warum blickst du scheel auf mein ... Opfer?
2. Sam. 12, 9a: Warum hast du Jahwe verachtet und getan, was ihm mißfällt?
Jes. 22, 15: Was hast du hier und wen hast du hier,
daß du dir ausgehauen hier ein Grab?
37, 23: Wen hast du gehöhnt und gelästert ... den Heiligen Israels?
24: du hast gesagt ...
29: Weil du denn wider mich tobest ...
Jer. 22, 15: Meinst du ein König zu sein, wenn du in Zedernbauten wetteiferst?
Hat nicht dein Vater auch gegessen und getrunken ... Aber er ...
17: Aber deine Augen und dein Herz sind nur auf deinen Gewinn aus, nur darauf, das Blut Unschuldiger zu vergießen, Unrecht und Gewalt zu üben!

Genaue Entsprechungen der beiden Beispiele sind Jes. 22, 15 und Jer. 22, 15. Hier können wir also annehmen, daß das Wort dem Betreffenden Auge in Auge gesprochen und genau so schriftlich fixiert wurde und uns heute so vorliegt, wie es gesprochen wurde.[7] Jes. 37, 23 gehört auch zu dieser Gruppe. Aber hier zeigt sich eine sehr bezeichnende Erweiterung: auf die anklagende Frage in V. 23 folgt in V. 24 ein Zitat, das das ‚Höhnen‘ und ‚Lästern‘ (23) entfaltet. Sonst sind die Anklagen bei dieser Form durchweg eingliedrig. Wenn hier die Anklage durch ein Zitat des Angeklagten entfaltet wird, so ist das darin begründet, daß Jesaja in diesem Fall dem Angeklagten – es ist der König Sanherib – nicht direkt gegenübertreten kann; deswegen ‚zitiert‘ er ihn, d. h. mit dem Zitat holt er das Delikt in die Gegenwart seiner Anklage hinein. Wenn dann in V. 29 die Anklage „weil du wider mich getobt hast und dein ‚Lärmen‘ vor meine Ohren gekommen ist" nochmals erscheint, so ist das eine bloß literarische Wiederaufnahme, bedingt durch den weiten Abstand der jetzt erst folgenden Ankündigung.

Auch 2. Sam. 12, 9a ist eine literarische Bildung, nicht die ursprüngliche Anklage. Diese folgt in V. 9b in der Aussageform. Wenn sie in V. 9a durch eine anklagende Frage erweitert ist, so zeigt das, wie der Erzählende diesen Satz ergänzend bildete aus der richtigen Kenntnis der hierher gehörigen Form der anklagenden Frage. Die literarische Bildung von V. 9a ist an den allgemeinen theologischen Begriffen kenntlich.

Zu dieser Gruppe gehören noch die Stellen, die zwar die anklagende Frage erkennen lassen, aber nicht direkt das Vergehen nennen:

1. Sam. 13, 11: Samuel aber sprach: Was hast du getan?
   15, 14: Samuel sprach: Was ist das für ein Blöken von Schafen?
   23: Weil du das Wort Jahwes verworfen hast ...
2. Reg. 20, 14 f: (Jesaja erfragt von Hiskia den Tatbestand)
   Was haben diese Männer gesagt? ...
   Was haben sie in deinem Hause gesehen? ...

Eine präzise Anklage ist an keiner dieser Stellen formuliert. Aber in den Fragen (man könnte sie mit den Fragen eines Verhörs vergleichen) wird der Tatbestand festgestellt, der die Anklage begründet. Sie braucht nicht ausgesprochen zu werden, weil im Gang der Erzählung klar wird, daß der in den Fragen herausgestellte Tatbestand eine Anklage impliziert. Auch wenn an allen drei Stellen eine feste Form nicht mehr zu erkennen ist und der Erzähler ganz frei formuliert, wird man doch besonders aus 2. Reg. 20 schließen dürfen, daß die prophetische Anklage an eine einzelne Person oft so zustandekam, daß der Prophet den Tatbestand durch Fragen feststellte, genau wie das beim normalen Rechtsvorgang geschieht. Alle drei Stellen sind tatsächlich einem Ver-

---

7 Es ist möglich, daß Jer. 22, 15 der zweite, verallgemeinernde Satz später hinzugefügt wurde.

hör ähnlich, bei dem der Prophet der Verhörende, der König der Verhörte ist.[8]

Die Form der anklagenden Frage begegnet auch schon in den Mari-Briefen (1. Brief s. o. S. 86):

> Warum halten sich die Abgesandten des Zimrilim nicht ständig vor mir auf?
> Und warum erstattet er nicht vollständig (über alles) vor mir Bericht?

b) Statt einer anklagenden Frage ist die Anklage als Aussagesatz formuliert; die Anklage besteht in einer bloßen Feststellung.

> 2. Sam. 12, 9b: Du hast den Hethiter Uria mit dem Schwert erschlagen, und sein Weib hast du dir zum Weib genommen!
> 1. Reg. 14, 2: Du aber . . . hast Böses getan . . . hast dir andere Götter gemacht.
> Amos 7, 16: du, der du sagst: du sollst nicht prophezeien . . .
> Jer. 28, 13: Hölzernes Joch hast du zerbrochen, . . .
> 15b: Jahwe hat dich nicht gesandt, du aber hast dieses Volk verführt, sich auf Lüge zu verlassen.
> 29, 24: Du (= Semaja von Nehelam) hast du also in eigenem Namen . . . einen Brief gesandt . . .
> 36, 29: Du (= Jojakim) hast diese Rolle verbrannt und gesagt . . .
> 29, 21: . . . über Ahab . . . und Zedekia . . . die euch in meinem Namen Lüge prophezeien . . .
> 23: sie haben mit den Frauen ihrer Nächsten Ehebruch getrieben und in meinem Namen Worte geredet, die ich ihnen nicht aufgetragen habe.

Diese zweite Form der Anklage begegnet etwas häufiger als die erste: sie ist der ersten sachlich ganz entsprechend. (Es sei auf die auffällige Tatsache hingewiesen, daß auch bei der ‚Anklage Gottes‘ in den Klagepsalmen die Anklage als Frage (Warum? Wie lange?) und als Aussage gleich bedeutend nebeneinander begegnen.[9]

In diesen Sätzen liegt eine Redeform vor, wie sie einfacher nicht mehr zu denken ist. Sie besteht in einem bloßen Aussagesatz in der 2. pers. sing. perf., ohne Einleitung, ohne Verbindungsworte. Wir können ganz sicher sein, hier auf eine Grundform zu stoßen, die keinerlei Vorgeschichte mehr hat. Ein Zeichen dafür ist auch, daß diese Anklage in der Form des Aussagesatzes sich von den früheren Traditionen bis hin zu Jeremia unverändert erhalten hat:

> 2. Sam. 12, 9b: Du hast den Hethiter Uria mit dem Schwert erschlagen.
> Jer. 36, 29: Du hast diese Rolle verbrannt und gesagt . . .

Genau so Jer. 29, 24; 28, 15b. Die bloße Feststellung des Tatbestandes genügt, das dann folgende Urteil zu begründen. Diese Sätze stimmen mit der profanen Anklage in Aussageform vollständig überein:

---

8 Zu 1. Sam. 15, 23: die Anklage wird in einem Kausalsatz noch einmal aufgenommen. Es gilt das oben zu 2. Sam. 12, 9a Gesagte. Die Stelle zeigt, daß die grammatische Verbindung zwischen beiden Teilen erst einem sekundären Stadium angehört.

9 Vgl. Struktur und Geschichte der Klage im AT, C. Westermann, ZAW 66, 1/2, 1954.

1. Reg. 21, 10: Und setzt zwei nichtswürdige Menschen ihm gegenüber;
die sollen wider ihn zeugen und sagen:
„Du hast Gott und dem König geflucht!".
(vgl. Jer. 26, 11; Dan. 3, 12).

Hier ist es ohne weiteres klar, daß diese Redeform aus dem ordentlichen Gerichtsverfahren stammt.[9a] Diese lapidaren, feststellenden Sätze der Anklage sind den apodiktischen Geboten genau entsprechend: auch diese in der 2. pers. sing. formuliert, jedoch als Verbote im imperf. mit lo'. Die Feststellung ‚du hast Gott und dem König geflucht' stellt den Bruch des Gebotes fest: Ex. 22, 27 „Gott sollst du nicht lästern und den Fürsten in deinem Volk nicht fluchen". In der Entsprechung zu den apodiktischen Geboten und der Übereinstimmung mit der profanen Anklage erweist diese Form der prophetischen Anklage gegen einen einzelnen deren Funktion und deren Sinn in der Wahrung des Gottesrechtes in den Fällen, wo dieses Recht straflos durchbrochen wird.

Besonders liegt es mit der Anklage in den Fällen, wo ein altes Gesetz nicht vorliegt und also nicht einfach ein Vergehen gegen ein solches Gesetz (wie 2. Sam. 12, 9b) konstatiert werden kann. Das ist der Fall, wo das Vergehen darin besteht, das Wort des Propheten zum Schweigen zu bringen. Das begegnet in dieser Gruppe häufig: Amos 7, 16; (Jer. 20, 2); Jer. 28, 13; 36, 29. An den beiden Jeremia-Stellen besteht dieses Vergehen jeweils in einer zerstörenden Handlung (das Zerbrechen des Joches; das Verbrennen des Buches), das einfach konstatiert werden kann. In Amos 7, 16 ist keine direkte Anklage in 2. pers. ausgesprochen; es ist nur in einer Apposition zur Anrede das Verhindern des Prophetenwortes konstatiert: „du, der du sagst . . ." Es ist nicht ausgeschlossen, daß dieser Relativsatz erst bei der schriftlichen Fixierung hinzukam; auf diese Möglichkeit führt Jer. 20, 2; es ist fast die gleiche Situation, nur dadurch verschärft, daß Pašhur Jeremia über Nacht in den Block legte. Hier spricht die Situation derart laut, derart anklagend mit, daß eine Formulierung der Anklage überflüssig ist. Das Prophetenwort in Jer. 20, 2 enthält *nur* die Gerichtsankündigung, keine Anklage, dennoch ist es ganz klar, worin das Urteil über Pašhur begründet ist. Hier liegt die äußerste Verdichtung eines prophetischen Gerichtswortes an einen einzelnen vor. Zu seinem Wesen gehört es, daß die Anklage in persönlichem Gegenüber unmittelbar angesichts eines vorliegenden Tatbestandes erhoben wird. Hier in Jer. 20, 2 ist der Tatbestand so unmittelbar und sprechend, daß eine formulierte Anklage wegfallen kann.

Auch bei dem Tatbestand der falschen Prophetie oder Lügenpro-

9a Vgl. hierzu die in Anm. 5 dieses Teils angegebene Dissertation von H. J. Boecker.

phetie (Jer. 28, 15b; 29, 24. 21. 23b) liegt kein Gesetz vor, weil es hier keine objektiven Kriterien gibt. So sind hier die Formulierungen der Anklage wenig fest, teilweise sehr sekundäre Bildungen wie Jer. 28, 15b; 29, 21. 23; hier liegt eine nachträgliche, literarische Formulierung der Anklage vor, z. T. auch in 3. pers. umgesetzt.

Die Anklage 1. Reg. 14, 9 läßt von der ursprünglichen Gestalt nichts mehr erkennen, das ganze Prophetenwort von V. 7–11 ist deuteronomistische Formulierung.

Dasselbe gilt weitgehend für eine dritte Gruppe von Formulierungen der Anklage, die hier – im Gegensatz zur ursprünglichen Form – in einen logisch-grammatischen Zusammenhang mit der Ankündigung gebracht sind:

1. Sam. 15, 23: Weil du das Wort Jahwes verworfen hast ...
1. Reg. 20, 36: Weil du Jahwe nicht gehorcht hast ...
         42: Weil du den Mann, der meinem Bann verfallen war, hast ziehen lassen ...
2. Reg. 21, 11: Weil Manasse ... diese Greuel verübt hat, die ärger sind als ... und weil er auch Juda mit seinen Götzen zur Sünde verführt hat ...

In 1. Sam. 15, 23; Jes. 37, 29 ergänzen diese Kausalsätze die Anklage, die vorher direkt und im Aussagesatz formuliert ist; an den anderen Stellen ist die ganze Anklage in einen Kausalsatz gekleidet. Dabei ist wieder zu unterscheiden zwischen der bloßen kausalen Einkleidung einer konkreten, ein bestimmtes, einmaliges Vergehen fixierenden Anklage wie 1. Reg. 20, 42 – in diesem Fall kann der Satz die ursprüngliche Anklage, die dann im Aussagesatz erging, bewahrt haben – und einer allgemeinen, theologisch-begrifflichen Anklage wie 1. Sam. 15, 23; 1. Reg. 20, 36; 2. Reg. 21, 11; Jes. 37, 29(?); dies sind sicher literarische Bildungen, wobei der Berichtende nur noch die *Tatsache,* daß hier eine Anklage erging, weiß, ihm aber eine bestimmte Anklage nicht mehr vorliegt (fast alle Belege dieser Gruppe aus berichtenden Texten).

Wir können also innerhalb dieser Form in deutlichen Zügen eine Geschichte der an einen einzelnen gerichteten prophetischen Anklage erkennen: es zeigt sich der Weg von der in einem einzigen, völlig freistehenden Satz (Aussage oder anklagende Frage) ergehenden Anklage zu der kausal mit der Ankündigung verbundenen; inhaltlich der Weg von der ein bestimmtes, einmaliges Vergehen fixierenden zu einer allgemeinen, begrifflich formulierten Anklage.

3. Die Ankündigung

Texte: s. o. S. 98!

a) Die Einleitung der Ankündigung.

Während die Anklage meist ohne jede Einleitung direkt ergeht, wird die Ankündigung als Jahwewort eingeleitet. Hier zeigt der Tatbestand eindeutig, daß im Gotteswort an einen einzelnen die Ankündigung das eigentliche Gotteswort ist.

Die häufigste Einleitung ist laken ko 'amar jhwh oder eine Abwandlung dieser Botenformel. 1. Sam. 2, 30; 1. Reg. 21, 19; Am. 7, 1; Jer. 22, 18; 28, 16; 29, 32; 36, 30; statt laken ki: Jer. 22, 11; 20, 3; 1. Reg. 11, 31. Bloß ko 'amar jhw: 2. Sam. 12, 7b (am Anfang); 1. Reg. 14, 7; 14, 12; 20, 42; 2. Reg. 20, 1; Jer. 22, 30; nur laken: 1. Reg. 14, 10; 2. Reg. 1, 6; oder bloßes we Jes. 37, 29 f. An die Stelle der Botenformel kann ,darum siehe' 1. Reg. 14, 10; oder nur ,siehe' treten: 2. Sam. 12, 11; 1. Reg. 11, 31; 13, 2; 20, 36; Jer. 20, 3; 29, 21; oder ,Siehe, Tage kommen' 2. Reg. 20, 16.

Eine Einleitung fehlt nur dort, wo das Prophetenwort ganz in die Erzählung eingeebnet ist wie 1. Sam. 13, 13 f.; 15, 16 ff.; 2. Sam. 12. Man wird aus diesem Tatbestand allgemeine Schlüsse kaum ziehen können; sicher ergibt sich nur, daß überwiegend die Ankündigung durch die Botenformel eingeleitet und damit als eigentliches Gotteswort gekennzeichnet wird. Außerdem ist von dem die Ankündigung einleitenden laken ko 'amar jhwh die das *ganze* Wort einleitende Formel ko 'amar jhwh zu unterscheiden.

b) Zur Form der Ankündigung.

Sie ist bei den Worten, bei denen man annehmen kann, daß sie die ursprüngliche Form annähernd bewahrt haben, eingliedrig: 1. Reg. 21, 19; 2. Reg. 1, 6; Amos 7, 17 s. o.

Dazu 1. Sam. 13, 13 f.; 1. Reg. 20, 36. 42; 2. Reg. 20, 1. 16; Jes. 7, 17; Jer. 22, 11 f.. 18 f.. 30. Eingliedrig bedeutet hier: die Ankündigung besteht nur in einer Aussage über die Strafe, die den trifft, an den das Wort gerichtet ist. Das ist sicher die frühere Form der Gerichtsankündigung, bei der der Ankündigende dem Betreffenden Auge in Auge gegenübersteht. Bei der Ankündigung an das Volk ist eine Differenzierung eingetreten: vor die eigentliche Strafansage tritt das ,Eingreifen Gottes', ein Satz in der 1. pers. der Gottesrede.

Diese zweigliedrige Form der Ankündigung begegnet bei einigen GE (Gerichtsankündigung an den einzelnen): 1. Sam. 2, 30–34; 2. Sam. 12, 11 ff.; 1. Reg. 14, 7–11; (Jes. 22, 17–19; 37, 29 f.); Jer. 20, 3; 28, 16; 29, 21; 29, 32.

Beispiele:

Jer. 28, 16: Darum so hat Jahwe gesprochen:
Siehe: ich schicke dich weg vom Erdboden;

noch in diesem Jahr wirst du sterben!
20, 3: Siehe: ich mache dich zum Grauen für dich und alle deine Freunde.
Sie werden durch das Schwert ihrer Feinde fallen
und deine Augen müssen es sehen.

Man kann alle diese zweigliedrigen Gerichtsankündigungen als sekundäre Mischformen erklären. Ganz sicher ist das z. B. der Fall in

Jer. 36, 30: Darum so spricht Jahwe über Jojakim:
Er soll keinen haben, der auf dem Thron Davids sitze,
und sein Leichnam soll daliegen, preisgegeben ...
Und ich werde an ihm und an seinem Geschlecht und an seinen
Dienern die Verschuldungen ahnden ...

Hier ist es klar, daß der letzte Satz, das ‚Eingreifen Gottes‘ sekundär nachgetragen ist; die Sprache dieses Satzes erweist das zur Genüge. Aber lange nicht bei allen Stellen ist das so eindeutig. Auch wenn man bei den zweigliedrigen Ankündigungen in jedem Fall mit einer literarischen Bildung in Analogie zu der späteren Form zu rechnen hat, so bleibt doch das häufige Vorkommen der Gottesrede in dieser Gruppe auffällig. Es kommen dabei Formulierungen vor, die einen durchaus ursprünglichen Eindruck machen, wie

Jes. 37, 29: Weil du (Sanherib) ...
So will ich dir einen Ring in deine Nase legen und ein Gebiß ins Maul
und will dich auf dem Wege zurückführen, den du gekommen bist.

Es handelt sich hier im Unterschied zu allen anderen Stellen um einen feindlichen König. Sein Vergehen ist ein wesentlich anderes als die, deren die israelitischen Könige angeklagt werden; es besteht einfach in seinem feindlichen Vorgehen gegen Israel, ist also ein Vergehen nur von Israel aus gesehen. Das ganze Wort gegen Sanherib ist, genau besehen, keine Gerichtsankündigung, es ist nur in diese Form gekleidet; eigentlich ist es ein Heilswort Jesajas für Hiskia, der in der Bedrängnis durch Sanherib vor Jahwe getreten war, und Jesaja handelt und redet hier in der Funktion des Intercessor, als Heilsprophet. Das wird bestätigt durch eine Parallele aus den Mari-Briefen, die sich hier aufdrängt (s. o. S. 87):

Dann will ich auch die Schechs der Benjaminiten
in einem Fischerkorb zappeln lassen und vor dich hinstellen!

Das ähnliche Bild hat die gleiche Funktion des Unterstreichens einer Heilsankündigung.

Das gleiche ist dann anzunehmen für Jes. 22, 17–19, ein Wort, das gegen einen *ausländischen* Beamten gerichtet ist:

Siehe: Jahwe wirft dich hin mit Wucht, du Mann, und faßt dich fest,
zum Knäuel wickelt er dich zusammen, wie einen Ball in weit offenes Land,
dort wirst du sterben und dorthin kommen deine Prachtwagen,
du Schande des Hauses deines Herrn!

Beide Worte, Jes. 22, 17–19 und 37, 29 f. gehören dann in einen ganz anderen Traditionszusammenhang: in die Linie der Heilsprophetie, in der das Einschreiten Gottes a) formal in der 1. pers. der Gottesrede, b) in starken, massiven Bildern als übermächtiges Handeln Gottes an den Feinden dargestellt wurde.

Jer. 22, 24–27, besonders V. 26, klingt auffällig nahe an Jes. 22, 17 f. an:

> Jer. 22, 26: Ich schleudere dich und deine Mutter . . . in ein Land . . . dort werdet ihr sterben.

Es ist anzunehmen, daß diese Ankündigung von der Form beeinflußt ist, die in der 1. pers. vom Eingreifen Gottes gegen Israels Feinde redete. In dem gleichen Mari-Brief ist dieses Eingreifen des Gottes gegen die Feinde vorher mit der festen Wendung beschrieben, die in Israel zum Jahwe-Krieg gehört: „Ich gebe in deine Hand . . ." Dieser Satz kommt abgewandelt auch in Jer. 22, 24–27 vor:

> V. 25: Ich gebe dich in die Hand derer, die nach deinem Leben trachten.

(Ebenso in Jer. 29, 21; 37, 17). Auch das Vorkommen dieses Satzes – der eigentlich nicht für einen einzelnen paßt, da er ursprünglich immer eine Gruppe meint – legt es nahe, daß ein Einwirken des Heilswortes, in dem Jahwe in der 1. pers. redete, anzunehmen ist.

Dann wird man die auffällig vielen Stellen, an denen die Ankündigung des GE zweigliedrig ist, jedenfalls nicht nur als nachträgliche Angleichungen an die spätere zweigliedrige Form erklären, man wird vielmehr an das Zusammenkommen zweier genuiner Formen zu denken haben: die Strafansage des GE hat in vielen Fällen ein Ich-Wort (Ich = Gott) aufgenommen, dessen Ursprung die Heilsankündigung ist. Man kann darüber hinaus fragen, ob die spätere zweigliedrige Form der Gerichtsankündigung

Eingreifen Gottes (1. pers.)
Folge des Eingreifens Gottes (3. pers.; Strafansage)

nicht überhaupt durch diese Verbindung zustandegekommen ist. Diese Vermutung bekommt eine Stütze durch eine Beobachtung an den GE in den Geschichtsbüchern, die in die gleiche Richtung weist. Hier soll zunächst festgehalten werden, daß Würthweins These, die Schriftpropheten (er hat es für Amos nachgewiesen) seien vorher (jedenfalls zum Teil) Heilspropheten gewesen, durch unsere Untersuchung der Ankündigungen eine weitere Stütze bekommen hat: mindestens Jesaja 22, 17–19 und 37, 29 f. sind als in der Traditionslinie der prophetischen Heilsankündigung stehend nachgewiesen; ihre Einwirkung auf Jer. 22, 24–27 und vielleicht noch andere Stellen ist wahrscheinlich.

c) Was wird angekündigt?

In den beiden Beispielen 1. Reg. 21, 19 und 2. Reg. 1, 6 wird als Bestrafung für das Vergehen dem König der Tod angekündigt. Dasselbe geschieht 1. Reg. 20, 42 (auch in 20, 36; aber hier in einer legendenhaften Weiterbildung); Jer. 28, 16; 29, 21; Ez. 17, 16. An diesen

Stellen geschieht im Ergehen des prophetischen Gerichtswortes nichts anderes als im Ergehen des Richterspruches. Der Prophet sagt hier nur das Notwendige, was von der Instanz, die es sagen müßte, versäumt wurde. Das dem Propheten aufgetragene Wort ist nichts Besonderes, sondern nur das aus der Situation Geforderte. An dieser Gruppe von Worten mag man sehen, wie einfach, wie wenig aus dem Normalen herausfallend, wie fast selbstverständlich diese einfachste Form der prophetischen Gerichtsankündigung ist. Hier wurde dem Propheten nichts irgendwie Außergewöhnliches offenbart; das für den Prophetenspruch Charakteristische liegt hier nicht im ‚Was‘ des Gesagten, sondern einzig im ‚Daß‘ und im Zeitpunkt dieses ‚Daß‘.[10] Es sei auch auf die ausgesprochen profane Sprache dieser kurzen Sprüche hingewiesen; schon deswegen ist die Herkunft der prophetischen Gerichtsrede aus dem Kult unwahrscheinlich, weil sich in ihr Sprache und Stil des profanen Gerichtsvorganges spiegeln, von sakraler Sprache aber keine Spur zu finden ist.

Eine weitere Ankündigung zielt auf das Fortnehmen des Königtums.

1. Sam. 13, 14: Nun aber wird dein Königtum nicht bestehen bleiben!

15, 28: Jahwe reißt heute das Königtum über Israel von dir und wird es einem anderen geben!

23: Weil du das Wort Jahwes verworfen hast, hat er dich verworfen als König.

1. Reg. 11, 31: Siehe: ich will Salomo das Reich entreißen und dir die zehn Stämme geben ...

Auch wenn hinter diesen sehr verschiedenen Sätzen eine feste Form nicht mehr zu erkennen ist, wird der Vorgang doch klar; dem König wird auf Grund eines Vergehens das Königtum aberkannt. Das geschieht aber nicht in einem Akt der Gewalt (also einer Revolution), sondern in einer bloßen Ankündigung. Gegenüber der vorigen Gruppe, der Ankündigung der Todesstrafe, liegt hier etwas wesentlich anderes vor: die Strafankündigung kann hier kein altes Gesetz voraussetzen, das allen Gliedern des Volkes gilt. Diese prophetische Aberkennung des Königtums ist vielmehr ein Vorgang innerhalb des neuen Staatsgefüges, es müssen daher auch neue, allein für das Amt des Königs geltende Maßstäbe sein, die hier dem Urteil zugrunde liegen.

In 2. Sam. 12 tritt weder Todesstrafe noch Entzug des Königtums ein. Die Strafankündigung heißt:

2. Sam. 12, 11: So spricht Jahwe: Ich werde noch Unheil für dich aus deinem Hause erstehen lassen und werde dir deine Frauen vor deinen Augen wegnehmen und sie einem anderen geben, daß er im Angesicht dieser Sonne deinen Frauen beiwohnt.

10 So F. Hesse, Wurzelt die prophetische Gerichtsrede im israelitischen Kult? ZAW 1953, S. 45–53; S. 50.

Und eine andere Form:

> 12, 10: So soll denn für immer das Schwert nicht von deinem Hause
> weichen.

Dem entspricht das Wort über Jerobeam:

> 1. Reg. 14, 10: Darum siehe: Ich bringe nun Unglück über das Haus Jerobeam.
> Ich will von Jerobeam ausrotten, was an die Wand pißt,
> ‚allesamt‘ und will das Haus Jerobeam hinwegfegen,
> wie man Kot hinwegfegt, bis auf den letzten Rest.
> Jer. 36, 30: Darum so spricht Jahwe über Jojakim:
> Er soll keinen haben, der auf dem Thron Davids sitze.

Anklänge an diese Gerichtsankündigung, die sich am *Hause* des Betreffenden auswirkt: Jes. 7, 14; Jer. 22, 30; 29, 32 (zwei Propheten). Ganz ähnlich ist die Ankündigung über den Priester Eli:

> 1. Sam. 2, 31: Siehe, Tage kommen,
> da werde ich deinen Arm und den Arm des Hauses deines
> Vaters abhauen,
> daß in deinem Hause kein Betagter sein wird ...
> 34: das Zeichen über die beiden Söhne Elis.

Auch hier ist es kaum möglich, eine feste Form herauszuarbeiten. Doch sind die Übereinstimmungen so deutlich, daß eine solche angenommen werden muß. Fest steht dafür: a) diese Ankündigung ergeht an einen, der in einem *erblichen* Amt steht (Priester oder König); b) die Strafe wirkt sich daher am *Haus* des Betreffenden, d. h. an seinen Nachkommen aus. Daß damit der Betreffende selbst bestraft wird, ist bei den Anschauungen des AT vom Leben in der Generationenkette klar.

d) Kontrastmotiv

Bei 2. Sam. 12 ist durch den Zusammenhang klar, daß diese Gerichtsankündigung auf die Nathanverheißung 2. Sam. 7 bezogen, daß sie in gewisser Weise ihr entgegen gesprochen ist. Es ist auch der gleiche Sprecher hier und dort. Aber auch ohne das Vorangehen von 2. Sam. 7 zeigt das Wort selbst diesen Zusammenhang:

> 2. Sam. 12, 11b: So spricht Jahwe, der Gott Israels:
> Ich habe dich doch zum König über Israel gesalbt
> und dich aus der Hand Sauls errettet!
> 8: Ich habe dir das Haus deines Herrn gegeben
> und die Frauen deines Herrn an deinen Busen gelegt;
> Ich habe dir das Haus Israel und Juda gegeben
> und wäre dies noch zu wenig, ich wollte dir noch dies
> und das dazu geben.
> 9: Warum hast du ...?

Die gleiche Gegenüberstellung zeigt 1. Sam. 2:

> 1. Sam. 2, 30: Darum so spricht Jahwe, der Gott Israels:
> Wohl habe ich gesagt, dein und deines Vaters Haus solle für
> immer vor mir ein- und ausgehen;
> jetzt aber ist Jahwes Spruch: ...

Sie kehrt noch öfter wieder:

1. Sam. 13, 18 f.: Hättest du das Gebot befolgt,
    so hätte Jahwe jetzt dein Königtum über Israel für immer
    bestätigt.
    Nun aber . . .

    15, 16 f.: Bist du nicht . . . das Haupt der Stämme Israels?
    Jahwe hat dich ja zum König über Israel gesalbt
    und dazu hat Jahwe . . .

    19: Warum hast du . . .?

1. Reg. 14, 7 f.: So spricht Jahwe, der Gott Israels:
    Ich habe dich mitten aus deinem Volk emporgehoben und zum
    Fürsten über mein Volk Israel gesetzt;
    Ich habe dem Hause Davids das Königtum entrissen und es
    dir gegeben
    du aber . . . darum . . .

    Jer. 22, 24 b: Wenn gleich Chonja (Jojachim) ein Siegelring wäre an meiner
    rechten Hand . . .

Außer Jer. 22, 24, das nur einen Anklang an das Motiv enthält, sind die Stellen alle aus den Geschichtsbüchern. Es ist damit zu rechnen, daß an diesen Stellen nicht Prophetenworte in ihrer ursprünglichen Form wiedergegeben sind; an keiner Stelle ist Sicherheit über den Wortlaut zu erzielen; dennoch kann diese auffällige Übereinstimmung nicht nur auf den jeweiligen Erzähler zurückgeführt werden. Hinter der so oft wiederkehrenden Kontrastierung des Frevels, dessen der Betreffende angeklagt wird, mit der Einsetzung in sein Amt durch Jahwe und weiteren Heilstaten, muß ein altes, zum anklagenden Prophetenwort hinzugehörendes Motiv stehen. Aus der späteren Form des GV ist es ganz bekannt: die Kontrastierung der Anklage mit dem früheren Heilshandeln Gottes an seinem Volk, Beispiel Amos 2, 9–17. Es wäre nun theoretisch möglich, daß dieses Motiv in den Prophetenworten der Königsbücher eine literarische Nachbildung der späteren Form durch die Erzähler wäre. Dagegen spricht außer der Übereinstimmung an den fünf Stellen eine auffällige Parallele zu 2. Sam. 12, 7b–9 in den Mari-Briefen:

	2. Sam. 12
Bin ich nicht Adad, der Herr von Kallašu	So spricht Jahwe, der Gott Israels
der ich ihn auf meinem Schoß großzog	Ich habe dich doch zum König über
und ihn auf den Thron seines Vaters	Israel gesalbt
zurückführte?	und dich aus der Hand Sauls
Als ich ihn . . . zurückgeführt hatte,	errettet!
gab ich ihm außerdem noch eine Wohnstatt.	Ich habe dir das Haus deines Herrn
	gegeben.

Die Parallele des Motivs ist offenkundig; vor allem aber ist zu beachten, daß es in der Struktur des Prophetenwortes hier und dort die gleiche Funktion hat und an der gleichen Stelle steht.

Man kann dann annehmen, daß hinter den sicher ungenauen, in die Erzählung eingeschmolzenen Prophetenworten der Königsbücher doch eine sehr alte Form des Prophetenwortes steht, und zwar einer dem Königstum in besonderer Weise zugeordneten Prophetie (Hofpropheten). In den Wiedergaben von Gerichtsworten, die uns erhalten sind, klingt in dem Motiv: ‚Frühere Heilstaten Gottes an dem König‘ der Zusammenhang mit der Nathanweissagung (2. Sam. 7) an und darin die Seite dieser Prophetie, die in den uns erhaltenen Berichten natürlich stark zurücktritt: die Bestärkung und Bestätigung des Königtums von Gott her (vgl. 1. Reg. 9, 1–9).

Mit diesem Motiv des Kontrastes in den Gerichtsworten ist ein beachtliches Glied der Verbindung von der Gerichtsprophetie zu einer früheren Heilsprophetie gewonnen (s. o. S. 92). Auf dem Hintergrund dieser Prophetie hebt sich die unbedingte Gerichtsprophetie bei den Schriftpropheten und einigen Vorläufern um so stärker ab.

Eine Vermutung zur Form der späteren zweiteiligen Gerichtsankündigung sei hier ausgesprochen. Wir haben gesehen, daß das ganz einfache eingliedrige GE das ‚Ich Gottes‘, das Reden in der 1. pers. (Gottes) noch nicht zu enthalten braucht. Wir sahen jetzt, daß das Motiv ‚Gottes Eingreifen‘ seinen Ursprung in der Heilsprophetie, also im Eingreifen Gottes gegen Israels Feinde (bzw. des Königs Feinde) hat (Jes. 37, 29 f.). Es ist dann möglich, daß das Reden Gottes in der 1. pers. in dem einen Teil der Ankündigung, dem Eingreifen Gottes, seinen Ursprung in der Heilsprophetie hat; so wie wir es ja überaus reich belegt kennen aus der ‚Übergabeformel‘ des Heiligen Krieges: „Siehe, ich gebe den ... in deine Hand“. Daß eine solche Umkehrung (Eingreifen Gottes für sein Volk – gegen sein Volk) möglich war, zeigt Jer. 22, 24 im Verhältnis zu Jes. 22, 17 f. (s. o. S. 109).

e) Das Zeichen.

Die Zusammenstellung aller Gerichtsworte, die an einen einzelnen gerichtet sind, hat als eine besonders auffällige und wichtige Beobachtung ergeben, daß ein großer Teil dieser Gerichtsworte mit der Ansage eines Zeichens verbunden sind:

1. Sam. 2, 27–36: V. 34: Zeichen an den beiden Söhnen Elis: sie werden an einem Tag sterben
1. Sam. 15, 10–31: V. 28: der Zipfel des Mantels wird abgerissen
2. Sam. 12, 7b–14: V. 14: das Sterben des Kindes
1. Reg. 11, 29–40: V. 29 f.: das Zerreißen des Mantels
1. Reg. 13, 1–3; V. 3: der Altar zerbirst
1. Reg. 14, 7–16: V. 12: Wenn dein Fuß die Stadt betritt, wird der Knabe sterben
Jes. 7, 14: darum wird euch Jahwe selbst ein Zeichen geben
Jes. 37, 29 f.: Und dies sei dir das Zeichen:

In dieser Reihe von Texten zeigt sich eine ursprüngliche, wesensmäßige Zusammengehörigkeit von Wort und Zeichen beim Prophetenwort. In dieser ursprünglichen Zusammengehörigkeit sind die späteren

Zeichenhandlungen der Schriftpropheten begründet. Diese Zeichen beziehen sich *immer* auf die Ankündigung, niemals auf deren Begründung, die Anklage. (Dagegen ist der Anklage die Gleichnisrede zugeordnet: 2. Sam. 12 und 1. Reg. 20, 38–40.) Daß der Ankündigung in so vielen Fällen ein Zeichen beigegeben wird, ist darin begründet, daß das Angekündigte erst später, erst nach Jahren eintreten wird. Es hat also den Sinn der Beglaubigung des Wortes in der Stunde des Ausgesprochenwerdens. Es ist möglich, ja wahrscheinlich, daß auch das Zeichen ursprünglich zur Heilsankündigung gehörte (so wie in Jes. 7, 1–9; 37, 29 f.) und von da in die Gerichtsankündigung hinüberging (wie das Jes. 7, 10–17 zeigt). Später hat sich das Zeichen vom Wort gelöst und es tritt bei den Schriftpropheten nur selten zum Wort hinzu.

Wie das Zeichen in das Wort hineinzugehen vermochte, zeigt 1. Reg. 21, 19: „An der Stelle, wo die Hunde das Blut Nabots geleckt haben …“: dieser Satz ist für die Gerichtsankündigung nicht unbedingt nötig, wie z. B. 2. Reg. 1, 6 zeigt. Was der Satz über die bloße Ankündigung hinaus enthält, ist ein Zeichen: Wenn der Tod Ahabs an der Stelle … eintritt, dann *zeigt* das den Zeugen, daß die Ankündigung Elias eingetroffen ist. Nur daß das Zeichen hier zeitlich vom Augenblick des Sagens in den Augenblick des Eintreffens verschoben ist.

Der gesamte Komplex des prophetischen Zeichens soll hier ausgeklammert bleiben; es genügt der hier gegebene Nachweis, daß es *wesentlich* zum Prophetenwort hinzugehört.

f) Entsprechung von Ankündigung und Anklage.

Die eben genannte Stelle 1. Reg. 21, 19 enthält in dem in das Wort hineingenommenen Zeichen eine Rückbeziehung von der Ankündigung auf die Anklage, von der Strafe auf die Schuld. Die Angabe des Ortes, an dem den König das Unheil ereilen wird, ist durch einen Relativsatz erweitert, der auf des Königs Vergehen anspielt (ganz ähnlich Ez. 17, 16). Solche Rückbeziehung in einer Anspielung ist in den späteren Prophetenworten außerordentlich häufig; es gibt eine Fülle von Möglichkeiten für solche Anspielungen oder Bezugnahmen auf die Anklage in der Ankündigung. Sie begegnet auch in der Frühform des GE schon oft:

1. Sam. 15, 23: Weil du das Wort Jahwes verworfen, hat er dich verworfen als König.
2. Sam. 12, 7 ff.: Den Hethiter Uria hast du mit dem Schwert erschlagen und sein Weib hast du dir zum Weib genommen …
V. 10: So soll denn das Schwert niemals von deinem Hause lassen
V. 11: … und werde deine Frauen vor deinen Augen wegnehmen und sie einem anderen geben …
1. Reg. 20, 42: … so mußt du mit deinem Leben für ihn haften …
1. Sam. 2, 29: Warum blickst du scheel auf meine Opfer?

V. 32: Dann wirst du scheel blicken auf alles Gute, was ich Israel tun
werde
2. Reg. 20, 16: da wird alles ... nach Babel weggetragen werden.

Besonders sprechend ist die Stelle 2. Sam. 12, 7 ff. Wieder ist hier
und an anderen Stellen möglich, daß diese Entsprechungen nur auf die
Kunst der Erzähler zurückgehen. Aber mindestens in 1. Reg. 21, 19
ist das wegen der äußerst strengen Form des Wortes unwahrscheinlich. Es ist vielmehr anzunehmen, daß schon in der frühesten Form
des Prophetenwortes diese Rückbeziehung oder Anspielung das Ent-
sprechungsverhältnis von Vergehen und Strafe zum Ausdruck bringt.
Diese Entsprechungen, die sich durch die gesamte Geschichte des
prophetischen Gerichtswortes ziehen, scheinen mir ein sicheres Zeichen dafür zu sein, daß die beiden Teile des prophetischen Gerichtswortes aufeinander hin angelegt sind und keine gesonderten Wurzeln
haben können.

Die Frage nach Herkunft und Sinn dieses Motivs der Entsprechung
kann ich bisher noch nicht beantworten.

4. Unheilsworte ohne Begründung

Dennoch gibt es unter den Ankündigungen eine kleine Gruppe, die
trotz täuschender Ähnlichkeit mit den Gerichtsankündigungen nicht
zu ihnen gehören, sondern einer ganz anderen Form angehören. Es
sind das die Ankündigungen, die *keine* Begründung haben:

2. Reg. 20, 1 (= Jes. 38, 1):
So spricht Jahwe:
Bestelle dein Haus!
Denn du mußt sterben und wirst nicht genesen.

Jer. 22, 10: Weinet nicht um ... weinet um den, der von dannen zieht.
Denn nimmermehr kehrt er wieder, und die Heimat sieht er nicht
mehr.

V. 11 f.: Denn so spricht Jahwe von Sallum ...
Er, der wegzog von diesem Ort, wird nicht mehr dahin zurückkehren,
sondern an dem Ort, wohin sie ihn zur Verbannung führen,
wird er sterben,
und dieses Land wird er nicht wieder sehen.

22, 24–27. 38 f. 30: Jojachim
V. 24: So wahr ich lebe, spricht Jahwe:
Wenngleich Chonja ein Siegelring wäre an meiner rechten Hand,
ich wollte ihn doch davon abreißen!

V. 25: (Ich gebe dich in die Hand derer ... in die Hand ...)

V. 26: Ich schleudere dich und deine Mutter ... in ein Land ... dort werdet
ihr sterben.

V. 28: Klage über Jojachim

V. 30: So spricht Jahwe:
Schreibt diesen Mann als kinderlos auf,

als einen Mann, der sein Leben lang kein Glück hat;
Denn keinem aus seinem Stamme wird es glücken,
auf dem Thron Davids zu sitzen und ...

Jer. 37, 17: Zedekia
... Hast du ein Wort von Jahwe?
Jeremia antwortet:
Ja; du wirst in die Hand des Königs von Babel gegeben werden.

In diesen sechs Worten wird einem König (Hiskia; Sallūm = Joahas; Chonja = Jojachim; Zedekia) Tod oder Verbannung o. ä. angekündigt, ohne daß dies als Strafe für ein Vergehen dargestellt, ohne daß es durch eine Anklage begründet wird. Man kann darauf hinweisen, daß die beiden Könige Joahas und Jojachim nur je drei Monate regierten; aber das genügt nicht; gegen Zedekia werden in anderen Worten Anklagen erhoben. Worin das Fehlen einer Anklage begründet ist, zeigen die Worte an Hiskia und Zedekia: es sind Antworten auf eine Anfrage des Königs. In Jer. 22 ist von Anfrage dieser Könige nicht die Rede, aber das schließt nicht aus, daß diese Worte Antworten auf Fragen sind. Von einer solchen Anfrage wird auch 2. Reg. 1 berichtet. Diese Geschichte ist ein Beispiel dafür, wie aus der Antwort auf eine Anfrage eine Gerichtsankündigung werden konnte. Es handelt sich um den großen Komplex der Gottesbefragung in der älteren Form der Orakel – und der jüngeren der Prophetenanfrage (vgl. meine Antrittsvorlesung, Kerygma und Dogma 1. Qu. 1960, S. 2–30). Die Antwort auf eine solche Frage hatte in vielen Fällen die Form einer Ankündigung (z. B. die Orakelbefragung im heiligen Krieg); diese ist aber etwas wesensmäßig anderes als die prophetische Gerichtsankündigung, die niemals durch eine Anfrage des Adressaten, sondern durch ein Vergehen bedingt ist, das er beging.

Hier zeigt sich ein wichtiger Unterschied zwischen HA und UA: Eine Heilsankündigung kann durchaus Antwort auf eine Anfrage sein wie besonders der Satz „Siehe, ich gebe in deine Hand ..." im Heiligen Krieg. Bei einer Gerichtsankündigung ist das nicht möglich. Von der Gerichtsankündigung deutlich zu unterscheiden ist die bloße Unheilsankündigung, die wir in den Texten dieser Gruppe antreffen.

Exkurs: Zu den Prophetensprüchen in den Büchern der Chronik
In 1. Chron. begegnen nur zwei den Königsbüchern parallele Prophetenworte: 1. Chron. 17, 1–4; 2. Sam. 7 und 1. Chron. 21, 9–18; 2. Sam. 24; ebenso in 2. Chron. 11, 2–4; 1. Reg. 12, 21–24; 2. Chron. 18; 1. Reg. 22.
Sondergut an Prophetenworten begegnet nur in 2. Chron.: 12, 5–8; 15, 1–7; 16, 7–10; 19, 2–3; 20, 14–18; 20, 37; 21, 12–15; 24, 20; 25, 7–8; 25, 14–16.
Auch wenn alle diese Worte Bildungen des Chronisten sind, ist ein summarisches Urteil über ihre ‚Echtheit' oder ‚Unechtheit' methodisch nicht zulässig; es ist bei jedem einzelnen Wort nach seinem Ort in der Geschichte des Prophetenwortes zu fragen.

1) Einige dieser Worte haben mit der ursprünglichen Form des prophetischen Gerichtswortes so gut wie nichts mehr gemein und sind nichts weiter als Einkleidung der chronistischen Geschichtsdeutung: 12, 5–8; 15, 1–7; 16, 7–10; 19, 2–3; 21, 12–15 (z. T.). Bei ihnen allen ist noch etwas von der Polarität des ursprünglichen Prophetenwortes mit seinen beiden Teilen zu spüren; aber sie hat ihre Schärfe dadurch verloren, daß beide Teile bedingt sind:

15, 2: Jahwe ist mit euch, wenn ihr mit ihm seid ...
　　Wenn ihr ihn aber verlaßt, verläßt er euch ...

Wo aber einmal die Anklage unbedingt erhoben wird, und also auch die Gerichtsankündigung zunächst unbedingt zu sein scheint, wird sie hinterher abgeschwächt:

12, 5: Ihr habt mich verlassen; so überlasse ich nun euch der Hand des Schicksals!

Aber dann heißt es:

　　Da demütigten sich die Oberen Israels ...

und nun ergeht ein neues Gotteswort:

7: ... Sie haben sich gedemütigt, so will ich sie nicht vernichten ...

Oder in 16, 7–10 ist das Prophetenwort nicht mehr Ankündigung, sondern nachträgliche Deutung zweier abgeschlossener Ereignisse eines Sieges und einer Niederlage; diese erfolgte, „weil du dich auf den König von Aram gestützt hast", jener „weil du dich auf Jahwe stütztest". In 2. Chron. 21, 12–15, dem ‚Brief des Elia‘, wird eine schwere Plage für das Volk angekündigt, begründet mit dem gottlosen Wandel des Königs Joram: „weil du ... gewandelt bist in den Bahnen der Könige von Israel und Juda ... zur Abgötterei verführt hast ..." In zwei Prophetenworten ist die Begründung eine Koalition des judäischen Königs mit Nordisrael: 19, 2–3 und 20, 37; in 25, 7–8 gibt ein Prophet dem König eine dementsprechende Weisung, die befolgt wird.

In all diesen Worten sprechen die Propheten so eindeutig, man möchte fast sagen einfältig die Thesen der chronistischen Geschichtsbetrachtung aus, daß man mindestens mit chronistischen Umformungen, wahrscheinlich aber mit eigenen Bildungen des Chronisten rechnen muß.

2) Aber das ist nicht alles, was zu diesen Prophetenworten zu sagen ist. Wenn auch kaum eines dieser Worte als wörtliche Wiedergabe eines genau so gesprochenen Prophetenwortes genommen werden kann, enthalten sie doch indirekt echte und gute prophetische Tradition.

a) Für 20, 14–18 hat das G. von Rad gezeigt: „Die Heilszusage des Heiligen Krieges ist hier in erstaunlicher Nähe zu den ganz alten Redeformen des Jahwe-Krieges bewahrt" (a. a. O. S. 80 f.).

b) In einigen Prophetenworten sind sehr deutliche Erinnerungen an die Frühform des GE bewahrt. Wir fanden dort als eine der beiden Formen der Anklage die anklagende Frage in persönlicher Anrede. Sie findet sich in einigen Prophetensprüchen des Chronisten wieder:

19, 2: Darfst du dem Gottlosen helfen und mit dem, der Jahwe haßt, Freundschaft halten?

24, 20: Warum übertretet ihr die Gebote Jahwes und bringt euch um euer Glück?

25, 15: Warum suchst du die Götter des Volkes, die nicht einmal ihre eigenen Leute aus deiner Gewalt erretten konnten?

Hier scheint in V. 16 noch die dazugehörige Gerichtsankündigung durch:

V. 16: Mir ist klar, daß Gott beschlossen hat, dich zu verderben, weil du dies getan und nicht auf meinen Rat gehört hast.

Auch die andere Form der Anklage, in der Aussageform, ist vielleicht noch in einigen Worten zu erkennen:

2. Chron. 16, 9: Du hast in dieser Sache töricht gehandelt,
　　denn von nun an wird dein Volk mit Aram zu kämpfen haben.

20, 37: Weil du dich mit Ahasjahu verbündet hast,
zertrümmert Jahwe, was du gebaut hast!

21, 13b: Weil du deine Brüder, dein eigenes Vaterhaus, ermordet hast ...
deshalb wird Jahwe eine schwere Plage verhängen ...
über deine Kinder, deine Frauen und all deine Habe,
und du selbst wirst ... in langes Siechtum verfallen ...

Das Erstaunliche ist nun, daß mit einer Ausnahme (24, 20) *alle* diese Worte tatsächlich auch Prophetenworte, an den König gerichtet, sind! Hier ist also bis ins Chronikwerk die Einheit der Funktion und der Form des GE bewahrt! Diese Tatsache ist viel wichtiger als eine Beantwortung der Frage, was an diesen Prophetenworten im einzelnen echt, was vom Chronisten abgewandelt, was von ihm neu gebildet ist. Mit dieser auffälligen und unbestreitbaren Einheit von Funktion und Form bei einem erheblichen Teil der Prophetenworte des Chronisten haben wir eine sichere Grundlage für die Annahme gewonnen, daß es Propheten während der Königszeit nicht nur (oder fast nur), wie es nach dem deuteronomistischen Geschichtswerk den Anschein hat, im Nordreich, sondern daß es sie auch die ganze Königsgeschichte hindurch im Südreich gab. Warum das deuteronomistische Geschichtswerk diese prophetischen Traditionen des Südreiches nicht aufnahm, können wir nicht mehr erkennen.

c) Eine kleine formgeschichtliche Betrachtung an diesen Prophetenworten läßt uns noch einen Schritt ihrer Traditionsgeschichte erkennen: Nach dem vorher Gesagten ist klar, daß das eigentliche Interesse des Chronisten bei der Aufnahme der Prophetensprüche die göttliche Autorisierung seiner, von der deuteronomistischen herkommenden Geschichtsdeutung war. Es wäre aber grotesk, anzunehmen, daß er zu diesem Zweck die Namen der Propheten, die Ereignisse, in denen sie auftreten, und ihre Worte einfach erfunden hätte. Es haben ihm zweifellos Traditionen vom Auftreten dieser Propheten vorgelegen. Das läßt sich an der Gestalt zweier dieser Sprüche unmittelbar ablesen: 2. Chron. 16, 7–10 ist in der jetzigen Gestalt eine Konstruktion des Chronisten. Aber in 16, 9 läßt sich noch eine ältere, ganz kurze Form des Prophetenwortes vermuten, das wohl nicht wörtlich so, aber ganz ähnlich ein echtes Wort des Chanani an den König Asa gewesen sein kann. In 2. Chron. 21, 12–15 treten die jüngere und die ältere Form noch plastischer heraus: in 12b–13a ist die Anklage allgemein, abstrakt und theologisch formuliert, an deuteronomistische Formulierungen erinnernd. Aber in V. 13b ist eine ganz andere, sehr konkrete Anklage (s. o.) angefügt; die dazugehörige Gerichtsankündigung in V. 14 f. erinnert in manchen Wendungen (Strafe am Haus des Königs!) an die ganz alte Form, so daß man auch hier ein älteres, ganz kurzes und prägnantes Prophetenwort hinter dem chronistischen vermuten kann, das den frühen GE in den Königsbüchern ähnlich ist und gegen dessen Geschichtlichkeit nichts spricht.

d) Schließlich ist noch ein wichtiger Zug zu erwähnen: Auffällig oft wird in der Chronik berichtet, daß ein Prophet wegen eines dem König entgegentretenden Gerichtswortes leiden muß:

16, 10: Asa aber wurde zornig über den Seher (Chanani) und legte ihn ins Stockhaus ...

24, 21: Sie aber verbanden sich gegen ihn (Sacharja) und steinigten ihn auf Befehl des Königs im Vorhof des Hauses Jahwes. ... dieser aber rief im Sterben: Jahwe möge dreinsehen und Rächer sein!

25, 16: Als er (ein Prophet) aber so zu ihm redete, sagte dieser: Haben wir dich zum Ratgeber für den König bestimmt?
Hör auf! sonst bekommst du Schläge!

Gerade in der Chronik mit ihren harmonisierenden und idealisierenden Tendenzen ist dieser Zug sehr auffällig. Rudolph sagt zu 16, 10, „daß der Chronist für die schwere Erkrankung Asas an seinem Lebensabend von seinem Vergeltungsglauben her eine Begründung brauchte. Offenbar hat ihm das Schicksal Jeremias als Vorbild gedient." Das mag richtig sein; nimmt man aber die anderen Stellen hinzu, so genügt diese Erklärung nicht mehr; selbst wenn – was schon unwahrscheinlich ist – an allen drei Stellen das jedesmal sehr verschiedene und besonders in 24, 20 f. sehr lebendig erzählte Leiden eines Propheten in jedem Fall das Unheil eines Königs begründen sollte, kann es nicht einfach erfunden oder *nur* aus dem Schicksal Jeremias erschlossen sein: Es ist vielmehr anzunehmen, daß dem Chronisten in seinen Prophetentraditionen dieser feste Zug des Leidens von Propheten, die den Zorn eines Königs erregten, vorgegeben war. Dieser Zug fehlt ja auch in der deuteronomistischen Darstellung nicht; es liegt kein Grund vor, ihn hier für erfunden zu halten. Wenn, wie wir sahen, die hinter der späteren noch zu erschließende frühe Form dieser Prophetenworte in der Chronik *unbedingte* Gerichtsankündigung war, liegt es *sehr* nahe, daß die von ihnen betroffenen Könige diese Propheten zum Schweigen bringen wollten.

Man kann jedenfalls sagen, daß dieser Zug des Leidens der Propheten allerdings schlecht paßt zur chronistischen Umgestaltung der Prophetensprüche, in der meist die unbedingte Gerichtsankündigung abgebogen oder abgeschwächt ist, sehr wohl dagegen zu ihrer dahinter verborgenen Frühgestalt.

3) Aus den Prophetensprüchen der Chronik lassen sich drei alte Formen prophetischer Rede nachweisen: I. die Heilszusage des Jahwekrieges: 2. Chron. 20, 14–18; II. die prophetische Weisung (wahrscheinlich aufgrund einer Anfrage des Königs): 2. Chron. 11, 2–4, 2. Reg. 12, 21–24 und 2. Chron. 25, 7–8; III. das GE, das sich vielfach noch hinter der chronischen Überarbeitung erkennen läßt. Erst diese Überleitung unterscheidet nicht mehr zwischen GE und GV und zeigt auch sonst eine völlige Auflösung der alten Formen.

D: DIE GERICHTSANKÜNDIGUNG GEGEN ISRAEL (GV)

I. DIE GERICHTSANKÜNDIGUNG GEGEN ISRAEL ALS WEITER-BILDUNG DER GERICHTSANKÜNDIGUNG GEGEN EINZELNE

Es ist oft gesagt worden, daß das Prophetenwort, wie es uns bei den Schriftpropheten von Amos ab begegnet, schon eine entwickelte Form darstellt, keineswegs aber den geschichtlichen Ursprung einer Redeform.[1] Wenigstens ein Zweig dieser Vorgeschichte, die von den Schriftpropheten her angenommen werden muß, ist im vorigen Abschnitt in der Struktur und Geschichte des prophetischen Gerichtswortes an den Einzelnen (GE) aufgewiesen.[2] Diese Vorgeschichte ermöglicht es uns, in den Gerichtsworten gegen Israel, die den Hauptbestandteil der

1 Schon Graf Baudissin a. a. O., S. 316: „... solches Reden wird aber, nach den feststehenden Formen der Rhetorik bei den Propheten eben dieses Jahrhunderts zu urteilen, schon länger vorher stattgefunden haben"; so auch Balla § 10; Hempel S. 66: „Die Entstehung der entwickelteren Gattungen liegt bereits vor Amos. Amos ist kein Anfang, sondern bereits ein Höhepunkt." Vgl. auch Bentzen, Introduction, S. 160.
2 Daß für diese Vorgeschichte noch ganz andere Zusammenhänge in Frage kommen, kann hier nur angedeutet werden. Sie gehören allerdings mehr in die Linie der Heilsprophetie, weil es Gerichtsworte gegen Nichtisraeliten sind. Hier ist zuerst Gen. 19, 13 zu nennen:
Wir werden diese Stadt verderben,
weil lautes Geschrei über sie vor Jahwe gekommen ist;
und so hat Jahwe uns gesandt, sie zu verderben.
Bei allem Abstand ist doch deutlich eine Ankündigung mit Begründung zu erkennen. Anders ist hier vor allem, daß die Ankündigenden zugleich die das Gericht Vollziehenden sind.
Vor allem aber gehört hierher der ganze Komplex der Ankündigung der Plagen in Ägypten; vgl. hierzu die Dissertation F. Schnutenhaus, Die Entstehung der Mosetraditionen, Heidelberg, 1958, S. 27 ff.: die Plagegeschichten. Ein Beispiel Ex. 7, 16 ff.: (Übersetzung M. Noth)
Gehe zum Pharao ... und sage zu ihm:
Jahwe, der Gott der Hebräer, hatte mich zu dir geschickt
mit dem Auftrag: Entlasse mein Volk, damit sie mir in der Wüste dienen!
Aber siehe da, du hast mir bis jetzt nicht gehorcht.
So hat denn nun Jahwe gesagt: ...
Ich werde ... das Wasser im Nil schlagen ...
Diese Stelle ist den profanen Botensendungen ganz nahe (s. o. S. 79 ff.); es ist durchaus möglich, daß eine Vorform der prophetischen Ankündigung vorliegt, aber mehr in der Linie der Heilsprophetie. – Ein weiteres, diese These bestärkendes Beispiel liegt in Ex. 4, 21–23 vor:
Und Jahwe sprach zu Mose:
Wenn du wieder nach Ägypten kommst ...

Prophetenworte bei den Schriftpropheten des 8. und 7. Jahrhunderts bilden, einen Grundtyp des prophetischen Gerichtswortes herauszuarbeiten, der eine Weiterbildung des GE darstellt. Der einzig wesentliche Unterschied ist, daß diese Worte an das Volk Israel oder organische Gruppen in diesem Volk, Glieder dieses Volkskörpers, gerichtet sind. In dieser Änderung der Adresse des Wortes sind die nicht beträchtlichen Unterschiede in der Form begründet. Die Kleinheit des Horizontes, in dem sich das Geschehen des GE abspielt, ermöglicht die eingliedrige Form sowohl der Anklage wie der Gerichtsankündigung und daher die Kürze des ganzen Wortes; dazu das unverbundene Nebeneinanderstehen von Anklage und Ankündigung, die diesen früheren Worten den durchaus vorliterarischen Charakter des in unmittelbarer Anrede gesprochenen Wortes gab.

Durch die Veränderung der Adresse ist der Horizont des prophetischen Gerichtswortes erweitert: da *die Anklage* an eine Mehrheit, eine ‚corporate personality' gerichtet ist, umfaßt sie gewöhnlich eine Mehrheit oder Reihe von Vergehen. Damit ergeht die Anklage notwendig in einem gewissen Abstand von der einzelnen Tat; die Anklage kann erst ergehen, wenn sich eine Reihe dieser Taten angesammelt hat. Das hat eine Aufgliederung des Anklageteils in zwei Glieder zur Folge:[3] die gegen das Volk oder eine Gruppe erhobene Anklage nennt zunächst das Vergehen in allgemeiner, begrifflicher Form, dann wird die Anklage konkretisierend oder exemplifizierend oder zitierend entfaltet (Am. 2, 1):

Anklage: Wegen dreier Frevel Moabs und wegen vierer...
Entfaltung: Weil ‚sie' die Gebeine des Königs von Edom zu Kalk verbrannt haben...

Mit dieser Sammlung einer Reihe von Freveln in einem Begriff, die dann wiederum eine Konkretisierung notwendig macht, hängt unmittelbar die Wandlung der grammatischen Form zusammen: diese begrifflich gefaßte und dann konkretisierte Anklage ergeht in der 3., nicht mehr oder doch viel seltener in der 2. pers. der direkten Anrede.

so sollst du zum Pharao sagen:
So hat Jahwe gesprochen:
Mein erstgeborener Sohn ist Israel;
Ich sagte zu dir: entlasse meinen Sohn, daß er mir diene!
Du aber weigertest dich, ihn zu entlassen.
Siehe: Ich werde deinen erstgeborenen Sohn töten!
Auch wenn es sich hier um eine sekundäre Formulierung handelt (M. Noth z. St.) ist die Stilisierung nach dem profanen Botenspruch auffällig. Deutlich ist der indikativische und der imperativische Teil der Botschaft zu erkennen (vgl. Gen. 45, 9; Num. 22, 3 ff.; die beiden letzten Zeilen ähneln der Botschaft Jeftas Ri. 11 (s. o. S. 79 f.), die ebenfalls auf eine Ankündigung hinauskommt. Hier sind sicherlich Zusammenhänge; eine umfassende Untersuchung der Botschaften wäre dringend zu wünschen.
3 Vgl. R. B. Y. Scott, oben S. 32 und H. W. Wolff, oben S. 43 f.

Auch die *Ankündigung* gliedert sich in der GV in zwei Teile. Während bei der Anklage der Abstand zwischen den konkreten Vergehen und dem sie sammelnden Wort des Propheten größer wird, wächst bei der Ankündigung der Abstand zwischen dem Aussprechen des Gerichtsurteils durch den Propheten und dem Eintreffen des in diesem Urteil Gottes Angekündigten. Diese beiden Punkte werden allein dadurch zusammengehalten, daß Gott selbst es ist, der das Angekündigte ausführt.[4] Daher wird jetzt das Eingreifen Gottes in der 1. pers. der Gottesrede das erste Glied der Ankündigung; ihm entspricht als zweites Glied die Folge dieses Eingreifens, nämlich das Strafgericht, das den Angeredeten treffen wird, in der 3. pers. (Hos. 13, 8):

> Eingreifen Gottes: Ich falle sie an wie eine Bärin, ihrer Jungen beraubt
> und zerreiße den Verschluß ihres Herzens.
> Folge des Eingreifens: Da werden Hunde sie fressen
> und Tiere des Feldes sie zerfleischen.

Weitere Beispiele: Jes. 8, 5–8; 9, 7–11. 17–20; 22, 8b–14; 28, 7–13; 29, 13–14; 30, 12–14. 15–17.

Damit ist die Zweigliederung der beiden Teile der GV aus der abgeänderten Adresse und der damit verbundenen Erweiterung erklärt. Ein Grund dafür, daß sich die beide Teile verbindende Botenformel ändert, liegt nicht vor; eine gewisse Veränderung geht auch mit diesem Zwischenglied vor sich; dazu später. Doch gibt es eine große Zahl von GV, in denen die Botenformel im gleichen Wortlaut ‚darum so hat Jahwe gesprochen‘ oder abgekürzt ‚darum‘ an der gleichen Stelle, also nach der Begründung und vor der Ankündigung steht. Damit ergibt sich als Grundstruktur für das prophetische Gerichtswort an das Volk dieser Aufbau:

Begründung — Anklage / Entfaltung der Anklage
Botenformel
Gerichtsankündigung — Eingreifen Gottes / Folge des Eingreifens

Abgesehen von der Zweigliederung der Teile stimmt diese Struktur mit der des GE überein. Von der Einleitung, oft ein Aufruf zum Hören, ist hier abgesehen, um zunächst nur die großen Linien zu zeigen.

Nun muß aber sofort eine Einschränkung gemacht werden: Wir hatten gesagt, daß wir es im GE durchaus mit einer *vorliterarischen* Form zu tun haben. Sie steht den Elementen des ordentlichen Gerichtsvorganges, aus dem sie erwachsen ist, noch sehr nahe; das zeigt sich vor allem an der lakonischen Kürze und Prägnanz aller Elemente, die wir an einer Stelle unmittelbar den Formen des apodiktischen Rechts

4 Eine ganze Reihe von Prophetenworten hat es mit diesem Abstand zu tun, z. B. Jes. 5, 18 f.

zur Seite stellen konnten. Bei dieser Form entspricht daher der Textbestand an Prophetenworten fast restlos dieser einen Struktur. Es gibt wenig Varianten, kaum Erweiterungen.

Das wird bei den in den Corpora der Schriftpropheten überlieferten Worten grundlegend anders. *Es sind durchweg literarisch geformte Worte.* Die besondere, aus den Berichten gelöste Tradierung von Prophetenworten begann erst mit der Abwandlung ihrer Adresse: damit, daß sich das prophetische Gerichtswort jetzt an das ganze Volk richtete. Damit ergab sich die Aufgliederung beider Teile des Prophetenwortes, der Anklage wie der Ankündigung. Die Tatsache dieser Aufgliederung des bei der GE in beiden Teilen eingliedrigen Wortes ist hundertfach zu belegen. Mit ihr hat sich eine Veränderung des Charakters der prophetischen Gerichtsankündigung vollzogen: sie hat sich damit von dem Vorgang, dem sie ursprünglich angehört, merkbar entfernt und durch diese Ablösung ist sie ein neues, freieres Gebilde geworden.

In einem bestimmten Zug der Geschichte des Prophetenwortes wird das besonders deutlich: in ihr drängt sich eine Entwicklung von relativ kurzen zu sehr langen Einheiten auf (etwa von Amos zu Ezechiel). Diese Entwicklung nun setzt erst beim GV, noch nicht beim GE ein. Sie wäre bei der vorliterarischen Form des GE noch nicht möglich, sie kann erst einsetzen mit der Änderung der Adresse, die einen größeren Abstand des Wortes vom Vorgang zur Folge hat.

Diese freiere, nicht so fest an die Struktur gebundene Bildung des GV zeigt sich von Anfang an bei allen Schriftpropheten. Es wird damit noch evidenter, daß die uns in den Prophetenbüchern vorliegende Tradition von Prophetenworten schon eine Vorgeschichte haben muß. Aus diesem Grunde ist es nicht möglich, in jedem Prophetenwort die oben gezeigte Struktur wiederzufinden; es ist vielmehr sorgsam darauf zu achten, daß dieser Aufbau des prophetischen Gerichtswortes nur der *Gattung* zugrundeliegt, daß aber die Ausprägung eines einzelnen Prophetenwortes sehr weit von ihm abweichen kann. Durch diese größere Freiheit ist es auch möglich, daß die von Amos bis Ezechiel gleichbleibende Grundstruktur des prophetischen Gerichtswortes der Ausprägung einer persönlichen Sprache, der Aufnahme verschiedener Traditionen, der Prägung durch die jeweils verschiedene Situation bei den verschiedenen Propheten des 8. und 7. Jahrhunderts durchaus nicht abträglich ist. Vielmehr ist gerade für diese zweite Epoche der Prophetie die persönliche Ausprägung der prophetischen Botschaft bezeichnend, während die Prophetie in der ersten Periode anonym sein kann.

Ist diese Begrenzung deutlich genug zum Ausdruck gebracht, so kann nun doch gesagt werden: wir können eine *Grundform* des pro-

		Amos 4, 1–3	Hosea 2, 7–9	Jes. 8, 5–8	Jes. 30, 12–14	Mi. 3, 1–4
Begründung	Einleitung	Hört dieses Wort, ihr Basanskühe auf dem Berg Samaria!	–	–	–	Hört doch, ihr Häupter Jakobs und Gebieter d. Hauses Israels!
	Anklage	die ihr die Geringen bedrückt, die ihr die Armen zermalmt,	Ja, gehurt hat ihre Mutter, schändlich trieb's, die sie unterm Herzen trug;	Deswegen weil dieses Volk verachtet die Wasser Siloas, die sanft fließenden,	Weil ihr verwerft dieses Wort und vertraut auf Trug und Ränke, und stützt euch darauf,	Ist es nicht an euch, das Recht zu kennen?, die ihr das Gute haßt und das Böse liebt!
	Entfaltung	die ihr zu euren Herren sprecht: Bringt her, daß wir trinken!	sie sprach: Ich laufe meinen Liebhabern nach, die spenden mein Brot und mein Wasser, meine Wolle und meinen Flachs, mein Öl und meinen Wein.	und erschrickt vor Rezin und dem Sohn Remaljas	und vertraut auf Trug und Ränke und stützt euch darauf,	Sie essen das Fleisch meines Volkes und Jahwe; er aber antbloß, sie reißen ihm die Haut vom Leib und das Fleisch von ihren Knochen;
Ankündigung	Botenformel	Geschworen hat Jahwe bei seiner Heiligkeit:	Darum	Darum siehe:	Darum	–
	Eingreifen Gottes	Siehe, Tage kommen über euch,	versperre ich jetzt ihren Weg mit Dorngestrüpp, ich werfe ihr einen Steinwall auf,	der Herr bringt herauf über sie die Wasser d. Stroms, die gewaltigen und die mächtigen,	soll euch diese Schuld sein wie ein fallender Riß an hoher Mauer über die plötzlich, im Nu ihr Sturz kommt;	Dann schreien sie zu Jahwe; Er aber antwortet ihnen nicht, und verbirgt sein Antlitz vor ihnen
	Folge des Eingreifens	da holt man euch mit Angelhaken heraus und eure Brut (?) mit Fischhaken …	daß sie ihre Pfade nicht finden kann. Dann setzt sie ihren Liebhabern nach, aber trifft sie nicht; und sucht sie, aber findet sie nicht.	und er steigt über all seine Kanäle und er tritt über all seine Ufer; er dringt ein in Juda, überschwemmt und überflutet, daß er bis an den Hals reicht!	und er zerbricht sie gleich dem Zerbrechen eines Töpferchens eines Töpferkrugs, der schonungslos zerschlagen wird, so daß sich …	–

		Mi. 2, 1-4	Mi. 3, 9-12	Jer. 5, 10-14	Jer. 7, 16-20
Begründung	Einleitung	Wehe	Hört doch dies! ihr Häupter des Hauses Jakob und ihr Gebieter der Hauses Israel,	Ersteigt ihre Terrassen und zerstört! tut ganze Arbeit! Entfernt ihre Ranken! denn Jahwe gehören sie nicht!	Und du: bete nicht für dieses Volk, und erhebe nicht um ihretwillen Flehen und Bitte! und dringe nicht in mich, denn ich höre dich nicht!
	Anklage	denen, die Unheil ersinnen auf ihren Lagern, im Licht des Morgens führen sie es aus; denn es steht in ihrer Macht.	die ihr das Recht verabscheut und alles Gerade krumm macht!	Denn treulos sind mir geworden den Haus Israel und Haus Juda, verleugnet haben sie Jahwe und gesagt: es ist nichts mit ihm!	Siehst du nicht, was diese tun, in den Städten Judas und in den Straßen Jerusalems?
	Entfaltung	Sie gieren nach Äckern und rauben sie; nach Häusern und nehmen sie weg. Sie üben Gewalt an Mann und Haus, an dem Besitzer und seinem Gut.	die ihr Zion mit Blut baut und Jerusalem mit Frevel! und auf Jahwe stützen sie sich und sagen: Ist nicht Jahwe in unserer Mitte? Kein Unheil wird über uns kommen!	Und nicht wird über uns Unheil kommen; Schwert und Hunger erleben wir nicht! Und die Propheten werden zu Luft, das Wort ist nicht in ihnen!	Die Kinder sammeln Holz, und die Väter zünden Feuer an, die Frauen kneten den Teig, um Kuchen zu backen der Himmelskönigin! Und Trankopfer spendet man für fremde Götter, mich zu erzürnen.
Ankündigung	Botenformel	Darum so hat Jahwe gesprochen:	Darum um euretwillen	Darum so hat Jahwe Gott Zebaoth gesprochen:	Darum so hat gesprochen der Herr Jahwe:
	Eingreifen Gottes	Siehe, ich sinne Böses über dieses Geschlecht, aus dem ihr euren Hals nicht herausziehen könnt, und worin ihr nicht aufrecht einhergehen könnt!	—	Siehe, ich mache mein Wort in deinem Munde zu Feuer, und dieses Volk da zu Holz, und es frißt sie.	Siehe, mein Zorn und Grimm ergießt sich über diesen Ort, über Menschen und Vieh, über die Bäume des Feldes und die Früchte des Ackers,
	Folge des Eingreifens	An jenem Tag wird man über euch einen Spruch anheben und e. Klage anstimmen: Das Erbe meines Volkes wird m. d. Meßschnur verteilt, keiner gibt es zurück! Unseren Vernichtern wird unsere Feldmark ausgeteilt, wir sind ganz vernichtet.	Zion wird zum Feld umgepflügt und Jerusalem wird ein Trümmerhaufen und der Tempelberg eine Waldhöhe!	(die Folge des Eingreifens Gottes ist in der Einleitung vorausgenommen)	und brennt und läßt sich nicht löschen.

phetischen Gerichtswortes an das Volk erkennen, die der umfangreichsten Gattung prophetischer Rede zugrundeliegt.[5] Sie zieht sich durch die Gesamtgeschichte der Prophetie, von da an, wo die ersten Gerichtsworte an das ganze Volk begegnen bis zur völligen Auflösung (siehe Schema S. 124 und S. 125).

Diese Beispiele zeigen einmal, daß es berechtigt ist, von einer Grundform des prophetischen Gerichtswortes an das Volk zu sprechen; gleichzeitig aber, daß es sich bei dieser Grundform nicht um ein starres Schema handelt. Schon die wenigen Beispiele zeigen die Freiheit, in der sich die Form ausprägt. Dabei sind solche Beispiele ausgewählt, die der Grundform möglichst nahe entsprechen; die meisten zeigen die selbständige, besondere Prägung durch irgendwelche Variationen der Grundform. Das in allen diesen Variationen Gleichbleibende ist nur das, was das Wesen des prophetischen Gerichtswortes, an Israel gerichtet, ausmacht: dem Volk wird wegen bestimmter Verfehlungen Gottes Gericht angekündigt. Darin ist begründet, daß es von der Polarität Anklage – Ankündigung bestimmt ist; daß beide Teile in sich meist zweigliedrig sind, ist in dem oben gezeigten Unterschied gegenüber dem einem einzelnen geltenden Gerichtswort zu erklären.[6]

Der Vorgang selbst, das Ergehen der Gerichtsankündigung Jahwes an sein Volk für ein Vergehen hat also die Form geprägt; sie enthält nichts, was nicht aus ihm zu erklären wäre. Gerade diese völlige Adäquatheit der Form erlaubt nun aber eine kaum zu erschöpfende Fülle von Variationen, in ihr zeigt sich die Lebendigkeit des Prophetenwortes.

Mit der Bestimmung und Bearbeitung dieser Variationen hätte die formgeschichtliche Untersuchung der Schriftprophetie einzusetzen, deren Durchführung hier nicht mehr gegeben werden kann. Es soll jetzt abschließend nur noch an Beispielen gezeigt werden, wie die Grundform des prophetischen Gerichtswortes noch in einer ganzen Reihe von Abwandlungen, Erweiterungen und Einkleidungen zu erkennen ist.[6a]

5 H. W. Wolff spricht von einer ‚Normalform‘ a. a. O. ZAW 1934, S. 2 ff.
6 Eine Bestätigung der Zweigliederung der Gerichtsankündigung sehe ich in der Berufungsgeschichte des Jeremia. Sie enthält in ihrer Mitte die Grundelemente der Prophetie: in 7b den Botenbefehl und in den Bildern Vers 10b den Auftrag zur Gerichts- und zur Heilsankündigung. Die Gerichtsankündigung wiederum wird in den beiden Visionen Vers 11–15 nach ihren beiden Seiten entfaltet: der ‚wachende Zweig‘ weist in der Deutung: „ich wache über meinem Wort" auf das Eingreifen Gottes, der angefachte Topf mit der Deutung: „Von Norden her öffnet sich das Unheil" auf die Folge dieses Eingreifens.
6a Zu den Variationen gehören nicht die Reihenbildungen wie Amos 1–2; Jes. 9, 7–20 mit 5, 25–29 und die Reihen der Wehe-Worte wie Jes. 5, 8–24 und 10, 1–4 (dazu s. u.). Sie sind vielmehr gerade eine besonders deutliche Bezeugung der dem Gerichtswort eigenen festen Struktur; sie sind sicher wenigstens zum Teil als älteste Sammlungen von Prophetensprüchen anzusehen. Die prägende Kraft dieser Struktur

II. ABWANDLUNGEN DER FORM

Die beiden Teile können in der Reihenfolge vertauscht werden, das Gerichtswort kann also auch mit der Ankündigung beginnen:

		Jes. 3, 1–11	Am. 9, 8–10	Jer. 2, 26–28
Ankündigung <	Eingreifen	1–4	8–9	26a
	Folge	5–7	10a	26b
Begründung <	Anklage	(8a?) 8b	10a	27b
	Entfaltung	9a	10b	27a–28

(9b–11 Zusätze)

Weitere Beispiele: Jes. 7, 18–25; 17, 1–11; 17, 12–14; 30, 8–11; Hos. 9, 7–9; 13, 15–14, 1; Jer. 13, 25–27.

Auch innerhalb der beiden Teile kann die Reihenfolge wechseln; in Am. 5, 12. 16. 17 beschreibt v 16 die Folge des Eingreifens Gottes v 17, vgl. auch Jes. 28, 14–22; Hos. 10, 1–2.

In dem Beispiel Jes. 3, 1–11 ist abgesehen von der Umkehrung der Reihenfolge die Struktur nicht verändert; jedoch zeigt sich eine Verschiebung des Schwergewichts: die Ankündigung umfaßt den größten Teil des Wortes, die Begründung (v 8b–9a) tritt demgegenüber zurück. Hier ist offenbar die Absicht der Umkehrung der besondere Nachdruck auf der Ankündigung. Es kann auch das Umgekehrte eintreten: daß die Gerichtsankündigung ganz kurz oder nur angedeutet ist, während das ganze übrige Wort die Begründung entfaltet. Ein Beispiel hierfür ist Jer. 2, 1–13; eine Ankündigung des Gerichts enthält nur v 9: „darum will ich noch mit euch rechten; und mit den Söhnen eurer Söhne will ich rechten!", das ganze übrige Wort ist Begründung des in v 9 angekündigten Gerichtes. Aber auch wo der eine Teil stark zurücktritt, ist die Grundform durchaus noch vorhanden; das wesentliche ist ja nicht das äußere Gleichgewicht oder gar die Innehaltung eines Schemas, sondern die aus dem Vorgang geforderte Entsprechung von Gottes Gericht und des Volkes Schuld.

Diese Entsprechung aber ist selbst da noch anzunehmen, wo die beiden Teile sich äußerlich voneinander gelöst haben, wo also die Gerichtsankündigung und die Anklage gesondert begegnen. Hier sei an die Untersuchung der Amos-Perikopen durch Balla erinnert (s. o. S.

zeigt sich in Amos 1–2 daran, daß die späteren Nachbildungen (wie 2, 4–5) sie übernommen haben. Die Reihenbildungen zeigen andrerseits sehr schön die Freiheit in der Formung der Sprüche; es ist klar, daß in Am. 1–2 die Ankündigung der stereotypere Teil sein muß; trotzdem variieren hier die einzelnen Sprüche, in einigen kündigt Gott nur sein Eingreifen an, in anderen folgt dem noch die Auswirkung.

28), der von der Annahme ausging, daß ‚Scheltwort' und ‚Drohwort' selbständige Einheiten seien. Er kam zu dem Schluß, daß sie weitaus häufiger miteinander verbunden als gesondert begegnen, was allein schon nahelegt, daß die Einheit beider Teile das Normale, das gesonderte Auftreten das Außergewöhnliche ist. Dann ist aber nicht wie bei Gunkel und vielen, die ihm darin folgen, das selbständige Auftreten von ‚Scheltwort' und ‚Drohwort' als das Ursprüngliche, die Kombination beider als das Sekundäre anzusehen; jenes ist dann vielmehr als sekundäre Verselbständigung eines Einzelmotivs anzusehen, ähnlich der, wie sie Gunkel bei manchen Psalmen, etwa den Vertrauenspsalmen annimmt.[7] Bei den GE begegnen die Teile des Gerichtswortes nur sehr selten, fast nie gesondert voneinander; wenn das beim GV viel häufiger geschieht, so ist das wiederum begründet in dem Unterschied der Adresse: die Nähe des Wortes zum Vorgang beim GE erfordert, daß Anklage und Urteil beieinander bleiben; bei dem größeren Abstand des Wortes vom Vorgang beim GV ist dagegen möglich, daß das Gewicht manchmal ganz auf einen der beiden Teile fällt, und von da ist es nur ein kleiner Schritt zur völligen Verselbständigung eines Teils.[8]

Jes. 2, 12–17 (Einl. v 10?) ist nur Gerichtsankündigung, enthält aber implizit sehr deutlich die Anklage in der Aufzählung (12b–16) all des Hohen und Stolzen, über das der Tag Jahwes kommen wird; es ist die für Jesaja typische Anklage des Hochmutes. Amos 3, 13–15 liegt es ähnlich, eine Gerichtsankündigung, die die Anklage impliziert; und zwar sind hier sogar beide Teile zu erkennen, die allgemeine Anklage enthält 14a:

> An dem Tage, an dem ich die Frevel Israels an ihm heimsuche ...

und die Konkretion (Luxus) lassen die letzten Worte erkennen:

> Und ich schlage das Sommerhaus wie auch das Winterhaus.
> Aus ist es mit den Häusern von Elfenbein,
> Schluß mit den Häusern von Ebenholz.

Weitere Beispiele Hos. 10, 6b–8; 13, 9–11.

Nur Anklage sind Hos. 5, 1–2; 6, 7–10; 7, 1–7 (hier die Ankündigung angedeutet in v 2 f.); 12, 1–2; Jer. 2, 20–25; 5, 26–29. 30–31; 23, 16–24.

Nur Ankündigung Hos. 8, 16–18; 8, 21–23 (fragm.?) 10, 28–32 (fragm.?) Jer. 13, 12–14. 18–19; 5, 15–17 und, in auffälliger Häufung Jes. 7, 18–20. 21–22. 23–25. Daß hier drei isolierte Gerichtsankündigun-

---

7 Einl. in die Psalmen, 1933.
8 Daß selbst in diesem Fall der eine verselbständigte Teil den anderen stillschweigend voraussetzt, kann am besten das Beispiel eines GE zeigen: In dem Wort Jeremias an den Priester Pašhur Jer. 20, 1–6 steht die Ankündigung (v2) ohne Begründung. Das ist hier möglich, weil diese aus der vorangehenden Erzählung so deutlich wird, daß sie nicht ausgesprochen werden muß.

gen aufeinander folgen, muß auffallen. Es scheint eine kleine Sammlung vorzuliegen, die an v 17, den Schluß von 7, 1–17 anschließt. Sie ist durch das einleitende ‚an jenem Tage‘ 18. 20. 21. 23 gekennzeichnet. Wir wissen aus anderen Zusammenhängen, daß von einem uns vollständig bekannten Prophetenwort unter bestimmten Umständen nur die Ankündigung tradiert bzw. zitiert wird. So ist es bei dem Michawort (3, 9–12), das in Jer. 26, 18, bei dem Amoswort, das Amasja Am. 7, 11 zitiert. Auch in den Visionen des Amos in 7, 7–9; 8, 1–3; 9, 1–4 und des Jeremia 1, 11–15 ist das Gotteswort nur die Ankündigung. An all diesen Stellen ist die Voraussetzung, daß das eigentliche Gotteswort die Ankündigung ist; deshalb kann es unter bestimmten Umständen ohne eine Begründung tradiert werden.

Mit der Lockerung des festen Gefüges (beim GE und beim Wehewort), in dem immer auf die Anklage die Ankündigung folgte, wird die strenge Unterscheidung der Ankündigung als des eigentlichen Gotteswortes von der außerhalb des dem Boten aufgetragenen Wortes stehenden Begründung allmählich eingeebnet. Die Botenformel büßt an prägnanter Bedeutung ein. Vielfach wird sie durch bloßes ‚Darum‘ abgekürzt; diese Abkürzung ist durchaus sinnvoll, weil bei den Prophetenworten an das Volk kein Interesse mehr daran besteht, die Begründung von der Ankündigung als eigentlichem Gotteswort abzuheben. Es geht ja nicht mehr um ein einzelnes Vergehen eines einzelnen Mannes, das von jedem Zeugen festgestellt werden kann, sondern um einen Komplex von Sünde, Frevel, Ungehorsam, den aufzuzeigen die Autorität des Gotteswortes forderte. So kann jetzt die Botenformel abgekürzt, umschrieben oder auch ganz weggelassen werden.

Wo die Reihenfolge der beiden Teile umgekehrt ist, das Wort also mit der Ankündigung einsetzt, hat die Botenformel ihre Funktion als Verbindung zwischen den beiden Teilen verloren; in diesem Fall wird die Begründung gewöhnlich mit ‚denn‘ angeschlossen, wie überhaupt die grammatisch-kausale Verbindung der beiden Teile des Gerichtswortes jetzt sehr häufig begegnet.[9] Auch darin zeigt sich die oben beschriebene Einebnung. Ganz verliert die Botenformel ihren Ort in den Worten, in denen die Ankündigung die Anklage in sich aufgenommen hat, wie Am. 3, 13–15; Jes. 2, 12–17.

Im Zuge dieser Einebnung tritt die Botenformel jetzt häufig an den Anfang des Wortes; damit ist das ganze Prophetenwort als Gotteswort gekennzeichnet. In der Prophetie des 8. Jahrhunderts geschieht das noch verhältnismäßig selten, bei Jeremia häufig, bei Ezechiel

9 Z. B. Jes. 8, 5–8; 29, 13–14; 30, 12–14; dazu vgl. oben S. 95 und H. W. Wolff a. a. O. ZAW 1934, S. 5: „Diese Begründung durch einen Kausalsatz haben im b – a Typus nur Jes. und Jer., und zwar von ja‘ an eingeleitet beide, ja‘ an ki nur Jes. und ja‘ an ’ašer nur Jer.“ Diese Kausalverbindungen zeigen den literarischen Charakter solcher Bildungen.

durchgehend. Dies vor allem ist gegenüber dem GE eine folgenschwere Veränderung des Prophetenwortes, die verkannt werden muß, wo die Botenformel am Anfang des ganzen Wortes als das Ursprüngliche angesehen wird, wie das bisher meist geschah.

Schließlich wird durch die Lockerung der Form eine Abwandlung möglich, die in der Prophetie des 8. Jahrhunderts spärlich auftritt, bei Jeremia häufig und bei Ezechiel die Regel ist, daß nämlich einer der beiden Teile im gleichen Wort zweimal auftritt. Angedeutet ist das schon in Am. 1–2: der in jedem der Sprüche wiederkehrende Satz „... mache ich es nicht rückgängig" enthält implizit schon die Gerichtsankündigung, die am Ende jedes Spruches noch einmal auftritt. In Mi. 3, 1–4 nimmt 4b die Anklage noch einmal auf; die Begründung kehrt noch einmal wieder in Jer. 5, 7–11. Ähnlich ist es Hos. 13, 9–11; 5, 8–14; 8, 1–3; Jes. 17, 1–11. Noch weiter gelockert ist die reihenartige Gegenüberstellung in Hos. 4, 4–10:

Du hast die Erkenntnis verworfen – so will ich dich verwerfen, mir Priester zu sein; du vergaßest die tora deines Gottes – so will ich auch deiner Söhne vergessen.

In der deuteronomistischen Fassung von Jeremiaworten ist die mehrfache Wiederholung schon durch die breite Prosafassung bedingt; in der Tempelrede z. B. wird die vorher breit entfaltete Begründung noch einmal am Anfang der Ankündigung zusammengefaßt: (v 13)

Und nun: weil ihr all diese Dinge tut, spricht Jahwe, und weil ihr ... (14) so werde ich ...

III. ERWEITERUNGEN

Mit der Lockerung des Gefüges der alten Wortform werden jetzt eine ganze Reihe von Erweiterungen möglich. Solche Erweiterungen begegneten beim GE nur ganz selten und nur in Ansätzen, ein sicheres Zeichen dafür, daß es die ältere Form darstellt. Dem entspricht es, wenn die Erweiterungen des GV in der Prophetie des 8. Jahrhunderts noch in Grenzen bleiben, während sie bei Jeremia und dann noch mehr bei Ezechiel so wuchern, daß unter den Erweiterungen die ursprüngliche Wortform kaum noch zu erkennen ist.

Doch dürfen die Erweiterungen als solche keinesfalls als sekundär angesehen werden; vielmehr enthalten besonders bei den Propheten des 8. Jahrhunderts gerade diese nicht unmittelbar zur Struktur des Gerichtswortes gehörenden Erweiterungen oft das dem betreffenden Propheten Eigenste. Alle Sätze in den Sprüchen Jesajas, die etwas vom Glauben sagen, sind solche Erweiterungen!

1. Erweiterungen der Anklage

a) Die Anklage wird auf den Hintergrund des früheren Heilshandelns Gottes gestellt. Als Musterbeispiel kann Am. 2, 6–16 dienen, wo das Israelwort von allen Worten der Reihe 1–2 allein diese Erweiterung hat.

6a Anklage: Wegen der drei Freveltaten Israels...
6b–8 Entfaltung: Weil sie den Unschuldigen...
9 –11 Erweiterung: Und ich habe doch vor euch her die Amoriter vertilgt...
Ich bin's, der euch aus dem Lande Ägypten geführt...

Dies ist die wichtigste und häufigste Erweiterung des GV überhaupt und begegnet von Amos bis Ezechiel bei allen Schriftpropheten: Hos. 9, 10–13, 11 bei jedem Spruch; Jes. 5, 1–7; Jer. 2, 1–13; Mi. 6, 1–4; in starker, barocker Erweiterung steht sie hinter Ez. 16 und 20. Es ist die einzige Erweiterung, die sich schon in der Frühform des GE findet, dort als Erinnerung an die Heilstaten, die Gott dem König erwiesen hatte (s. o. S. 111 ff.).

In Am. 2, 6–16 zeigen die Verse 9 ff. das Fundament der Geschichtstraditionen, auf denen die Gerichtsprophetie beruht. Die Verse 9 f. entsprechen dem Grundbekenntnis Israels. Ein Botenspruch kann also durch den Hinweis auf Gottes Taten erweitert werden. Bei der Freiheit solchen Erweiterns bleibt der Prophet aber gebunden an die ihm vorgegebenen Traditionen.

Wie sich aus diesem Kontrastmotiv eine Art prophetischer Geschichtsdarstellung entwickelt, zeigt der Weg von Am. 2 über Hos. 9–11, Jer. (bes. Kap. 2), Ez. und zur deuteronomistischen Geschichtskritik. Ein schönes Beispiel des Überganges ist Hos. 10, 1–2, das die Form des GV zwar noch in allen Teilen erkennen läßt, aber gleichzeitig schon fast wie eine kritische Geschichtsschau wirkt:

1a Vorgeschichte: Ein weit sich breitender Weinstock war Israel...
1bc Entfaltung der Anklage im Konstrast: Je mehr... desto mehr...
2a die Anklage: Geteilt war ihr Herz.
und die Folge für Israel: Nun müssen sie büßen.
2b Gottes Eingreifen: Er selbst wird ihre Altäre zerbrechen...

Ähnlich ist es 13, 5–8; hier ist die Struktur des GV deutlicher. Daß die Kontrastbildung als eine Erweiterung des GV schon von den Tradenten der Prophetenbücher erkannt worden ist, zeigt die kleine, deutlich sich abhebende Sammlung Hos. 9, 10–13, 11, in der jedes einzelne Prophetenwort diese Erweiterung enthält und die offenbar aufgrund dieses Kriteriums zusammengestellt wurde.

Das Motiv zeigt in sich eine Entwicklung. Zunächst ist es nur kontrastierende Erweiterung: dem Frevel des Angeredeten wird Gottes freundliches Tun in der Vergangenheit entgegengehalten (so in den Mari-Briefen, Brief 1, 2. Sam. 12, Hos. 11, 1–4). Aber schon Am. 2

zeigt einen weiteren Schritt: dem freundlichen Tun Gottes wird Israels Reagieren darauf in der Vergangenheit hinzugefügt:

Am. 2, 12: Ihr aber gabt ... und gebotet den Propheten, Wein zu trinken ...

Ebenso Hos. 10, 1b; 11, 2; ebenso in Jes. 5, 1–7 und Jer. 2, 1–9; am Ende des Weges Ez. 16; 20; 23, wo das negative Reagieren Israels beherrschend ist.[10]

b) Dasselbe Kontrastmotiv begegnet noch in anderer Gestalt. In Am. 4, 6–11 wird das freundliche Wirken Gottes an Israel in der Vergangenheit nicht in Heilstaten, sondern gerade in Unglücksschlägen gezeigt, die Israel warnen sollten; aber Israel beachtete all diese Warnungen nicht (Jer. 2, 30; 3, 3; 5, 3). Dies Verhärtungsmotiv begegnet in anderer Form auch sonst; besonders bei Jesaja als das Sich-stellen auf die selbstgeschaffene Sicherheit, z. B. 7, 9; 28, 15 oder

Mi. 3, 11b: Auf Jahwe stützen sie sich und sagen:
　　　Ist nicht Jahwe in unserer Mitte? Kein Unheil kann über uns kommen!

Dies Motiv begegnet als Entfaltung der Anklage; es kann noch weitergeführt werden, indem der Prophet zurechtweisend das eigentlich von den Angeredeten geforderte Verhalten dagegenstellt:

Jes. 5, 12: ... aber das Wort Jahwes beachten sie nicht
　　　und das Tun seiner Hände sehen sie nicht
　31, 1: ... aber auf den Heiligen Israels sehen sie nicht ...
Am. 6, 6: ... aber um den Schaden Josephs kümmern sie sich nicht ...
　　　vgl. Jer. 8, 11 f.

c) Von solcher Zurechtweisung aber ist es nur noch ein kleiner Schritt zur Mahnung oder Warnung, etwa bei Amos, Kap. 5:

Suchet mich! ... Suchet das Gute! ... Stellet das Recht her im Tor!

Oder Jes. 1, 17:

Lernet Gutes tun! Trachtet nach Recht

(28, 12; 31, 3); oder die Warnung Jes. 28, 12. 22; in 28, 22 begegnet die Warnung dort, wo die Ankündigung sich in Gericht und Heil teilt. Diese Imperative, auch wenn sie geliehene Redeformen sind, erklären sich doch aus Weiterbildungen, die dem prophetischen Gerichtswort selbst entstammen; das zeigt Jer. 2, 19; 2, 25a.

---

10 Ähnlich das Kontrastmotiv in der Klage des Volkes: hier begegnet das gleiche Motiv Rückblick auf Gottes früheres Heilshandeln, aber unter dem ganz anderen Gesichtspunkt des Kontrastes nicht zum Frevel, sondern zum Leid der gegenwärtigen Generation (Ps. 80; 44; 89). Hier wie dort aber erwacht der Blick für geschichtliche Zusammenhänge am Entdecken von Kontrasten zwischen Gottes früherem Heilshandeln, wie es im Bekenntnis tradiert wird, und der dazu im Widerspruch stehenden Gegenwart: hier der unbegreifliche Widerspruch zu dem Schlag, den das Volk traf (Ps. 89, 2 ff. und 39 ff.), dort zu der unbegreiflichen Reaktion des Volkes darauf (Jes. 5, 2 und 7). Beide Kontrastmotive zeigen, ein wie lebendiges, empfindliches Geschichtsbewußtsein in diesem Volk entsteht. Sie müßten einmal im Zusammenhang untersucht und verglichen werden.

Mahnung und Warnung sind gewiß nicht genuin prophetische Rede-formen, sondern entstammen wahrscheinlich der Gebotsparänese, wie sie in entwickelter Form im Dtn, in Anfängen aber schon im Bundes-buch anzutreffen ist. Sie gehören dann ihrem Ursprung nach dem ge-bietenden Gotteswort und dessen paränetischer Weiterbildung an. Nach den Mari-Briefen ist anzunehmen, daß Mahnung und Warnung schon in der frühen Heilsprophetie ihren Ort hatten, sie könnten daher auch in Israel aus der Heils- in die Gerichtsprophetie übernom-men sein. *Daß* jedoch diese Form übernommen wurde, ist in den Ge-richtsworten begründet, wie das deren zurechtweisende Erweiterungen zeigen.

d) In Hos. 9, 7–9 ist die Entfaltung der Anklage:

Ephraim liegt auf der Lauer gegenüber dem Propheten ...

Bis dahin ist der Satz nur eine konkretisierende Entfaltung der An-klage. Aber dann geht es weiter:

Schlingen des Vogelstellers findet er auf allen seinen Wegen, Anfeindungen im Hause seines Gottes.

‚Schlingen des Vogelstellers‘ ist ein typisches Bild in der Klage des Einzelnen für die Verfolgung der Frommen durch die Frevler; es ist deutlich zu erkennen, wie in diesem Satz aus der Anklage, die gegen das Volk erhoben wird, die Klage des Propheten in den ersten Spuren heraustritt. Bei Jeremia finden wir sie wieder, zu ganzen Klagegedich-ten erweitert. Dort gehört zu diesen als ein wichtiges Motiv die Un-schuldsbeteuerung; auch sie ist bei Hosea schon angedeutet in 3, 5–8 (gegen die falschen Propheten) in der Erweiterung v 8: „Ich dagegen bin ...“

e) Eine für die Prophetie Jeremias bezeichnende Erweiterung der Anklage enthalten die beiden Worte 5, 1–6 und 6, 27–30: sie ist von der Frage bestimmt, ob denn die Anklage wirklich alle trifft, und um das zu klären, bekommt Jeremia den Auftrag, es nachzuprüfen (Nach-lese und Schmelzprobe); die Erweiterung kommt an beiden Stellen darauf hinaus, daß die Anklage doch alle trifft.

f) In dieselbe Richtung geht das Verbot der Fürbitte Jer. 7, 16; 11, 14; 14, 11 f.; Hos. 6, 1–6, angedeutet in den Visionen des Amos 7–9. Von einer Erweiterung der Anklage kann man bei diesem Motiv wahrscheinlich nicht sprechen, dazu ist es zu eigenständig. An den Stel-len, wo die Gerichtsankündigung im Gegensatz zu dem erwarteten Heilswort auf eine Volksklage hin erfolgt, ist die Ablösung der Ge-richtsprophetie von der Heilsprophetie zu erkennen.

2. Erweiterungen der Ankündigung

a) In Jes. 10, 28–32 wird die Ankündigung des Gerichts von einem neuen Motiv beherrscht, dem Herankommen der Feinde, das dramatisch geschildert wird. Es gehört nicht notwendig und nicht von Anfang an zur Gerichtsankündigung; bei Amos, Hosea und Micha begegnet es nie; im 8. Jahrhundert nur bei Jesaja (5, 26–30; 10, 28–32); bei Jeremia in den sogenannten Skythenliedern 4, 5–29; 6, 1–8; 22–26. Die dichterisch schönste Ausprägung hat dieses Motiv des Herankommens der Feinde in Jer. 4 gefunden. Hier ist es dem prophetischen Gerichtswort so angeglichen, daß dessen beide Teile klar heraustreten. Das Gedicht als Ganzes ist Ankündigung des Gerichts; es enthält als dessen Begründung die Anklage 17b und deren Entfaltung 18. Bei den beiden Jesaja-Stellen ist das Motiv noch ganz selbständig; sicher liegt ein eigenständiges, der Prophetie ursprünglich fremdes Motiv vor, dessen Herkunft noch ungeklärt ist. Wahrscheinlich ist es später weitergebildet worden zur Schilderung der Vernichtung, wie etwa Nahum 2, 2–4, wie sie später in den apokalyptischen Schilderungen des Endes weiterleben.[10a]

b) Eine ganz andere Erweiterung des Gerichtswortes zeigt sich an einer Reihe von Stellen bei Jesaja, jedesmal bei dem Eingreifen Gottes. Es ist nicht eindeutig ein Eingreifen zum Gericht; daneben öffnet sich ein Weg in das rettende oder bewahrende Handeln Gottes. Am deutlichsten zeigt sich diese Erweiterung in 7, 1–9. 10–17 und 28, 14–22. Weil Ahas nicht glaubt (10–13), teilt sich an diesem Faktum die Ankündigung: dem König gilt das Gerichtswort (17); dabei bleibt aber das Heilswort bestehen (14–16), nur gilt es jetzt allein denen, die glauben (9). In 28, 14–22 gilt das Gerichtswort (17b–22) den ‚Spöttern‘ (14); aber mitten in der Vernichtung legt Gott den Grundstein eines Neuen, an dem allein die Glaubenden teilhaben (16b). Dabei wird beidemal ein Zeichen gegeben; das entspricht ganz der Funktion des Zeichens beim frühen Prophetenwort (s. o. S. 113). Hier bekommt die Vermutung eine Stütze, daß das Zeichen ursprünglich zum Heilswort gehörte. – Ähnliche über das Gericht hinausweisende Erweiterungen sind bei Jesaja in 1, 21–28 die Sätze 25b. 26; in 1, 18–20 v 20; in 30, 15–17 v 15; in 28, 7–13 v 12. Dabei zeigt sich: alle Sätze vom Glauben bei Jesaja (oder Synonyma) begegnen in dieser einen Erweiterung! Damit wird es möglich, Ort und Funktion des Glaubensbegriffes bei Jesaja deutlicher als bisher zu bestimmen.

3. Erweiterungen des Rahmens

a) Der Rahmen des prophetischen Gerichtswortes (Einleitung, Überleitungen, Verbindungsformeln, Schlußformeln) ist in der Frühzeit seiner Geschichte entweder gar nicht oder nur äußerst sparsam vorhanden (die Botenformel gehört ursprünglich nicht zum Rahmen, sie

10a Bei dieser Ausweitung zur Schilderung der Vernichtung sind fremde Einflüsse möglich; vgl. die ägyptischen Beispiele bei Néher a. a. O., S. 21 f.

ist Bestandteil des Prophetenwortes). Von Jeremia ab wächst er sprunghaft an; bei ihm findet sich zum erstenmal ein großer Bestand an einleitenden, überleitenden und beschließenden Formeln;[11] bei Ezechiel werden die Rahmenworte und -sätze noch weit häufiger (s. u. S. 149 f.) und erdrückend häufig sind sie bei Haggai und Sacharja (s. u. S. 148); bei Maleachi dagegen sind sie so gut wie völlig verschwunden.

Das Anwachsen des Rahmens – wohl das sicherste Kennzeichen einer geschichtlichen Entwicklung des Prophetenwortes – bedeutet ein Anwachsen der Sätze, die das Prophetenwort als Gotteswort ausweisen. Auch die Deutung dieses Anwachsens scheint mir sicher zu sein: das Prophetenwort verlor im Gang seiner Geschichte an Selbstverständlichkeit und Selbstevidenz. Die Legitimation des Prophetenwortes als Gotteswort wurde immer notwendiger und daher häuften sich die legitimierenden Rahmenworte. In diesem Anwachsen des das Prophetenwort sichernden und legitimierenden Rahmens verrät sich das nahe Ende der Prophetie.

b) In der Geschichte der Botenformel lassen sich drei Stadien klar unterscheiden. In der Frühzeit wird nur die Ankündigung ausdrücklich als das durch den Boten übermittelte Gotteswort gekennzeichnet (s. o. S. 94). Dann rückt – schon von Amos ab – in einigen Worten die Botenformel an den Anfang, so daß damit das ganze Wort, einschließlich der Anklage als Gotteswort gekennzeichnet ist. Allmählich überwiegt diese Stellung der Botenformel, so daß sie nun schlechthin als Einleitungsformel des ganzen Prophetenwortes erscheint. Schließlich erstarrt die Formel so, daß sie auch solche Worte einleitet, die gar nicht Botenworte zu sein beanspruchen.[12] Der spezifische und ursprüngliche Sinn der Botenformel geht damit verloren.

Die Formel ‚es erging das Wort Jahwes an . . .‘ begegnet erst von Jeremia ab. Sie ist charakteristisch für die zweite Epoche der Prophetie, in der das vorher Selbstverständliche, das Herkommen des Prophetenwortes von Jahwe, in einem stetig wiederkehrenden Satz einleitend ausgesprochen werden muß.

c) Die sogenannte Zwischen- und Endformel ne'um jhwh gehört von ihrem Ursprung her gar nicht zum Propheten-, sondern zum Seherspruch; ihren eigentlichen, ursprünglichen Gebrauch zeigt Num. 24, 3:

Spruch Bileams, des Sohnes Beors,
Spruch des Mannes aufgetaner Augen . . . Vgl. 2. Sam. 23, 1

Nach dem Aufhören des Sehertums hat die Prophetie diese alte Bezeichnung für den Seherspruch an sich gezogen; das erweist mit Sicherheit schon die Wortstellung: Im Seherspruch leitete das na'ūm, ver-

---

11 Vgl. die Untersuchung Wildbergers.
12 So schon Balla; s. o. S. 29 ebenso Lindblom S. 100.

bunden mit dem Namen des Sehers, den Spruch ein, im Prophetenspruch dagegen, wo diese Stelle durch die Botenformel besetzt war,
konnte es nur den Platz einer End- oder Zwischenformel einnehmen.[13]

Ob das bei Amos häufig begegnende ne'um jhwh hier schon zur
ältesten Fassung der Worte gehört, läßt sich kaum sagen; sicher ist das
jedenfalls nicht, es könnte auf die judäische Redaktion der Amos-
Sprüche zurückgehen. Auffällig ist jedenfalls, daß es bei Hosea ganz
fehlt und auch bei Jesaja sehr selten ist. Einen breiten Raum bekommt
es erst bei Jer. und Ez. Auf jeden Fall gehört es der genuinen Sprache
des Botenspruches nicht an (niemals im GE), seine Herkunft aus dem
Seherspruch ist mit Sicherheit nachzuweisen.[14]

IV. VARIANTEN DES PROPHETISCHEN GERICHTSWORTES

Im ersten Teil wurde an einer ganzen Reihe von Erweiterungen des
GV gezeigt, wie sehr wir es hier mit einer aufgelockerten, literarisch
nach allen möglichen Richtungen bildbaren Form zu tun haben. Aber
nicht diese vielen Erweiterungen als solche sind das Bemerkenswerte,
sondern das Erhaltenbleiben der ursprünglichen Form bei so großer
Möglichkeit von Abwandlungen. Dasselbe gilt in noch erhöhtem Maß
für die Gruppe von Prophetenworten, die in das Gewand einer anderen literarischen Form gekleidet sind und dennoch der Gattung des
prophetischen Gerichtswortes zugehörig bleiben. Gunkel hat zuerst in
großem Maßstab gezeigt, daß die Propheten andere Redeformen geliehen haben, um ihre Botschaft darein zu kleiden. Von späteren Forschern wurden dann noch eine Reihe weiterer geliehener Formen in
der Prophetie entdeckt.

Mit dem Begriff des Entleihens, den man hier gut anwenden kann,
ist der Tatbestand aber noch nicht exakt genug dargestellt. Es muß
jeweils gefragt werden a) was bei jeder dieser entliehenen Formen das
dem prophetischen Gerichtswort Entsprechende, also zum Entleihen
Eignende ist, b) ob und wie die fremde Redeform dem prophetischen
Gerichtswort angeglichen oder mit ihm verbunden oder mit ihm verschmolzen wurde, c) ob etwa durch die entliehene, dem Prophetenwort fremde Form dieses selbst verändert oder in eine andere Rich-

13 Zu ne' um jhwh vgl. Grether, a. a. O., S. 89; Lindblom, a. a. O., S. 66 f.:
„Die Formel 'amar jhwh gehört erst dem deuterojesajanischen oder nachexilischen
Sprachgebrauch an, wie andrerseits die Formel ne' um jhwh wahrscheinlich erst spät
als prophetische Stilform zur Anwendung kam."
14 Zu diesem ganzen Abschnitt Lindblom, a. a. O. Anhang: Die prophetische
Orakelformel.

tung entwickelt wurde. So muß gefragt werden, damit von vornherein klar ist, daß z. B. die Benutzung des priesterlichen Heilsorakels und vieler Psalmenformen bei Deuterojesaja ein grundsätzlich und wesentlich anderer Vorgang ist als z. B. die Benutzung der Gleichnisform in Jes. 5, 1–7 oder der Klage in Amos 5, 1–2. Bei Dtjs. nämlich zeigt die Benutzung dieser Formen, daß hier die Prophetie selbst etwas wesentlich anderes geworden ist; bei Jesaja oder Amos ändert die Benutzung der fremden Formen an ihrer Botschaft gar nichts. Etwa in der Mitte zwischen beiden steht Ezechiel, bei dem die deutliche Übernahme priesterlicher Redeformen keine grundlegende, sondern nur eine relative Veränderung seiner Botschaft mit sich bringt.[15]

Der Wehe-Ruf

Von den anderen Varianten hebt sich der Wehe-Ruf als die weitaus wichtigste und häufigste Form ab; man könnte auch von einer Parallelbildung zum GV reden. Die Wehe-Worte bilden eine besondere, fest gefügte Gruppe von Prophetenworten; nicht nur durch das bei allen gleiche einleitende hoj, sondern auch durch die bei allen gleiche Reihenfolge der beiden Teile: das hoj leitet immer die Anklage ein, auf die dann die Ankündigung folgt. Hierin und in manchen anderen Zügen stehen die Wehe-Worte dem GE nahe. Sie weichen von der gewöhnlichen Form zunächst darin ab, daß das einleitende ‚Wehe!' in sich schon etwas wie eine Unheilsankündigung in nuce darstellt. Man könnte sich eine Vorform denken, in der das ‚Wehe!' nur mit einer anklagenden Adresse versehen war. Das würde an gewisse Fluchformeln erinnern, bzw. eine solche Vorform, sollte sie existiert haben, wäre als prophetische Abwandlung des Fluches zu verstehen. Es gibt einige Spuren der Verbindung zwischen Fluch und prophetischem Gerichtswort, auf die noch näher einzugehen ist.

Die Wehe-Worte begegnen überwiegend in Reihen: Jes. 5; 28, 1 – 33, 1; Hab. 2; vielleicht auch Am. 5, 18 und 6, 1 (fragm. ?).[16] Das könnte wieder eine Entsprechung zu den Fluchreihen (Dtn. 27, 15–26) sein. Dazu kommt, daß die Reihe der Wehe-Worte in Hab. 2 nicht gegen Israeliten, sondern gegen den fremden Eroberer gesprochen ist, also im Zusammenhang der Heilsprophetie steht. Es ist zu fragen, wie sich das Wehe-Wort in der Heilsprophetie zu dem in der Gerichtsprophetie verhält.

15 Vgl. den Ezechiel-Kommentar Zimmerlis, Bibl. Kommentar zum AT.
16 Lindblom liest, wie vorgeschlagen (Smith) in 5, 7 am Anfang ein hoj und sagt zu 5, 7 ff.; 5, 18; 6, 1: „Wir bekommen somit eine Reihe von drei Wehe-Revelationen." Ebenso jetzt V. Maag, Text, Wortschatz und Begriffswelt des Propheten Amos, Leiden 1951 z. St.

1. Statistik und Form der Wehe-Worte

Das die Wehe-Worte einleitende hoj begegnet im AT 50 mal (+ 4 cj). Es ist ganz auf die Prophetenbücher beschränkt (außer 1. Reg. 13, 30, eine Totenklage). Abgesehen von zwei Gruppen, in denen das hoj eine andere Bedeutung hat (Totenklage 7 mal, Aufruf 9 mal), gehören alle Weherufe der einen Form des prophetischen Wehe-Rufes an. Er begegnet 36 (+2?) mal; 25 mal gegen Israel, 11 mal gegen fremde Völker. Sie stehen überwiegend in Reihen: 6 (7) Worte in Jes. 5 (dazu 10, 1), 6 (7) in Jes. 28–31; 5 in Hab. 2; sonst stehen drei oder zwei beieinander. Es ist anzunehmen, daß zur ursprünglichen Form der Wehe-Worte die Reihe gehört.

Das einleitende hoj ist meist mit einem pt. (manchmal ein adj.) verbunden (z. B. „wehe denen, die Haus an Haus reihen ...“), das die Adresse des Wehe! bestimmt. Es liegt im Wesen dieses Wehe mit folgendem pt., daß es je einen Ausschnitt des Ganzen trifft, eben den Ausschnitt, den das pt. bestimmt. Deshalb beziehen sich die Wehe-Worte nie auf das ganze Volk; selten auf bestehende Gliederungen des Volkes, also Priester, Propheten o. ä.; das Wehe gilt denen, die jetzt gerade etwas Bestimmtes tun. Damit stehen die Wehe-Worte den GE relativ nahe, in denen jeweils einer auf ein bestimmtes Tun hin gestellt wird. Auch darin also zeigt sich eine Sonderstellung der Wehe-Worte.

Ein auffälliges Merkmal ist das überwiegende Fehlen der Botenformel. In Jes. 28–31 fehlt bei allen 7 Wehe-Worten eine Überleitung zwischen Anklage und Ankündigung, ebenso in den 6 Wehe-Worten Hab. 2 wie überhaupt in allen Wehe-Worten gegen fremde Völker. Regelmäßig steht die Botenformel mit ‚darum‘ nur bei Jeremia und Ezechiel, also nur bei Propheten des 7./6. Jahrhunderts. Danach ist sicher anzunehmen, daß die Botenformel ursprünglich keinen Platz im Wehe-Wort hat und es also von Haus aus kein Botenwort sondern diesem sekundär angeglichen ist.

2. Die Ankündigung

Bei den Wehe-Worten in Jes. 5, Am. 5 f. und Hab. 2 ist die Ankündigung eingliedrig, d. h. es wird nicht ein Eingreifen Gottes (in 1. pers.), sondern nur ein kommendes Unheil angekündigt. An den anderen Stellen ist es ganz verschieden. Auffällig ist in Jes. 5 die Unsicherheit der Zuordnung von Anklage und Ankündigung in der Textüberlieferung. Eine Reihe von Wehe-Worten sind ohne Ankündigung überliefert oder es hat den Anschein, daß die Ankündigung sekundär angefügt wurde (Mi. 2, 1–3); oder es ist ein fließender Übergang zwischen beiden wie in Hab. 2. – Auch das an diesem Teil Beobachtete deutet auf eine erst sekundäre Angleichung der Wehe-Worte an das prophetische Gerichtswort.

3. Die Anklage

a) In Jes. 5 (dazu Am. 5, 7ff.; Mi. 2, 1–3; Jer. 22, 13–19) hat die Anklage in allen Wehe-Worten eine auffallend feste Form; das hoj leitet einen Partizipialsatz ein, der das Wehe! an die etwas Böses Begehenden adressiert, dem in strengem Parallelismus (synonym) ein zweiter Partizipialsatz zugeordnet ist; dem folgt ein explizierender Satz mit finitem Verb:

Wehe! die Haus an Haus Reihenden, die Feld an Feld Rückenden
bis kein Raum mehr ist und ihr übrig bleibt, ihr allein mitten im Land!

Der explikative zweite Teil der Anklage zeigt weder die gleiche Strenge des Stils noch ist die Beziehung des zweiten Teiles zum ersten durchweg die gleiche; man hat das Empfinden, daß der erste Teil, der eigentliche Weheruf, eine sehr feste Prägung hat, im zweiten Teil dagegen eine größere Freiheit vorwaltet. Dazu kommt, daß es sich in allen diesen Wehe-Worten um soziale Anklage handelt. Wieder liegt die Frage nahe, ob hier nicht eine Beziehung zu den Fluchsprüchen vorliegen könnte, die ja stilistisch auffällig ähnlich sind:

Verflucht   der Schlagende seinen Nachbarn im Geheimen! (Dtn. 27, 24)
Wehe   die Herbeiziehenden die Sünde mit Stricken! (Jes. 5, 18 f.)

Auch die Fluchworte in Dtn. 27 haben es ausschließlich mit dem Zusammenleben der Gemeinschaft zu tun. Hier bekommt vor allem die Tatsache Gewicht, daß die Wehe-Worte wie die Fluchsprüche überwiegend in Reihen überliefert sind. Jedenfalls können wir annehmen, daß die eben dargestellte Gruppe von Wehe-Worten deren ursprüngliche Ausprägung bei den Schriftpropheten darstellt.

b) Es lassen sich einige Weiterbildungen erkennen: In Jes. 30, 1. 6 f. 2–5; 31, 1–3; (viell. 29, 15) liegt die Anwendung des Wehe-Wortes in einer besonderen Situation vor: in allen drei Worten wendet sich Jesaja gegen das Bündnis mit Ägypten. Durch diese besondere Situation wird die Anklage komplizierter, damit bekommen diese Wehe-Worte eine von der strengen Form abweichende Gestalt. – Eine weitere Gruppe läßt sich in den Wehe-Worten über die (oder den) schlechten Hirten erkennen: Jer. 23, 1–4; Ez. 34, 1–16; Sach. 11, 17. Bei Jeremia und Ezechiel ist die Form weitgehend aufgelöst. Höchst auffällig ist Sach. 11, 17, das einem Fluchwort ganz nahe ist:

Wehe über meinen ‚schlechten' Hirten, der die Schafe im Stich läßt!
Schwert über seinen Arm!   Schwert über sein rechtes Auge!
Sein Arm soll ganz verdorren   und sein rechtes Auge erlöschen!

Ist hier in später Zeit, als sich die prophetischen Redeformen auflösten, die uralte Fluchform wieder an die Oberfläche gekommen?

4. Wehe-Worte gegen Feinde Israels

In den 6 (5) Wehe-Worten in Hab. 2 (dazu Nah. 3, 1–7; Jes. 33, 1) liegt außer Jes. 5 die festeste Gruppe von Wehe-Worten vor. Hier findet sich im ersten Teil der gleiche streng synonyme Parallelismus der durch das hoj eingeleiteten Partizipien. Anders ist, daß das Wehe in allen Worten auf einen und denselben Eroberer bezogen ist, der nicht erst durch das mit dem hoj verbundene Partizip bestimmt wird. Gleich ist, daß das Wehe in allen Worten auf einen bestimmten Kreis des Handelns begrenzt ist. Auch für diese Gruppe gibt es eine Entsprechung in den Fluchsprüchen, nämlich solchen gegen feindliche Gruppen oder Völker wie Ri. 5, 23; Gen. 49, 5–7; 9, 25. Ein sehr altes Wehe-Wort gegen ein fremdes Volk begegnet Num. 21, 29, aufgenommen in Jer. 48, 46 (Text unsicher); vielleicht zeigt sich hier der Übergang vom Fluch zum Wehe-Wort. Es könnte dann in der frühen Heilsprophetie das Wehe-Wort gegen fremde Völker eine Vorgeschichte gehabt haben.

Exkurs: Fluch und Gerichtsankündigung

Daß zwischen Fluch und Gerichtsankündigung Verbindungen bestehen, ist aus vielen Zusammenhängen und Anzeichen zu erschließen. Der wichtigste Komplex, der solche Berührung zeigt, ist die Bileam-Geschichte Num. 22–24. Bileam ist ein Seher; er gehört als solcher nicht direkt zur Vorgeschichte der Prophetie. Aber ein indirekter Zusammenhang besteht gewiß; das Seheramt ist in dem des Propheten aufgegangen (1. Sam. 9, 9). Der Auftrag des Moabiterkönigs an Bileam ist: „Komm, verfluche mir dieses Volk!" (22, 6). Der Sinn der Einfügung der Bileamgeschichte in den Bericht von der Landnahme durch den Jahwisten ist klar: die an sich geschichtslose Kraft des Fluches und des Segens, die nach Art magischer Kräfte von dem, der sie besitzt, in beliebiger Richtung wirksam gemacht werden kann, wird in der Bileamgeschichte dem Willen Jahwes und damit dem Handeln Jahwes an Israel dienstbar gemacht. Jahwe allein ist Herr von Segen und Fluch, das verkündet diese Geschichte. Damit ist sie, theologisch gesehen, eine Parallele zu Gen. 12, 1–3, wo ebenfalls Segen und Fluch (der Ton liegt hier ganz auf dem Segen) dem Geschichtshandeln Jahwes ein- und untergeordnet werden. In diesem Vorgang ist der Übergang des Fluches in das Gerichtswort begründet. Nun zeigt aber sowohl die Bileamgeschichte wie Gen. 12, 1–3, daß der Ton jedesmal auf der Zuordnung des Segens zum Handeln Jahwes liegt: Bileam ist gerufen, zu fluchen; aber gelenkt von Jahwes mächtigem Befehl muß er segnen. In Gen. 12, 1–3 erhält Abraham eine Segensverheißung. In der weiteren Entwicklung zeigt sich eine vielfältige, reich gegliederte Einfügung des Segens in das Gotteshandeln: Gott wird das Subjekt des Segens schlechthin. Beim Fluch ist das durchaus nicht der Fall; von 36 Stellen, an denen 'arūr begegnet, enthalten nur 2 (Jos. 6, 26 und 1. Sam. 26, 19; beide deuteronomistisch) den Gottesnamen. Der Fluch also behält weithin seinen vor- und außerjahwistischen Sinn: „Machtwirkung, die keiner ihn erst ausführender Götter oder Geister bedarf."[17] Das zeigt schon die Formulierung, die wörtlich gleich in Num. 24, 9 und Gen. 12, 3 begegnet. Dasselbe zeigt die Formensprache: während der Fluch weithin gebunden bleibt an die Fluchformel 'arūr, tritt beim Segen fast ganz an die

17 G. v. d. Leeuw, Phänomenologie der Rel., 1933, S. 464.

Stelle der pt-Formulierung das finite Verb mit dem Subjekt Gott. In dieser verschiedenen Entwicklung von Segen und Fluch wird es mit begründet sein, daß schon sehr früh an die Stelle des Fluches das Gerichtswort tritt. Der Übergang läßt sich an einer Reihe von Spuren verfolgen (s. o.).

Hierbei ist eine Abwandlung besonders wichtig. Der König Balak begründet seinen Auftrag an Bileam, jenes Volk zu verfluchen: „denn es ist mir zu stark". Hier ist der Fluch eine Waffe, die gegen einen Feind eingesetzt wird, allein im Zusammenhang Macht gegen Macht. Der Fluch bedarf keiner anderen Begründung als der bloßen Gegnerschaft. Nun ist es auffällig, daß der Fluch abgesehen von dieser Stelle immer nur begründet begegnet. Damit hat er seinen magischen Charakter verloren, er begegnet nur noch bezogen auf ein Handeln dessen, den der Fluch treffen soll. Und zwar gilt das sowohl dort, wo er auf einen einzelnen, wie dort, wo er auf eine Gemeinschaft gerichtet wird.

Der Übergang vom Fluch zur Gerichtsankündigung zeigt sich schon in einem der Stammessprüche, Gen. 49, 5–7:[17a]

5: Simeon und Levi – Brüder, Werkzeuge des Frevels sind ihre Waffen;
6b: denn im Zorn töteten sie Männer und im Mutwillen verstümmelten sie Stiere;
7a: Verflucht ihr Zorn, daß er heftig, und ihr Grimm, daß er grausam,
7b: Ich will sie verteilen in Jakob und sie zerstreuen in Israel!

In seiner jetzigen Form wurde der Spruch erst möglich, seit es ein Israel gab. In dieser späteren Form stellt er die Umprägung eines früheren Fluchspruches dar. Für diesen kann Gen. 9, 25 als Beispiel dienen:

Verflucht Kanaan! Knechtesknecht soll er sein seinen Brüdern!

Der Fluch besteht aus a) Verfluchung ('arūr mit Namensnennung), b) Konkretisierung des Fluches. Zu ergänzen ist, daß eine Begründung des Fluches dazugehört, die hier nur in der Erzählung gegeben ist(ganz entsprechend die Verfluchungen in Gen. 3; Jos. 9, 23). Danach ist für Gen. 49, 5–7 eine Vorform anzunehmen, die etwa so lautete:

Simeon und Levi – verflucht!
(denn im Zorn töteten sie Männer, im Mutwillen verstümmelten sie Stiere)
Zerteilt seien sie in Jakob und zerstreut in Israel!

(wobei das ‚in Jakob' und ‚in Israel' wahrscheinlich auch sekundär ist). In der jetzigen Form sind beide Teile des Spruches in Richtung auf das prophetische Gerichtswort abgewandelt. Der erste Teil besteht jetzt aus der kurzen begrifflichen Anklage: „Werkzeuge des Frevels sind ihre Waffen", die im zweiten Vers entfaltet wird. Daran schließt unorganisch die Ankündigung des Eingreifens Gottes (Jahwe spricht in 1. pers.!) mit einer abgewandelten Verfluchung; der Fluch ist, wie das oft geschieht, abgelenkt, weil das direkte Verfluchen eines Menschen gemieden wird.

Es ist zwar möglich, daß diese Umgestaltung eines alten Fluchwortes[18] erst in prophetischer Zeit vorgenommen wurde; das ist aber in dem sonst sehr alten Kapitel Gen. 49 unwahrscheinlich. Es liegt näher, eine Übergangsform zwischen Fluchwort und Gerichtswort anzunehmen; sie wurde dadurch ermöglicht, daß in Israel die geschichtslose Macht des Fluches Jahwe unterstellt wurde und damit zugleich ein

17a Auf den Zusammenhang mit den Stammessprüchen in Gen. 49 und Dtn. 33 hat schon Hölscher hingewiesen, s. o. S. 13. Vgl. dazu jetzt H. J. Kittel, Die Stammessprüche Israels, Diss. Berlin 1959, S. 91–95: Sprüche mit der Struktur des Prophetenspruches. – A. Bentzen, The Ritual Background of Amos 1–2, OT-Studies VII, 1950, S. 85–99 sieht einen Zusammenhang der Völkersprüche (bes. Am. 1–2) mit Flüchen, die im Gottesdienst über feindliche Gruppen (Völker) gesprochen wurden, parallel zu den ägyptischen Ächtungstexten.

18 Auch hinter dem Rubenspruch Gen. 49, 3–4 steht ein Fluchwort, das aber gar nicht mehr zu erkennen ist.

Fluch nun begründet werden mußte. Auch Gen. 4, 5–7 ist eine solche Übergangsform. Die Verbindung des Fluches mit einer Begründung zeigt sich vor allem in der Fluchreihe des apodiktischen Rechts Dtn. 27, 15–26; dies alles sind Eventualflüche:
 Verflucht wer einen Blinden auf den falschen Weg führt!

Der Fluch vertritt an allen Stellen die Todesstrafe; es sind in der Reihe meist Vergehen genannt, die im Verborgenen geschehen können und deshalb unbestraft bleiben könnten.[19] In diesem Fall soll der gültig ausgesprochene Fluch in Wirksamkeit treten. Das ist ähnlich bei den Wehe-Worten der Propheten des 8. Jahrhunderts, die ebenfalls in Reihen auftreten und bei denen auch ohne das prophetische Gerichtswort die darin getroffene Tat unbestraft bliebe. Die große Nähe der Fluchreihe Dtn. 27 zu der Reihe todeswürdiger Verbrechen in Ex. 21, 12. 15–17 ... (vgl. Alt a. a. O.) zeigt, daß der Fluch in Dtn. 27 schon völlig dem Rechtsvorgang eingefügt ist; er hat seinen magisch-unpersönlichen Charakter verloren. Wir fanden beim GE eine auffällige Nähe zum apodiktischen Recht (s. o. S. 97); da nun die Verfluchung des Täters in den Fällen eintreten muß, wo die Tat sonst ohne Strafe bleiben könnte, ist die Nähe der Verfluchung des Frevlers zum prophetischen Wehe-Wort durchaus verständlich. Alt sagt hierzu: „Das Entscheidende zur Verwirklichung dieser Flüche hat demnach im gegebenen Fall Jahwe zu tun" (a. a. O. S. 314) und er unterscheidet die beiden Reihen: „die eine behandelt den menschlicher Verfolgung zugänglichen, die andere den göttlicher Ahndung vorbehaltenen Teil der Verbrechen gegen Jahwes Grundforderungen" (S. 314). Damit ist die Herkunft des prophetischen Wehewortes aus dem der Rechtspraxis einbezogenen Fluch nicht nur der Form, sondern auch der Sache nach wahrscheinlich gemacht.

Eine ganze Reihe von Spuren des Fluchwortes bzw. von Redeformen, die ursprünglich dem Fluch angehören, lassen sich in der prophetischen Gerichtsankündigung (nicht nur bei den Wehe-Worten) finden. Nur ein Beispiel: In einem babylonischen Fluch wird über den, der den Vertrag bricht, ein Fluch gesprochen, der auf die Worte hinausläuft: „nach seinem Land soll er nicht zurückkehren ..."[19a] Genau dieselben Worte begegnen in dem Wort Jeremias über Jojachin Jer. 22, 27. Das häufiger in Prophetenworten begegnende „Gott mache dich wie ..." hat sicher seinen Ursprung im Fluch.

Wie verhält sich der damit wahrscheinlich gemachte Ursprung des Wehe-Wortes im Fluch (d. h. dem schon dem Jahwe-Recht eingefügten Fluchwort!) zum Prophetenwort als Botenwort? Das Wehe-Wort ist dann keine genuin prophetische Redegattung, es gehört seinem Ursprung nach nicht zu den Botenworten, sondern zu den geliehenen Redeformen, die dem Botenwort eingefügt oder angeglichen wurden. Doch ist das Wehe-Wort dem prophetischen Gerichtswort deswegen ganz besonders nahe, weil schon der dem Rechtsvorgang eingefügte Fluch (Dtn. 27) das zukünftige Eingreifen Jahwes gegen den Frevler voraussetzte, genau so wie das im prophetischen Wehe-Wort zum Ausdruck kommt.

Eine Vorgeschichte des Wehe-Wortes in der Heilsprophetie, in der das Wehe gegen Israels Feinde gerichtet war, ist möglich; vor allem Num. 22–24 und die Stammessprüche legen das nahe. Aber für eine Wiederherstellung dieser Vorgeschichte reichen die Belege nicht aus.

Mit dem Gesagten sind durchaus noch nicht alle Fragen des Verhältnisses von Fluch und prophetischem Gerichtswort geklärt; es fehlt noch eine umfassende formgeschichtliche Untersuchung der Fluchsprüche, die im AT überliefert sind, auf ihrem religionsgeschichtlichen Hintergrund.

19 So A. Alt, Bd. II, S. 314.
19a Bei K. Baltzer, Das Bundesformular, Diss. 1957, S. 20, Wissenschaftliche Beiträge zum Alten Testament, 3, Neukirchen 1960.

V. EINKLEIDUNGEN DES PROPHETENWORTES
(GELIEHENE REDEFORMEN)

Hier werden nur die Einkleidungen eines Prophetenwortes behandelt, die einen vollständigen Prophetenspruch in eine geliehene Form, etwa die eines Rechtsstreites, kleiden; nicht etwa Einzelmotive und Redeformen aus anderen Bereichen, die nur einen Bestandteil des Prophetenwortes bilden wie z. B. die Herausforderungsformel „Siehe, ich will an dich ..."[20]

1. Die Rechtsverhandlung

Texte: Jes. 1, 18–20; 3, 13–15; (5, 1–7); Mi. 6, 1–5; Hos. 2, 4–17 „Rechtsverfahren wegen ehelicher Untreue" (H. W. Wolff, Komm z. St.) 4, 1–3. 4–6; 12, 3–15; dazu angedeutet Jer. 2, 5 ff.; 25, 31 (Völker); Mal. 3, 5.

Die Rechtsverhandlung ist die dem prophetischen Gerichtswort entsprechendste Einkleidung; in der Tat ist es nichts anderes als eine szenische Einkleidung dessen, was in jedem anderen GV auch geschieht, nur ohne diese Einkleidung. Während im gewöhnlichen GV der Bote redet, spricht in den Rechtsverhandlungen Gott unmittelbar und ohne alle Einführung (durch Botenformel) als der Richter.

In Hos. 4, 1–3[21] hat die Aufforderng zum Hören die Begründung „denn Gericht hält Gott mit den Landesbewohnern". Das auf diese Einleitung folgende corpus des Wortes 1b–3 ist ein gewöhnliches GV; ebenso ist es in 12, 3–15, das derselbe Satz einleitet. Die Gerichtsverhandlung besteht also in dem, was das prophetische Gerichtswort beschreibt. Außer dem einen Einleitungssatz begegnet kein weiterer Einzelzug der Gerichtsverhandlung. Ähnlich ist es Hos. 4, 4–6; 2, 4–17. Noch blasser scheint die Rechtsverhandlung in Jer. 2, 5–29 durch, wo in v. 9 das ‚rechten' vielmehr den Sinn des richtenden Einschreitens Gottes gegen Israel hat und in v. 5 die Verhörfrage nur noch rhetorische Form ist. Dagegen in den kurzen Worten Jes. 1, 18–20 und 3, 13–15 zeigt sich die Rechtsverhandlung sehr deutlich. Beide sind eingeleitet mit einem Aufruf zur Gerichtsverhandlung (wie Jes. 43, 20), dann bringt der Kläger seine Sache vor. In 3, 13–15 geschieht das in einer direkten Anklage, die sich in Bild und Wirklichkeit gliedert. In 1, 18–20 ist die Anklage mit der Behauptung der Angeklagten konfrontiert, sie seien unschuldig, beides im Bild. Hier spiegelt sich das Gegeneinander der Parteien vor Gericht sehr deutlich.

20 P. Humbert, Die Herausforderungsformel hinnēni ēlékā, ZAW 51, 1933, S. 101–108.
21 H. W. Wolff, „Muster eines prophetischen Gerichtswortes".

In 3, 13–15 folgt dann die Frage nach dem Rechtsgrund; in ihr wird die Anklage weiter entfaltet. Damit bricht das Wort ab. In 1, 18–20 kommt noch der Entscheid des Richters hinzu, der deutlich zeigt, daß das Ganze Einkleidung einer GV ist.

Besonders lebhaft und unmittelbar schildert das Gleichnis Jes. 5, 1–7 die Gerichtsverhandlung zwischen Gott und seinem Volk.[22] Hier ist es noch deutlicher, daß die Einkleidung der Rechtsverhandlung dasselbe meint wie das prophetische Gerichtswort überhaupt. – Mi. 6, 1–5 enthält nach der langen Einleitung der Rechtsverhandlung 1–2 nur die Frage nach dem Rechtsgrund 3–5, die den Abfall des Volkes voraussetzt und dagegen die Wohltaten Jahwes stellt, ähnlich wie Jer. 2.

Ein auffälliges Kennzeichen dieser Form der Rechtsverhandlung liegt darin, daß in jedem Fall die Anklage umfassend ist; jedesmal geht es um das gesamte Verhalten des Volkes gegenüber Gott. Von da aus wird verständlicher, daß diese Form der Rechtsverhandlung erst bei Deuterojesaja ihre breiteste und wirksamste Ausprägung bekommt; hier geht es in der Rechtsverhandlung zwischen Gott und seinem Volk rückblickend um die ganze Geschichte. Eine eingehende und umfassende Behandlung dieser Form hätte daher die Texte bei Deuterojesaja zu berücksichtigen.[22a]

2. Das Streitgespräch (oder Disputationswort)

Auch dieses bekommt seine eigentliche Ausprägung bei Deuterojesaja (Begrich a. a. O. S. 42 ff.). Es berührt sich oft mit der Rechtsverhandlung; bei Dtjs. geht jenes dieser oft voraus, oft kann man nicht sicher zwischen beiden unterscheiden. Eindeutig Streitgespräch sind Mi. 2, 6–11 und Jes. 28, 23–29. In beiden Worten sind die Partner nicht Gott und sein Volk, sondern der Prophet und seine Gegner. In Mi. 2, 6–11 wollen die Gegner Micha am Predigen hindern und bestreiten, daß er Gottes Wort sage (6–7). Darauf erhebt Micha wider sie Anklage (8–9, soziale Anklage) und kündet ihnen das Gericht an (10). Die Form des Streitgesprächs erlaubt hier als Erweiterung ein polemisches Wort gegen die Heilspropheten (11). Hier ist also das Streitgespräch eine enge Verbindung mit dem GV eingegangen.

Ganz anders Jes. 28, 23–29! Dies Wort will nicht Botenwort sein, Jesaja führt es ausdrücklich als sein eigenes Wort ein: „. . . höret meine

22 Würthwein a. a. O. S. 4, gibt nicht jeweils das ganze Prophetenwort an, sondern nur die Verse, die das Bild der Rechtsverhandlung enthalten; er nennt nicht Jes. 1, 18–20 und Jes. 5, 1–7.

22a Vgl. Begrich, Deuterojesaja-Studien, 1938, S. 19 ff. Zum ganzen Abschnitt vgl. jezt H. J. Boecker a. a. O. C II: Die Urteilsfolgebestimmung, S. 145 ff. Hier wird die Herkunft aus der profanen Gerichtsrede bestätigt. Zum Streitgespräch: E. Pfeiffer, Die Disputationsworte im Buch Maleachi, EvTheol 12, 1959, S. 546–568.

Rede!" Das geschieht in Jes. 1–39 allein an dieser Stelle; hier redet Jesaja bewußt mit seinen Gegnern auf der gleichen Ebene und will ihnen durch das Gleichnis vom Bauern erklären, was sie ihm bestreiten. Dieses Streitgespräch ist für das Verständnis der anderen Einkleidungen bei Jesaja wichtig, weil es zeigt, daß Jesaja, wo ein Wort nicht zu seiner Botschaft gehört, dies besonders kennzeichnet.

Bei Jeremia begegnet eine Reihe von Streitgesprächen; die Partner sind hier in jedem Fall Jahwe und sein Volk. Besonders 3, 1–5 zeigt, wie alle Teile des GV in das Streitgespräch verwoben sind. Weitere Stücke: 2, 23–25; 2, 29 f. 34 f.; 8, 8–9. Balla nennt bei Amos 3, 2; 3, 12; 5, 18–20; 5, 24 f.

3. Das Gleichnis

In dem Gleichnis Jes. 5, 1–7 ist unter der Einkleidung das GV in allen seinen Teilen zu erkennen. Das Gleichnis dient hier dazu – genau wie bei dem Gleichnis Nathans 2. Sam. 12 –, die Zustimmung zu dem Gerichtsurteil Gottes hervorzulocken. So geschlossene Gleichniserzählungen wie Jes. 5, 1–7 gibt es sonst in der Prophetie des 8. und 7. Jahrhunderts kaum; es wäre etwa noch Jer. 13, 12–14 zu nennen. Wahrscheinlich haben sie in der Frühzeit der Prophetie eine viel größere Rolle gespielt. Dafür aber begegnet in den Prophetenworten eine Fülle von bildhaften und auch gleichnishaften Wendungen, die wahrscheinlich oft abgekürzte Gleichnisse sind. Zu fragen ist, wie sich zu den Gleichniserzählungen die Gleichnishandlungen verhalten; die Gleichnishandlung Jer. 18, 1–12 gehört wohl nahe dazu; ihr Kern ist die Ankündigung 11b, dem Bild 3–4 entsprechend; die Begründung ist im Bild enthalten: das mißratene Gefäß, das weggeworfen werden muß. Diese Gleichnishandlung enthält also alle Elemente des Gerichtswortes. Andere Gleichnishandlungen Jes. 8, 1–4; Jer. 19; 16, 1–12; Hos. 1 und 3; Ez. 4, 1–3 und oft.

4. Die Klage

Die klassische Totenklage über Israel Amos 5, 1–3 ist Einkleidung einer Gerichtsankündigung, wobei die Einkleidung das Moment des Unwiderruflichen in dem über Israel ausgerufenen Gericht gewaltig wiedergibt. Sie ist auch ein Beispiel dafür, daß u. U. die Ankündigung ein eigenes Wort, ganz ohne Begründung, sein kann. Am. 5, 1–3 an die Seite zu stellen, auch an dichterischer Schönheit, ist Jer. 9, 16–21. Bei Jeremia ist das Motiv der Klage so stark und mannigfalt wie bei keinem Propheten sonst ausgebildet; neben den vielen Klagen über Israel (2, 31 f.; 8, 4–7; 18–23; 9, 9; 10, 19 f.; 13, 18 f.; 13, 23) ist hier besonders ausgebildet die Klage Jahwes über sein Land (2, 31 f.; 12,

7–13; 15, 5–9; 18, 13–17) und die Klagen Jeremias (zwischen 11 und 20).

Die Klage Jahwes begegnet schon Jes. 1, 2–3; sie kleidet eine Anklage gegen sein Volk ein: „sie sind von mir abgefallen!" (ganz ähnlich Jer. 2, 31 f.). Es ist schwer zu entscheiden, ob einfach die Klage eines Vaters über sein treuloses Kind gemeint ist oder wegen des ‚Zeugenrufes' v. 2 das Vorbringen einer Klage vor Gericht, d. h. vor dem Forum von Himmel und Erde. Man wird zwischen beiden nicht scharf scheiden können; damit wird zugleich deutlich, wie nahe beieinander die gerichtliche und die ganz persönliche Klage sein können! – Ähnlich wie in 1, 2–3 ist in 1, 21–23 eine Anklage gegen das treulose Jerusalem in eine Klage gefaßt: „Wie ist zur Dirne geworden . . ." Darauf folgt, mit der Botenformel eingeleitet, die Gerichtsankündigung (24 bis 26). In Jer. 2, 14–19 (ohne 18) hat die Ankündigung 14–16 die Form einer Klage. Ebenso kleidet in Jes. 1, 4–9 die Klage eine Gerichtsankündigung ein; auch in 32, 9–14, das der Totenklage nahesteht, in 22, 1–5 der Vers 4. Ebenfalls Umkleidung einer Gerichtsankündigung ist die Klage in Mi. 1, 8–16. In Hos. 7, auch 4, 4 ff. und oft bei Jer. sind Motive der Klage untermischt ohne daß ein Stück eindeutig als Klage herausgehoben werden könnte. Auch hier fehlt noch eine umfassende Untersuchung der Klage-Motive in der Prophetie und ihrer Vorgeschichte. Wenn z. B. in den Klagen Jesajas jedesmal die Adresse Jerusalem ist (auch Mi. 1), ist anzunehmen, daß eine alte, eigenständige Form zugrundeliegt: die Klage über eine Stadt, von der es auch sonst noch Spuren im AT gibt (Threni).[23]

5. Die prophetische tora[24]

Jes. 1, 10–17; 8, 11–15 und Jer. 7, 21 setzen eine priesterliche tora voraus, die in einem Wort Verweis und Weisung enthält (vgl. Gunkel-Begrich, Einl. in die Psalmen, 1933, S. 327 f.: „Beispiele für diese Gestalt der Tora mit ihrem ‚du sollst' und ‚du sollst nicht' bieten etwa Ex. 12, 46; Lev. 11, 4. 8. 11 . . ."; er sagt dann, daß sich die Propheten gern dieser Form bedient haben und führt als Beispiel Amos 5, 21–24 an). In Jes. 1, 10–17 leitet die Aufforderung zum Hören (10) den Verweis ein (11–15b), 16–17 folgt die Weisung. Dazwischen steht ein Satz (15c), der zu keinem von beiden gehört, sondern Anklage ist: „Eure Hände sind voll Blut!" Dieser Satz ist die Mitte des Ganzen; hier ist die tora durchbrochen durch die spezifisch prophetische An-

23 Stählin, die Totenklage der Propheten, WNT Bd. III, S. 835 ff.: Die Totenklage im AT (kopetos), führt noch dazu an: Ez. 19; 26, 15–18; (27; 28, 11–19); 32, 19–32; 37, 32b–34. Zur Form und ihrer Geschichte wird nicht Stellung genommen.
24 Hierzu vgl. Bentzen, Introduction 1952², S. 163; 184 ff.; 201.

klage. Die Gerichtsankündigung ist angedeutet in 15a und b: Gott will nicht mehr sehen und hören.

In 8, 11–15 steht die tora statt der Begründung mit Verweis (12) und Weisung (13). In v. 14 f. folgt die Ankündigung, Eingreifen Gottes (14) und dessen Folge (15). Amos 5 entspricht Jes. 1; Mi. 6, 6–8 ist eine tora-Frage und Antwort; nur hier fehlt jede Beziehung zum prophetischen Gerichtswort.

Abschließend ist zu den entliehenen Redeformen zu sagen: der nur ungefähre Überblick hat gezeigt, daß man sie nicht, wie das seit Gunkel vielfach geschehen ist, als eine mögliche Ausdrucksform prophetischer Rede neben andere stellen kann; sie gehören vielmehr fest mit dem prophetischen Gerichtswort zusammen. Die Grundform des GV wirkt sich bis in diese Einkleidungen prophetischer Rede hinein aus.

VI. GERICHTSANKÜNDIGUNG AN ISRAELS FEINDE

Es muß noch erwähnt werden, daß bei den Propheten des 8. und 7. Jahrhunderts dem Gerichtswort gegen das Volk Israel z. T. genau entsprechend das Gerichtswort gegen andere Völker begegnet: so in Am. 1–2; in Jes. 7–8; 10, 5–15. 24–27 und in den Komplexen der Völkersprüche.[25] Dieser große, komplizierte Bereich der Völkersprüche muß hier ausgeklammert werden; nur gelegentlich ist ein solches Wort mit herangezogen worden, wo die formale Übereinstimmung mit dem Gerichtswort an Israel offenkundig ist (wie in Am. 1–2). Denn auch bei formaler Übereinstimmung gehören sie sachlich nicht in die hier untersuchte Linie des Prophetenwortes, sondern in die Linie des Heilswortes, weil sie in der konkreten Lage des Ergehens eines solchen Spruches Heil für Israel bedeuten. Das wird besonders klar in Jes. 7–8, wo z. B. das Gerichtswort über Aram und (Nord-) Israel in 7, 5–8 als Heilswort an Ahas gemeint ist. In Jes. 7–8 wie in Am. 1 bis 2 ist mit Sicherheit anzunehmen, daß eine Periode der Heilsprophetie vorliegt,[26] die dann bei beiden Propheten in Gerichtsprophetie umschlägt. – Wenn in den Büchern der Gerichtspropheten Völkersprüche begegnen, die in der Struktur den GV ganz entsprechen, ist zu fragen, ob hier etwa eine nachträgliche Angleichung vorliegt. Es ist anzunehmen, daß die Völkersprüche der frühen Zeit im Zusammen-

25 Hempel, a. a. O. S. 64: „In ihren eigensten Drohungen aber schafft sich die Unheilsprophetie so feste literarische Formen, daß selbst Heilssprüche für Israel in die Gestalt von Unheilsdrohungen (gegen fremde Völker) gekleidet werden (Hos. 5. 12 ff.; 13, 7 f.)."
26 Vgl. Würthwein, S. o. S. 50.

hang der Heilsprophetie eine eigene, andere Form hatten; sie waren wahrscheinlich nicht Gerichts-, sondern Unheilsankündigungen, d. h. zu ihnen gehörte nicht notwendig eine Begründung, oder doch eine ganz andere Art von Begründung. Doch das kann nur in einer Gesamtuntersuchung der Völkersprüche geklärt werden.

VII. AUFLÖSUNG DER FORM

Das prophetische Gerichtswort, an Israel gerichtet, hat seine Zeit (s. o.). Mit dem Exil ist das von den Propheten über Israel angekündigte Gericht eingetroffen, damit hat diese Form ihren geschichtlichen Auftrag erfüllt. Das ist nirgend so deutlich zu erkennen wie bei Dtjs.: In seiner Verkündigung gibt es das GV schlechthin nicht mehr.

Aber nach dem Exil zeigen sich Nachwirkungen. Haggai und Sacharja sind nicht Boten des Gerichtes Gottes wie die Propheten des 8. und 7. Jahrhunderts, viel eher gehören sie in die Linie der Heilsprophetie. Doch hat sich die Redeform des GV der Tradition so tief eingeprägt, daß sie sogar hier noch zu erkennen ist, allerdings nur noch in schattenhafter Gestalt. Ein Beispiel kann das zeigen (Sach. 1, 1–6):

1: Im ... erging das Wort Jahwes an Sacharja also:
2: Jahwe hat gegen eure Väter schwer gezürnt.
3: Und du sollst zu ihnen sagen: So spricht Jahwe Zebaot:
   Kehrt um zu mir! spricht Jahwe Zebaot,
   so werde ich zu euch umkehren, sagt Jahwe Zebaot.
4: Seid nicht wie eure Väter, zu denen die früheren Propheten also sprachen ...
   So spr. Jahwe: Kehrt doch um von euren bösen Wegen und euren bösen Taten!
   Aber sie hörten nicht und wandten sich mir nicht zu ...

An die Stelle der Gerichtsankündigung ist der Bußruf getreten, in den die Anklage verschmolzen ist („... von euren bösen Wegen") und bei dem an die Stelle der unbedingten Gerichts- jetzt die bedingte Heilsankündigung tritt. Danach wird nun auch die vorexilische Prophetie interpretiert: ihre Verkündigung wird als Bußruf wiedergegeben. Die Auflösung der eigentlich prophetischen Gerichtsrede ist an diesem Text unmittelbar abzulesen. Tatsächlich hat es, soweit wir wissen, vom Exil ab unbedingte Gerichtsankündigung nicht mehr gegeben; sie kehrt erst in der Verkündigung Jesu wieder in den Wehe-Worten über die Städte Chorazin, Bethsaida und Kapernaum Mt. 11, 20–24, Luk. 10, 13–15 und der Ankündigung des Untergangs der Stadt Jerusalem Luk. 11.

Die Auflösung der Grundform des prophetischen Gerichtswortes zeigt sich zuerst in der Prosafassung einzelner Jeremia-Worte, in der

Traditionsschicht, die Mowinckel die C-Schicht nennt.[27] Ein gutes Beispiel ist 25, 1–13, der Abschluß der Sammlung Kap. 1–25; hier läßt sich die Struktur der Grundform noch exakt erkennen:

1–2: Einleitung
3–7: Begründung (zusammenfassende Anklage)
8a: Botenformel
8b–11. 13: Gerichtsankündigung

Die Auflösung aber ist darin zu sehen, daß die Begründung nicht mehr eine einzelne, konkrete Anklage ist, sondern die Reaktion des Volkes auf das gesamte Wirken Jeremias nicht nur sondern auch der Propheten vor ihm beschreibt:

3: Vom ... bis ..., das sind 23 Jahre, sprach ich zu euch, und ihr habt nicht gehört.
4: Und Jahwe hat seine Knechte, die Propheten, zu euch geschickt, immer wieder ... und ihr habt nicht gehört.
5: Also: Kehrt doch um .. . so werdet ihr bleiben ... und lauft nicht hinter anderen Göttern her ...
7: Aber ihr habt nicht gehört ...
8–13: Gerichtsankündigung: Darum so hat Jahwe gesprochen:
8b: Weil ihr nicht auf meine Worte gehört habt ...
9: Gottes Eingreifen: Siehe ich ...
10–13: Folge: ... und das ganze Land soll zur Wüste werden ... (ohne 12)

Hier ist die Gerichtsankündigung im wesentlichen gleich geblieben, an die Stelle der Begründung dagegen ist die typisch deuteronomistische Darstellung der Prophetenzeit getreten; dabei wird die prophetische Verkündigung nicht mehr als konkrete Anklage, sondern als Bußruf gefaßt, und zwar (5 f.) als Bußruf, der auf eine bedingte Heilsankündigung gegründet ist. Genau so finden wir das in chronistischen Stilisierungen von Prophetenworten.[28]

Die Auflösung der Form ist bei Ez. weiter fortgeschritten. Z. B. in 6, 1–10 beginnt der Botenspruch in v. 4 als Gerichtsankündigung und bleibt es bis zum Schluß; die Begründung ist andeutend in Einzelsätzen und Satzteilen in sie aufgenommen. Ebenso ist das ganze Kap. 7 Gerichtsankündigung, nur einmal, in v. 23, hebt sich die Begründung deutlich ab.

Beispiel eines Prophetenwortes bei Ezechiel (Kap. 5):

27 Zur Komposition des Buches Jeremia, Kristiana 1914: übernommen u. a. von Rudolph in seinem Kommentar.
28 Dasselbe läßt sich an der Tempelrede Jer. 7, 1–15 zeigen, die ebenfalls in der dtr. Fassung überliefert ist, hinter der aber das ursprüngliche Prophetenwort noch deutlich zu erkennen ist. Es liegt vor in v. 4. 9–12. 14; die sekundäre dtr. Fassung läßt die Rede 3a mit einer Mahnung und bedingten Heilsankündigung beginnen, die in 5–7 breit entfaltet wird. In v. 8 muß nun – wegen des weiten Abstandes – v. 4 noch einmal wiederholt werden. In v. 13 wird – genau wie in 25, 8b – die Ankündigung mit einer Zusammenfassung der Begründung begonnen, auch im Wortlaut an Kap. 25 erinnernd.

1–4: Auftrag zu einer Zeichenhandlung:
Du, Menschensohn, nimm dir ...
5–6: Deutung der Zeichenhandlung: Anklage gegen Jerusalem
7–17: Gerichtsankündigung, eingeleitet durch die Botenformel (7a)
7b: wiederholt zusammenfassend die Begründung: weil ihr ...
8–9: Botenformel, Eingreifen Gottes: Siehe, ich will an dich ...
10: Folge: Väter werden ihre Söhne essen ... und Eingreifen Gottes
11: Botenformel, Begründung, Eingreifen Gottes
12–13: Folge, abschließend mit Erkenntnisformel
14–17: Eingreifen Gottes und Folge ineinander, Schilderung des Gerichts.

Selbst hier also, wo die Auflösung der Form durch Häufung und Wiederholung so weit fortgeschritten ist, läßt sich in der barocken Fülle die Grundstruktur doch noch erkennen; die Polarität von Anklage und Ankündigung ist selbst hier noch erhalten.

Eine ganz späte stilisierte Nachahmung eines prophetischen Gerichtswortes findet sich beim Chronisten, 2. Chron. 15, 1–7. Von den Prophetensprüchen in der Chronik war schon die Rede (s. o. S. 116 ff.). Daß dort mehr von der echten alten Prophetie erhalten ist als man bisher annahm, wurde dort zu zeigen versucht. Daneben aber begegnen Prophetenworte, in denen von der alten Grundform schlechthin nichts mehr zu erkennen ist (Übersetzung Rudolph):

1: Aber über Asarjahu, den Sohn Odeds, kam der Geist Gottes
und er trat vor Asa und sprach zu ihm:
2: Höret mich an, Asa und ganz Juda und Benjamin!
Jahwe ist mit euch, wenn ihr mit ihm seid
und wenn ihr ihn sucht, läßt er sich von euch finden;
wenn ihr ihn aber verlaßt, verläßt er euch ...
3–6: Darstellung der vergangenen Geschichte
7: Ihr aber, seid tapfer und laßt eure Hände nicht schlaff werden!
denn euer Tun wird schon seinen Lohn finden.

An die Stelle der unbedingten Anklage und des unbedingten Gerichtswortes ist hier die Kombination von bedingter Heils- und Unheilsankündigung getreten; das Ganze ist ein sehr deutlicher Ausdruck der Vergeltungslehre, die in der Sicht des Chronisten die Geschichte bestimmt. Hier erst kann man von völliger Auflösung der alten Form reden.

Christof Hardmeier
Texttheorie und biblische Exegese
Zur rhetorischen Funktion der Trauermetaphorik in der Prophetie. (Beiträge
zur evangelischen Theologie 79) 428 Seiten.

Chr. Hardmeier legt die bislang umfassendste und konsequenteste Anwendung texttheoretischer Methodik im Bereich alttestamentlicher Exegese vor:
Eine neue Deutung der prophetischen Klagerufe in der Unheilprophetie des
8. Jh. und die Klärung ihrer Funktion als Kommunikationsmittel in der
Botschaft der Propheten. Gleichzeitig kritisiert Hardmeier die traditionelle
formgeschichtliche Methode, wie sie von H. Gunkel und A. Alt begründet
wurde. Das Verständnis von Texten als Ergebnisse kommunikativer Prozesse
eröffnet der exegetischen Arbeit neue Perspektiven, um den ursprünglichen
Sinngehalt alter Traditionsstücke zu erschließen.

Walter Dietrich
Jesaja und die Politik
(Beiträge zur evangelischen Theologie 73) 328 Seiten.

„Hier wird nachgewiesen, daß rund zwei Drittel des Jesajabuches (Kapitel
1—39) in den politischen Bereich gehören. Dietrich versteht unter dem Politischen ‚alles, was die Merkmale der Aktualität, des Meinungs- oder Inter-
essenstreits und der Auseinandersetzung um Herrschaft und Macht aufweist'.
Er gruppiert im ersten Hauptteil Jesajas Stellung zur Innenpolitik (z. B.
Sozialkritik) und im zweiten seine Äußerungen zur Außenpolitik (Juda und
die syrisch-epharimitische Koalition, Juda und Assur). Der dritte Hauptteil
beschäftigt sich mit den Grundzügen der politischen Theologie des Jesaja
(Vergangenheit und Zukunft, Politik und Glaube). Ungezwungen ergeben
sich Bezüge zur Gegenwart. Dietrichs Arbeit darf von niemanden übersehen
werden, dem Glaube und Politik nicht zwei getrennte Bereiche sind; es ist
zu hoffen, daß sie über den Kreis derer, die am Alten Testament interessiert
sind, hinaus Beachtung finden wird."
Kirchenblatt für die reform. Schweiz

Siegfried Herrmann
Geschichte Israels in alttestamentlicher Zeit
428 Seiten. Ln.

„Diese ‚Geschichte' verbindet Forschung und Lehre in glücklicher Weise. Das
Werk selbst versteht sich als Lehrbuch und Grundlagenwerk für Studenten
und wissenschaftlich arbeitende Theologien sowie für andere an der Geschichte des Alten Orients interessierte Leser. Es bietet an vielen Stellen zugleich die Ergebnisse eigener Forschungsarbeit des Verfassers."
Die Welt der Bücher

Chr. Kaiser Verlag

Literatur zum Alten Testament

Gese, Hartmut
Vom Sinai zum Zion
Alttestamentliche Beiträge zur biblischen Theologie. (Beiträge 64) 260 Seiten.
Zur biblischen Theologie
Alttestamentliche Vorträge (Beiträge 78) 240 Seiten.

Herrmann, Siegfried
Geschichte Israels in alttestamentlicher Zeit
428 Seiten.

Miskotte, Kornelis Heiko
Predigten aus vier Jahrzehnten
Ausgewählt, aus dem Holländischen übersetzt und hrsg. v. Hinrich Stoevesandt.
240 Seiten.
Über Karl Barths Kirchliche Dogmatik
Kleine Präludien und Phantasien. Aus dem Holländischen von Hinrich Stoevesandt.
(ThExh 89) 64 Seiten.
Der Weg des Gebets
Aus dem Holländischen von Hinrich Stoevesandt. 2. Aufl. 124 Seiten.
Wenn die Götter schweigen
Vom Sinn des Alten Testaments. Aus dem Holländischen von Hinrich Stoevesandt.
3. Aufl. 496 Seiten.

Rad, Gerhard von
Gesammelte Studien zum Alten Testament II
Hrsg. v. Rudolf Smend. (Theol. Bü. 48/AT) 328 Seiten.
Das Opfer des Abraham
Mit Texten von Luther, Kierkegaard, Kolakowski und Bildern von Rembrandt.
(Traktate 6) 2. Aufl. 96 Seiten.
Theologie des Alten Testaments
Band I: *Die Theologie der geschichtlichen Überlieferungen Israels*
       7. Aufl. 512 Seiten.
Band II: *Die Theologie der prophetischen Überlieferungen Israels*
        6. Aufl. 480 Seiten.

Rendtorff, Rolf
Israel und sein Land
Theologische Überlegungen zu einem politischen Problem. (ThExh 188) 56 Seiten.

Theologisches Handwörterbuch zum Alten Testament (THAT)
Hrsg. v. Ernst Jenni unter Mitarbeit von Claus Westermann.
Band I: 2. Aufl. 472 Seiten.
Band II: XIV, 602 Seiten.
In Gemeinschaft mit dem Theologischen Verlag, Zürich.

Vosberg, Lothar
Studien zum Reden vom Schöpfer in den Psalmen
(Beiträge 69) 128 Seiten.

Chr. Kaiser Verlag

Theologische Bücherei

Begrich, Joachim
Gesammelte Studien zum Alten Testament
Hrsg. v. Walther Zimmerli. (Bd. 21) 280 Seiten

Studien zu Deuterojesaja
Hrsg. v. Walther Zimmerli (Bd. 20) 2. Aufl. 180 Seiten.

Elliger, Karl
Kleine Schriften zum Alten Testament
Hrsg. v. Hartmut Gese und Otto Kaiser. (Bd. 32) 276 Seiten.

Horst Friedrich
Gottes Recht
Gesammelte Studien zum Recht im Alten Testament. Aus Anlaß der Vollendung
seines 65. Lebensjahres hrsg. v. Hans Walter Wolff. (Bd. 12) 344 Seiten.

Noth, Martin
Gesammelte Studien zum Alten Testament
(Bd. 6) 396 Seiten. 3., um einen weiteren Anhang vermehrte Aufl.

Gesammelte Studien zum Alten Testament II
Mit einem Nachruf von Rudolf Smend und der von Hermann Schult zusammen-
gestellten Bibliographie. Hrsg. v. Hans Walter Wolff. (Bd. 39) 220 Seiten.

Rad, Gerhard von
Gesammelte Studien zum Alten Testament I
(Bd. 8) 4. Aufl. 352 Seiten.
Gesammelte Studien zum Alten Testament II
Hrsg. v. Rudolf Smend. (Bd. 48) 328 Seiten.

Rendtorff, Rolf
Gesammelte Studien zum Alten Testament
(Bd. 57) 312 Seiten.

Wellhausen, Julius
Grundrisse zum Alten Testament
Hrsg. v. Rudolf Smend. (Bd. 27) 140 Seiten.

Wolff, Hans Walter
Gesammelte Studien zum Alten Testament
(Bd. 22) 2., durchgesehene und um einen Anhang erweiterte Aufl. 460 Seiten.

Zimmerli, Walther
Gottes Offenbarung
Gesammelte Aufsätze zum Alten Testament. (Bd. 19) 2. Aufl. 336 Seiten.
Studien zur alttestamentlichen Theologie und Prophetie. Gesammelte Aufsätze
Band II. (Bd. 51) 336 Seiten.

Chr. Kaiser Verlag